만화와 함께 떠나는

미디어 여행

일러두기

- 한글 표기를 원칙으로 하되, 필요에 따라 외국어와 한자를 병기하였다.
- 한글 맞춤법은 '한글 맞춤법' 및 '표준어 규정'(1988), '표준어 모음'(1990)을 적용하였으나 혼란이 있는 경우는 출판사의 원칙을 따랐다.
- 외래어의 우리말 표기는 개정된 '외래어 표기법'(1986)을 원칙으로 하되, 그 중 일부는 현지 발음에 따랐다.
- 사용된 기호는 다음과 같다.
  TV 프로그램, 영화, 애니메이션, 신문 등: 〈 〉
  책이름 등: 《 》

만화와 함께 떠나는

미디어 여행

깨끗한미디어를위한교사운동 지음

한나래

만화와 함께 떠나는
미디어 여행

지은이 | 깨끗한미디어를위한교사운동
펴낸이 | 한기철
편집인 | 이리라
편 집 | 이여진, 이은혜, 한나래
마케팅 | 조광재

2011년 12월 10일 1판 1쇄 박음
2011년 12월 20일 1판 1쇄 펴냄

펴낸곳 | 한나래출판사
등 록 | 1991. 2. 25 제22-80호
주 소 | 서울시 마포구 합정동 388-28 합정빌딩 2층
전 화 | 02-738-5637 팩 스 | 02-363-5637 e-mail | hannarae91@naver.com
www.hannarae.net

ISBN 978-89-5566-123-1 43100

* 이 도서의 국립중앙도서관 출판시도서목록(CIP)은 e-CIP홈페이지(http://www.nl.go.kr/ecip)와 국가자료공동목록 시스템(http://www.nl.go.kr/kolisnet)에서 이용하실 수 있습니다.(CIP제어번호: CIP2011004871)
* 이 책에 쓰인 사진은 대부분 사용 허가를 받은 사진입니다. 미처 허가를 받지 못한 사진은 저작권자가 확인되는 대로 정식 절차를 밟겠습니다.

들어가는 말

"필요한 건 알겠는데, 도대체 어떻게 알려주어야 할지……"

미디어를 바라보는 선생님이나 부모님의 막막한 심정이 이럴 것이다. 미디어의 영향력은 점점 커져 가고, 아이들은 미디어의 세상에 빠져서 정작 중요한 것은 놓치며 살아 가고 있다. 심지어는 학교 교육 과정이 새롭게 개정되면서 다양한 미디어가 교육 과정 안으로 들어오게 되었지만 이러한 미디어를 아이들의 눈높이에서 고민하고, 미디어에 대한 다양한 관점을 제시할 수 있는, '초등학생'들을 대상으로 한 미디어 교재는 어디서도 찾아볼 수 없다는 현실이 우리에게 시작할 용기를 주었다. '어떻게 하면 아이들, 부모님, 선생님들이 미디어를 즐기고 공유할 수 있을까?'라는 고민에서 시작하여 미디어에 관심이 많은 현장 교사들이 마음을 모아《만화와 함께 떠나는 미디어 여행》으로 풀어내게 되었다. 2009년부터 기획하여 2년여 동안 자료를 정리하고 새로운 자료들을 아이들의 눈높이에 맞추려 노력했다. 이 책은 교사와 학생들의 합작품이다. 학생들이 궁금해하는 것을 선생님들이 정리하고, 그것을 토대로 쓴 글을 학생들과 토의하여 수정하는 과정을 거치며 점점 더 학생들의 눈높이에 맞게 바뀌었다.

미디어는 '좋은 것' 또는 '나쁜 것'이라는 이분법적인 관점을 넘어 미디어에 대해 학생 스스로 깊이 생각해 보고, 미디어를 다양한 관점으로 바라보는 넓은 안목을 갖게 되기를 희망한다. 그로 인해 그들의 삶이 긍정적으로 변화하기를 기대해 본다. 또한 부모님과 선생님들도 하루가 다르게 변화하는 미디어의 세상을 제대로 경험해 보았으면 하는 바람이다. 그래서 교육의 근간을 이루는 세 주체가 서로 대화하고 소통하는 장이 마련되기를, 단순히 컴퓨터를 잘 다루고 인터넷에서 정보를 잘 찾기 위한 작은 의미의 미디어 교육이 아니라 미디어를 통해 서로 다른 문화를 이해하고 공감할 수 있는 긍정적인 관계와 아름다운 화합의 계기가 되기를 소망한다.

이 책을 통해 미디어에 대한 부모님과 선생님의 인식이 변화하기를 기대해 본다. 이 세상에서 아이들이 가장 처음 만나는 미디어는 부모님이다. 부모님은 아이들에게 말이나 글과 같은 언어적 표현뿐만 아니라 몸짓, 표정과 같은 비언어적인 요소를 다양하게 사용하여 자신의 메시지를 효과적으로 전달한다. 이 과정을 통해 아이들은 올바르게 메시지를 전하는 방법을 익히며 사회화 과정을 경험하게 된다. 시간이 흘러 아이들이 자라서 학교에 들어가서는 미디어를 바람직하고 효과적으로 사용하

는 방법을 익히고 미디어를 통해 세상을 바라보는 관점을 가지게 된다. 선생님과 친구들은 아이들에게 언제나 새로운 모습의 미디어이며 그들과 수많은 상호 작용을 통해 수용하고 표현하는 방법을 배우게 되는 것이다. 결국, 세상이 아무리 빠르게 변하고 하루가 다르게 새로운 미디어가 나와도 가장 좋은 미디어는 '사람'이며 그들은 내 가까이 있다는 것을 반드시 기억했으면 한다.

마지막으로 이 책이 나오기까지 여러모로 도움을 주신 분들이 많다. 우리가 힘들 때마다 격려를 아끼지 않으시고 나아갈 방향과 비전을 제시해 주신 깨미동 선생님들, 늦은 회의 때마다 폭풍 전화를 아끼지 않았던 가족들, 감사합니다. 사랑합니다. 아울러, 우리 책을 가장 빛나게 만들어 준 천재 만화가이자 경찰이 꿈인 멋진 제자 '김보근'에게 진심으로 감사의 마음을 전한다.

깨끗한미디어를위한교사운동

이렇게 사용하세요

이 책은 초등학교 학생들뿐만 아니라 초등학생을 자녀로 둔 부모님, 초등학생들을 가르치는 선생님까지 미디어에 대한 이해를 돕기 위해 만들어졌습니다.

학생

1. 이 책은 글을 읽는 것에 거부감이 있거나 흥미를 못 느끼는 학생들에게도 미디어에 대해 쉽게 알려주기 위해 각각의 본문 내용을 압축하여 재미있는 만화로 표현하였습니다.
2. 글을 읽고 독해하는 능력이 다소 부족한 학생은 만화를 먼저 본 후, 만화의 의미를 잘 생각하면서 글을 읽는 방법을 권합니다. 글을 읽고 독해하는 능력이 우수하다고 생각하는 학생은 글을 먼저 읽은 후에 만화를 보면서 내용을 정리하는 방법을 추천합니다.
3. 이 책은 선생님들이 미디어에 대해 쉽게 알려주기 위해 만들었습니다. 학생 스스로 읽고, 생각하고 생활과 연결해 보고 스스로 반성하고 공감할 수 있도록 주제를 구성했습니다. 이를 통해 학생들이 장차 사회의 훌륭한 구성원으로서의 역량과 자질을 함양하게 되기를 바랍니다.
4. 이 책은 인터넷이나 휴대전화와 같은 기술적인 미디어들뿐만 아니라 광고, 만화, 온라인 게임, 대중 음악과 같이 문화적으로 영향을 미치는 미디어들도 폭넓게 다루었습니다. 또한 우리가 쉽게 지나치기 쉬운 사람들의 표정이나 말, 행동과 같은 인간 미디어도 함께 다루어 미디어를 보다 쉽고 재미있게 이해할 수 있도록 구성했습니다.

부모님과 선생님

1. 이 책은 부모님과 선생님이 미디어 관련 교육 과정에서 사용할 수 있습니다. 또한 미디어 관련 동아리를 운영할 때에도 쉽게 활용할 수 있습니다. 특히 체험 활동 시간이나 틈새 시간에 아이들과 함께 이용할 수 있습니다. 한 단원을 3시간으로 구성하면, 첫 번째 시간은 책을 읽고 미디어에 대한 기본 개념과 사회 · 문화적 속성, 자신에게 미치는 역할을 인지하도록 합니다. 두 번째 시간에는 아이들끼리 모둠을 지어 미디어에 대한 자신의 의견을 친구들과 나누어 보도록 합니다. 합리적이고 올바른 해결 방안이나

이용 습관을 정리하는 시간을 가지면 좋습니다. 마지막 시간에는 학생들이 생각해 낸 다양한 방안을 발표하는 시간을 갖습니다. 많은 사람들에게 전달하기에 효과적인 미디어를 선정하고 직접 제작하여 발표합니다. 마지막 시간에는 컴퓨터 시간을 이용하면 효과적입니다.

2. 이 책은 크게 4단계로 나뉘어져 있습니다. 본문에서는 사용적 이해, 상황적 읽기, 능동적 수용으로 다루고 있고, '생각의 날개 달기'에서는 반성적 표현을 다루고 있습니다. 사용적 이해 부분은 미디어에 대한 역사와 특징, 앞으로의 발전 가능성 등, 미디어에 대한 배경 지식을 쌓는 부분입니다. 상황적 읽기 부분에서는 미디어가 가진 사회 · 문화적인 속성과 그에 따라 다양하게 발생하는 경제적 · 문화적 효과가 과연 우리 사회에 어떠한 영향을 미치며 어떻게 변화시키는지 알아봅니다. 능동적 수용 부분에서는 과연 미디어가 자신의 삶과 어떠한 관계를 맺고 있는지, 미디어와 자신의 생활을 돌아보고 긍정적인 방향을 제시하며 비판적 사고력을 신장시킬 수 있습니다. 마지막으로 '생각의 날개 달기'에서 다루는 반성적 표현에서는 본문을 통해 알게 된 미디어에 대한 생각들을 어떻게 하면 긍정적이고 효과적으로 우리들의 생활 속에서 활용할지를 고민해 보고 표현해 봅니다.

3. 이 책은 초등학생들에게 다양한 미디어와 관련된 경험을 쌓을 수 있도록 체험 활동 장소를 추천하고 있으며, 또한 관련 도서와 인터넷을 통해 쉽게 찾아볼 수 있는 〈지식채널e〉 등의 프로그램을 추천하여 미디어에 대한 지식을 간접 경험으로 습득할 수 있도록 구성하였습니다.

4. 이 책은 그동안 만화, 온라인 게임같이 기성세대에게는 낯설었던 미디어에 관해 기술 · 정리해 놓음으로써 기성세대가 학생들의 문화를 이해하고 이해의 폭을 넓히는 계기가 되도록 노력했습니다. 미디어를 통해 세대 간에 허물없는 대화의 장을 열고 동시에 소통의 의미를 다시 한 번 되새길 수 있는 기회가 되기를 소망하며 부모님과 선생님들도 가벼운 마음으로 끝까지 읽어 주시기 바랍니다.

차례

들어가는 말 ▪ 5

이렇게 사용하세요 ▪ 8

1장 누구냐 넌! 미디어 ▪ 14

01 몸짓과 그림의 시대 | 02 말의 시대 | 03 글자 · 인쇄 시대 | 04 전파 시대 | 05 인터넷 시대 | 06 메시지를 담는 그릇 | 07 두 얼굴의 미디어 | 08 통通하였느냐 | 09 미디어로 보는 세상 | 10 내 삶 속의 미디어 | 11 말하지 않아도 알아요

2장 넌 내게 반했어 만화 ▪ 52

01 만화! 넌 누구니? | 02 내가 이 정도야! | 03 새로운 모습으로 진화하는 만화 | 04 만화가 보여 주는 세상 | 05 뽀로로의 연봉은? | 06 만화의 재탄생 | 07 학습 만화는 내 친구 | 08 학습 만화로 공부를? | 09 학습 만화에 숨겨진 판매 전략

3장 슈퍼스타 T 텔레비전 ▪ 88

01 멈추지 않는 텔레비전의 진화 ▮ 02 D-7: 방송의 서막 ▮ 03 D-5: 방송의 준비 ▮ 04 D-3: 방송 준비 완료 ▮ 05 D-1: 방송의 시작 ▮ 06 D-day: 끝나지 않는 방송 ▮ 07 드라마의 유혹 ▮ 08 프로그램 성적표 ▮ 09 숨은 광고를 찾아서 ▮ 10 미성년자 관람 불가 ▮ 11 네 머릿속의 지우개 ▮ 12 고정관념, 넌 또 누구냐? ▮ 13 있는 그대로 바라보기 ▮ 14 뒤집어 세상 바라보기

4장 스타 복사기 대중 가요 ▪ 134

01 댄스 가요=대중 가요=대중 음악? ▮ 02 거꾸로 올라가 보는 대중 가요 ▮ 03 대중 가요의 다양한 장르 ▮ 04 스타로 거듭나기 ▮ 05 진정, 너희가 안티를 아느냐? ▮ 06 스타 역시 우리와 같은 사람! ▮ 07 음악의 다양성이 사라지고 있다 ▮ 08 대중 가요 100배 즐기기

5장 카트에 세상 담기 광고 ▪ 172

01 광고의 탄생 ▮ 02 광고의 재발견 ▮ 03 글과 이미지로 전하는 메시지 ▮ 04 영상으로 전하는 메시지 ▮ 05 인터넷으로 전하는 메시지 ▮ 06 인터넷은 광고의 바다 ▮ 07 댓글도 광고다? ▮ 08 진실 혹은 거짓? ▮ 09 쇼핑의 노하우

6장 배터리 아웃 휴대전화 ▪ 208

01 유선 전화부터 스마트폰까지 ▮ 02 상상 더하기 ▮ 03 스마트폰, 누구냐! 넌? ▮ 04 내 손안에 또 다른 세상 ▮ 05 새로운 문화의 장으로 ▮ 06 휴대전화의 달콤한 유혹 ▮ 07 휴대전화 나비 효과 ▮ 08 나만의 세상으로

7장 나만 모르는 이야기 뉴스 ▪ 244

01 사건과 뉴스 ▮ 02 뉴스 24시 ▮ 03 뉴스가 보여 주는 세상 ▮ 04 누구의 말을 믿어야 할까? ▮ 05 동상이몽同床異夢-같은 자리에서 자면서 다른 꿈을 꾼다 ▮ 06 뉴스로 본 세상 ▮ 07 내 눈으로 세상 보기 ▮ 08 객관적인 뉴스가 존재할까요? ▮ 09 뉴스의 진실 찾기

8장 공짜 패키지 이벤트 온라인 게임 ▪ 284

01 온라인 게임의 매력, 레벨업 ▮ 02 아이템의 매력 ▮ 03 이벤트의 유혹 ▮ 04 커뮤니티의 힘 ▮ 05 나를 사로잡는 화려한 효과 ▮ 06 온라인 게임과 광고의 만남 ▮ 07 최고의 선물은 문화상품권 ▮ 08 게임 월드에 공짜는 없다 ▮ 09 반가워! 게임 세상! ▮ 10 우리가 노는 세상을 지키자 ▮ 11 우리만의 놀이터를 위하여

9장 세상의 중심에서 소통을 외치다! 인터넷 ▪ 320

01 인터넷의 시작은 군사용이었다 ▮ 02 인터넷의 힘은 열려 있는 사람들 ▮ 03 뭉칠까? 흩어질까? ▮ 04 우리들의 사진첩 ▮ 05 표현하고 싶은데 어려운 게 많아! ▮ 06 내가 미디어인 시대 ▮ 07 사람으로 연결된 인터넷 ▮ 08 작지만 큰 차이 ▮ 09 진정한 인터넷 선진국이란?

10장 최고의 미디어, 여러분! 미디어 ▪ 356

01 미디어 속 숨겨진 원리 읽기 ▮ 02 삶과 접속하기 ▮ 03 삶 속에서 바라보는 미디어 ▮ 04 최고의 미디어는 여러분입니다!

1장

누구냐 넌!
미디어 www

미디어란 '전하는 사람이 전달받는 사람에게 메시지를 담아서 보내는 도구'로서 사람들이 살기 시작한 순간부터 있어 왔다. 세상 모든 도구에는 빛(긍정적인 부분)과 어둠(부정적인 부분)이 항상 같이 존재하듯, 미디어 역시 긍정적인 부분과 부정적인 부분이 함께 존재한다. 중요한 점은 '과연 그것을 어떻게 활용하는가?'이다. 따라서 우리는 미디어를 좋은 도구로 사용할 수 있는 지혜가 필요하다. 사람과 사람 사이에서 상대방을 이해하려는 마음으로 소통을 하며 나 자신이 좋은 미디어가 되려면 어떻게 해야 하는지 알아보자.

크르르르
헐 - 어쩌지?
친구를 구하려면-
방법 1 공룡이랑 싸운다.
퍽!
흐억!
헐 앙대 - 그럴순 없어.
방법 2 가만히 서 있는다.
쩝쩝
이래도 죽고 저래도 죽으니-
도망가자!

01 몸짓과 그림 시대

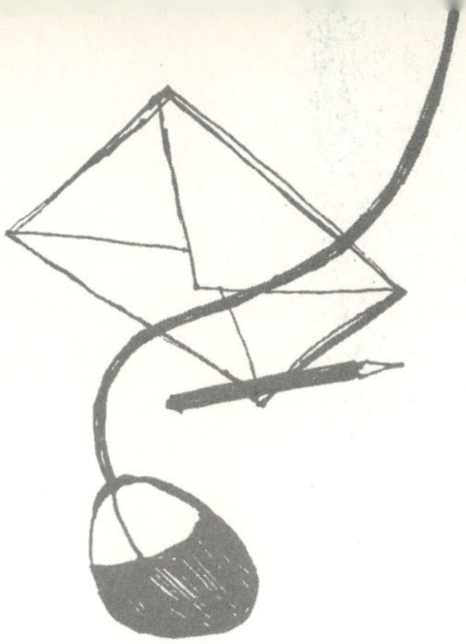

만약 우리가 공룡을 만나서 그 위험을 누군가에게 알려야 할 때, 말과 글이 없다면 어떨까요? 우리는 몸짓과 표정으로 모든 것을 설명해야 할 거예요. 그러면 시간이 오래 걸리거나 의사 전달이 잘못될 수도 있겠죠? 공룡에게 먹잇감을 제공해 주는 꼴이 되겠죠! 몸짓과 표정은 금세 사라지기 때문에 사람들은 메시지를 조금 더 오랫동안 보존하기 위한 방법을 생각해 냈어요. 벽이나 동굴 등에 자신의 생각을 담은 그림을 새기는 것이랍니다. 하지만 그림을 그리는 것은 장소나 도구 등이 제한되어 많은 어려움이 있었습니다. 사람들은 의미 전달이 어려운 몸짓이나 표정, 또는 여러 제약이 많은 그림보다 훨씬 빠르고 효과적으로 자신의 생각이나 느낌을 전달할 수 있는 도구를 생각해 내야만 했습니다.

02 말의 시대

말(언어)을 사용하면서 사람들은 더 많은 사람들에게 빠르고 편리하게 자신의 생각이나 느낌을 전달할 수 있게 되었습니다. 하지만 자신의 생각을 전부 말로 전달하는 데에는 시간적 · 공간적 어려움이 있어요. 예를 들어 10명이 모여 있는 공간에서 커다란 목소리로 자신의 생각을 말하면 의사소통이 가능하지만 100명이 넘게 모여 있다면 어렵겠죠. 또한 말(언어)은 말하는 사람의 입을 떠나는 순간 사라지고, 말을 하는 사람과 듣는 사람의 상황이나 기분에 따라 메시지의 의미와 느낌이 매우 다르게 전달되기도 한답니다. 따라서 사람들은 언제, 어디서, 누구에게나, 어떤 상황에서도 변하지 않는 의미를 전할 수 있는 도구가 필요했습니다. 시간이 지나도 그 의미를 보관하면서 효과적으로 전달할 수 있는 도구 말이죠.

03 글자 · 인쇄 시대

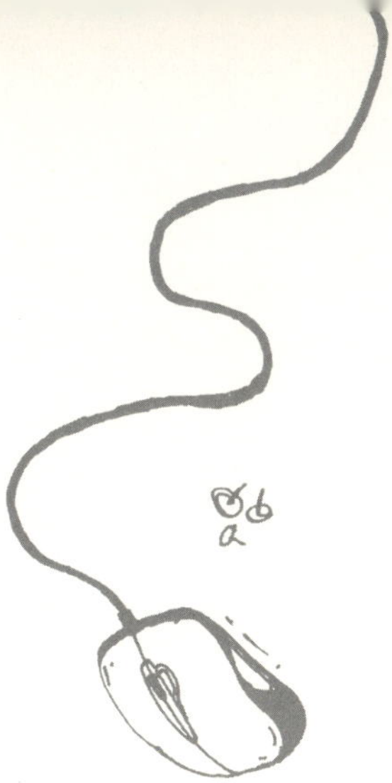

문자(인쇄술)의 발명을 통해 우리는 보다 더 많은 사람들에게 자신의 생각이나 느낌을 전달할 수 있는 도구를 얻었답니다. 하지만 문자를 통해 자신의 생각을 전달하기 위해서는 많은 노력이 필요했습니다. 글을 읽기 위해서는 약속된 문자가 있어야 했고 그 문자를 읽고 쓰는 교육을 받아야 했습니다. 또한 많은 사람들에게 문자를 통해 자신의 의사를 표현한 글을 읽히기 위해서는 글을 쓰고, 일일이 수작업으로 종이를 만들고 거기에 인쇄*를 해야 했어요. 따라서 글을 통해 자신의 의사를 전달하려면 매우 오랜 시간과 노력이 필요했지요. 물론 신문의 등장으로 이전보다는 더 많은 사람들에게 정보와 오락을 제공했지만, 사람들은 말이나 글을 보다 더 빠르고 편리하게 전달하기 위한 기계적 도구를 필요로 하게 되었어요.

*고려 고종 때 금속 활자가 처음 만들어졌다. 이는 서양의 구텐베르크의 금속 활자보다 무려 200년이나 앞선 것이다.

04 전파 시대

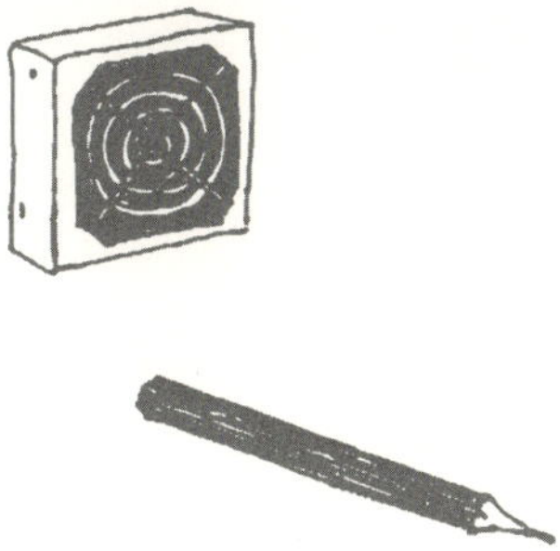

과학과 기술이 발전함에 따라 사람들은 보다 더 멀리, 더 빠르게 자신의 생각이나 느낌을 전달하기 위한 방법을 찾기 위해 노력했습니다. 몸짓이나 말을 이용하여 자신의 생각을 전하기 위해서는 말을 하는 사람이나 전하는 사람이 말을 들을 사람에게 직접 가서 전해야 했습니다. 물론 글자를 이용한 인쇄물도 마찬가지예요. 우리의 생각과 마음이 깃든 편지도 우체부 아저씨가 상대방에게 전해 주어야만 하지요. 하지만 통신 기술이 발달하면서 우리는 더욱 편리하게 소통할 수 있게 되었어요. 전화가 생겨서 멀리 있는 사람들과 상대방의 안부를 물을 수 있게 되었고, 라디오와 텔레비전 방송이 등장하여 더 많은 사람들에게 다양한 방법으로 정보와 오락을 제공했습니다. 하지만 이러한 도구들 역시 시간과 장소의 제약을 많이 받았어요. 텔레비전 방송을 보거나 라디오 방송을 들으려면 정해진 시간에 텔레비전이나 라디오를 켜야만 하지요. 이러한 제약 때문에 한계를 뛰어넘는 도구가 필요했습니다. 사람들은 시간과 장소의 제약을 받지 않는 도구를 만들려고 노력했답니다.

05 인터넷 시대

우리 사회는 가족 중심의 사회에서 전 세계가 하나로 통합된 지구촌 사회로 발전하였답니다. 그 과정에서 사람들은 소통을 위한 미디어가 절실히 필요했고 미디어는 과학 · 통신 기술의 발달과 함께 급속하게 발전했어요. 이러한 미디어의 발달은 우리 삶의 많은 부분을 바꾸어 놓았습니다. 예를 들어, 인터넷 채팅이나 대화를 통해 지구 반대편에 있는 친구와 이야기할 수 있게 되었죠. 세상 곳곳에서 일어나는 여러 가지 일들을 영상으로 찍고 바로 편집하여 인터넷에 올려 전 세계의 친구들과 실시간으로 정보를 교류하고 소통하는 것도 가능해졌답니다. 또한 이동 중에도 휴대전화를 통해 필요한 정보들을 얻을 수 있게 되었고 휴대전화에 포함된 다양한 프로그램으로 재미있는 여가 생활을 즐길 수도 있게 되었어요. 이처럼 미디어는 지금도 눈부신 발전을 하고 있으며 앞으로도 훨씬 더 빠르고 편리하게 발전할 거예요. 우리는 이렇게 빠르게 발전하는 미디어 세상에서 어떻게 살아가야 할까요?

06 메시지를 담는 그릇

우리가 흔히 생각하는 미디어예요.
MBC KBS
하지만 이것들도 모두 미디어지요.
ㄱㄴㄷㄹ
사랑해~
우리는 메시지를 전달하기 위해
아~예쁘다~
다양한 미디어를 사용한답니다.
미디어란 우리의 마음을 잘 전달하게
도와주는 것
메시지
미디어
우리 마음을 어떻게 전하면 좋을까요?

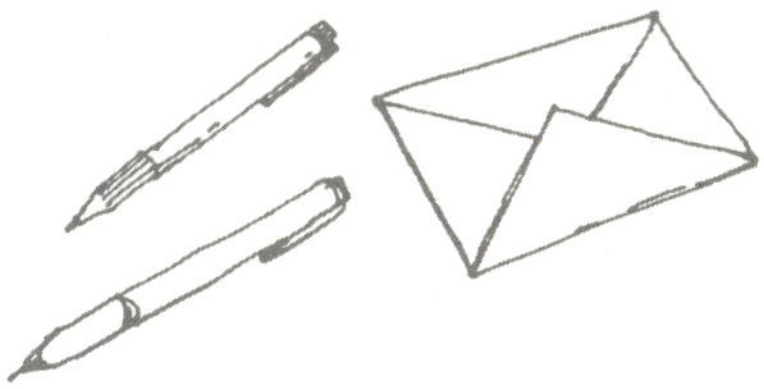

'미디어'라고 하면 흔히 신문이나 방송, 영화나 인터넷 등 최근에 생겨난 문명의 이기*로 생각하기 쉽습니다. 하지만 이제 미디어의 의미가 폭넓고 오래전부터 생겨난 것임을 알 수 있겠죠? 미디어는 한자로 '매개할 매媒'와 '몸 체體'를 써서 '매체媒體'라고 하며 영어로는 medium에서 유래한 'media'라고 씁니다. 이를 정리해 보면 '전하는 사람이 전달받는 사람에게 메시지를 담아서 보내는 도구' 정도로 나타낼 수 있어요. 즉 미디어는 자신의 생각이나 느낌을 전달하는 효과적인 도구인 것이죠. 사람은 누구나 감정이 있고 그것을 표현하고 싶어합니다. 그 감정을 표현하려는 것은 예나 지금이나 마찬가지이지만 오늘날은 표현하는 방식이 더 편리하고 다양해졌죠. 그렇다면 지금 내 느낌이나 생각을 가장 잘 나타낼 수 있는 미디어는 무엇일까요?

* '문명의 이기利器'란 현대 기술 문명에 의해 만들어진 편리한 생활 수단이나 기구들을 통틀어 말한다. 통신·기술 과학의 발달을 통해 눈부신 성장을 하고 있는 정보통신 분야에서 우리가 쉽고 빠르게, 그리고 편리하게 이용할 수 있는 모든 생활 필수품이나 생활 양식이 이에 속한다.

07 두 얼굴의 미디어

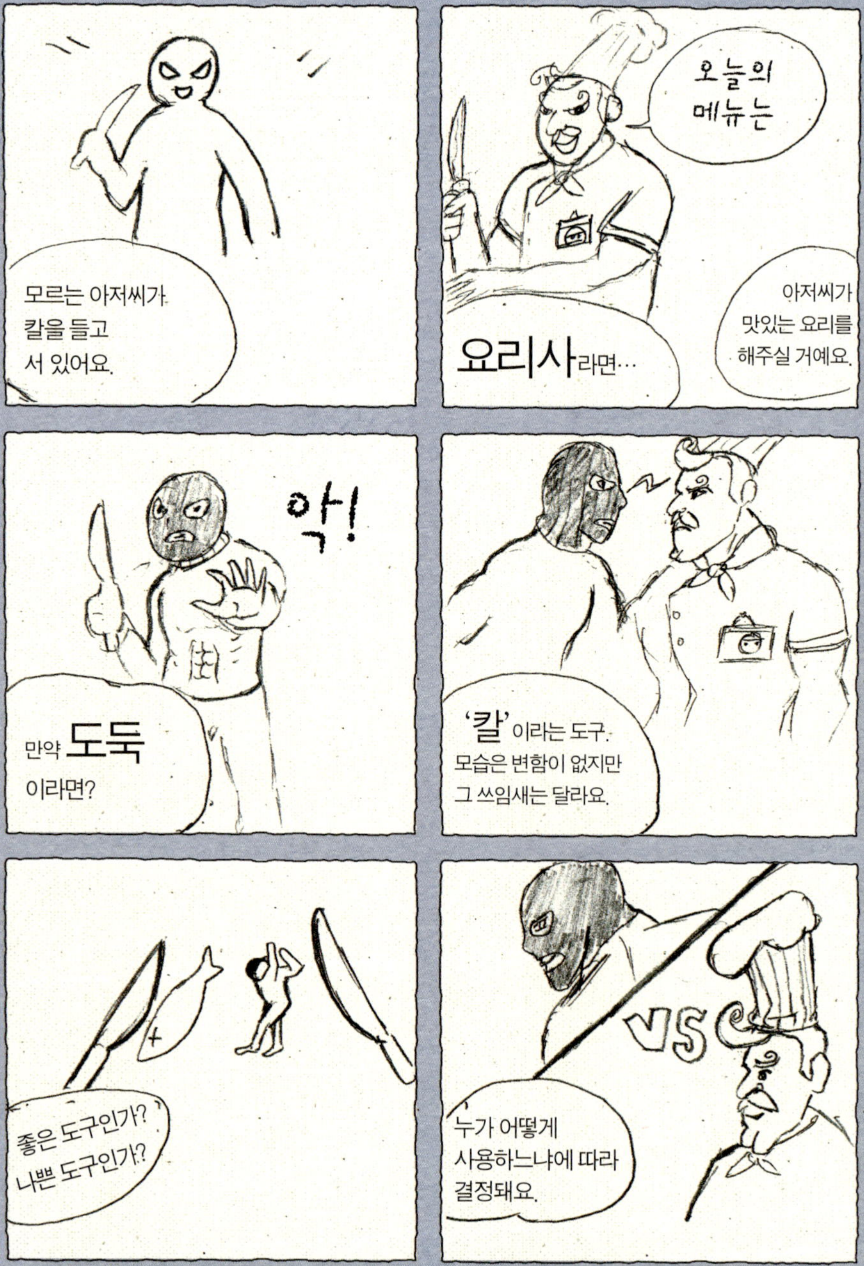
모르는 아저씨가
칼을 들고
서 있어요.
오늘의
메뉴는
요리사라면…
아저씨가
맛있는 요리를
해주실 거예요.
악!
만약 도둑
이라면?
'칼'이라는 도구.
모습은 변함이 없지만
그 쓰임새는 달라요.
좋은 도구인가?
나쁜 도구인가?
VS
누가 어떻게
사용하느냐에 따라
결정돼요.

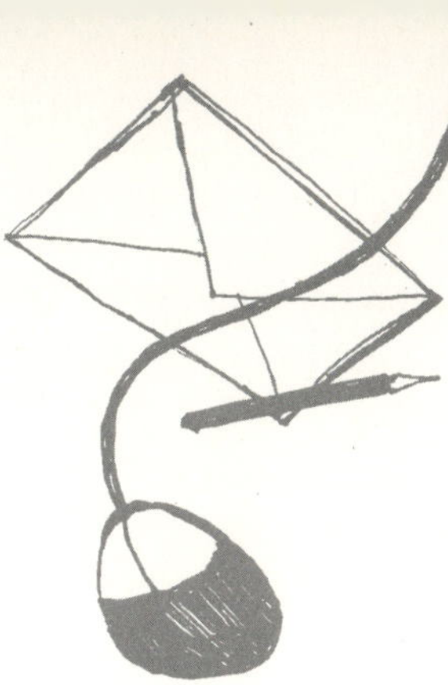

07

모르는 아저씨가 칼을 들고 서 있다고 생각해 봅시다. 만약, 이 아저씨가 요리사라면 어떨까요? 아마도 우린 요리사 아저씨가 해주시는 맛있는 음식을 먹으며 기분 좋은 시간을 보낼 거예요. 하지만 이 아저씨가 도둑이라면, 그다음 상황은 생각만 해도 끔찍할 거예요. 이처럼 우리가 흔히 볼 수 있는 '칼'이란 도구의 모습은 변함이 없지만 그 쓰임새는 상황에 따라 다르게 변합니다. 결국 '좋은 도구인가? 나쁜 도구인가?'하는 문제는 그 도구가 '어떻게 생기고 만들어졌느냐?'보다는 '누가, 어떻게 사용하느냐?'에 따라 결정되는 것이랍니다. 불도 마찬가지입니다. 불을 잘 사용하면 음식을 익혀 먹거나 추운 겨울에 따뜻하게 지낼 수 있지만 잘못 사용하면 화재로 자신의 생명뿐 아니라 사랑하는 가족이나 힘들게 모은 재산을 잃게 될 수도 있을 거예요. 우리 생활과 가까이 있는 미디어도 마찬가지랍니다. 그 미디어 역시 어떻게 이용하느냐에 따라 긍정적인 도구가 될 수도 있고 부정적인 도구가 될 수도 있음을 기억해야겠지요.

08 통通하였느냐?

가상 세계에
의존하면
만랩…
만랩…
야! 축구하자!
재한테 말 걸지마.
만랩 찍는다고
썹더라구.
우리는
실제 세계와
멀어지게 되죠.
야!
오늘 약속 장소로
나올 수 있지?
휴대전화의
발전으로 언제 어디서든
대화할 수 있게 됐죠.
야!
오늘 못가겠다.
끊어!
하지만
신뢰와 약속의 가치를
잃어버리고 있는 건
아닐까요?
변화하는
미디어 환경에
재빠르게 적응하는 세대와
워메 이게 뭐여?
아,
그거
누르면
안 되는데!
그렇지 못한 세대와는
소통의 장벽이
생기기도 해요.
아!
할머니 땜에
인터넷요금만
엄청나네!
사람 사이의 소통을 위해
발전한 미디어가
소통을 방해하기도
한답니다.

미디어가 발전하면 할수록 우리는 더 많이, 더 멀리 시간과 공간을 뛰어넘어 가상 세계에서 사람들을 만날 수 있어요. 하지만 가상 세계에 의존할수록 현실 세계와는 멀어진답니다. 휴대전화의 발전으로 언제 어디서든, 시간과 공간에 상관없이 실시간으로 대화하고 이야기를 나눌 수 있게 되었어요. 하지만 전자 · 통신 기술의 발전으로 인해 소통의 벽이 오히려 높아지기도 해요. 휴대전화가 없던 시절에 친구와 약속을 하면 친구를 기다리지 않게 하기 위해 미리 준비를 하고, 부득이하게 약속을 취소해야 할 경우에는 미리 이야기를 전해 상대방이 약속 장소에서 기다리지 않도록 배려했지요. 휴대전화가 발전하면서 약속 시간이 다 되어도 간단히 전화 한 통으로 약속을 취소하거나 다른 장소로 약속을 변경하기가 쉬워졌어요. 미디어가 고도로 발전하면서 신속하게 미디어 환경에 적응하여 다양한 미디어를 잘 활용하는 세대와 그렇지 못한 세대 간에 소통의 장벽이 생기기도 했지요. 결국 사람과 사람의 소통을 위해 발전했던 미디어가 오히려 소통을 방해하기도 한답니다.

09 미디어로 보는 세상

다양한 미디어를 통해 바람직한 삶의 가치관을 갖게 돼요.
바람직한 삶의 기준, 올바른 질서의 기준을 세우게 되죠.
나는 진정한 민주 시민
올바른 민주 시민으로 성장해 나가는 계기가 될 거예요.
민주 시민 좋아하네.
하지만 미디어는 부정적인 삶의 모습을 보여 주기도 해요.
미디어를 어떻게 활용해야 할까요?
그것은 '나'의 문제가 돼요.
긁적
미디어가 좋은 도구가 되도록 가꾸어 나가는 자세가 필요하답니다.

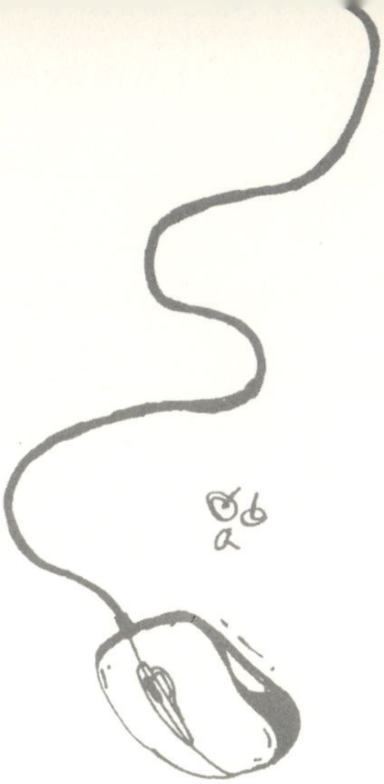

미디어 발전으로 사회에서 일어나는 많은 일들을 손쉽게 알 수 있게 되었고, 이를 기초로 다양한 미디어를 활용하여 사회에 참여한답니다. 그 예로 텔레비전에서 사회의 소외 계층에 대한 내용을 다루거나 소비자의 권리를 보호하자는 프로그램들이 있습니다. 이런 프로그램의 내용 중에 사람들의 관심을 받은 사건들은 인터넷 신문이나 다양한 미디어를 통해 더 많은 사람들에게 알려집니다. 그러면 사건과 관련이 있는 정부의 담당 기관이나 경찰, 사회 운동가들이 세부적이고 실제적인 내막을 알아보고 효과적인 도움을 줄 수 있도록 다방면으로 노력하게 된답니다. 이 과정에서 우리는 인터넷이나 텔레비전 프로그램을 통해 얻은 지식을 친구에게 직접 이야기하거나, 블로그나 트위터*에 공유함으로써 사회적 활동에 동참합니다. 이러한 우리의 행동은 더욱 많은 이들에게 사건의 진실을 알리거나 사회적 관심을 높일 수 있도록 도와주지요. 하지만 미디어가 사람들의 시선을 끌기

* 'twit'은 영어로 새가 지저귀는 것을 의미한다. 트위터란 인터넷을 통해 전 세계 사람들과 소통할 수 있게 도와주는 도구이다. 140자의 짧은 글로 자기의 생각을 언제든지 자유롭게 표현할 수 있다.

위해 너무 선정적*이거나 폭력적인 내용, 또는 잘못된 정보를 제공하게 되면 사람들은 필요 이상의 긴장감이나 공포심을 갖게 된답니다. 아마도 우리가 겪었던 신종플루가 좋은 예가 되겠지요. 어찌 보면 단순한 독감일 수도 있었던 신종플루가 미디어를 통해 세계적인 두려움의 대상이 되었답니다. 그것 때문에 많은 학교들이 휴교를 하고, 공공 시설같이 많은 사람들이 모인 곳에 가기를 꺼렸으니까요.

미디어는 많은 사람들의 다양한 삶의 모습을 보여 주지요. 그 과정에서 우리는 어떤 것이 아름답고 바람직한 삶인지를 보고, 듣고, 느끼게 됩니다. 평생 힘들게 모은 돈으로 생활이 어려운 학생들에게 장학금을 주는 할머니처럼, 기부와 봉사를 생활화하는 아름다운 모습을 다양한 미디어를 통해 접한 우리는, 이러한 삶의 모습을 토대로 바람직한 삶의 기준, 올바른 사회 제도와 질서의 기준을 세웁니다. 우리 사회가 추구하는 바람직한 가치관과 자기 정체성을 확립한 올바른 민주 시민으로 성장해 나가는 것입니다. 하지만 미디어는 아름다운 삶의 모습뿐만 아니라 반사회적 가치*로 인해 생겨난 부정적인 삶의 모습을 보이기도 한답니다. 예를 들어 학교 폭력 같은 자극적인 장면, 강도나 살인 사건 같은 부정적인 삶의 모습을 여러 미디어에서 비슷하게 보도하지요. 물론 이런 보도 역시 사회 질서를 바로 잡기 위해 필요합

*선정적이라는 것은 보다 더 많은 시청자의 흥미를 끌기 위해 감각적이고 자극적인 정보나 영상을 전달하는 것이다.

*반사회적인 가치란 일반적인 생각으로는 도저히 이해할 수 없는 가치를 뜻한다. 예를 들어, 친구를 못살게 굴거나 폭력을 행사하면서 즐거움을 느끼거나 자신의 목적을 위해서라면 다른 사람들의 생명을 거리낌 없이 빼앗는 행동에는 반사회적 가치가 반영되어 있다.

니다. 사람들에게 범죄에 대한 경각심을 일깨워 주기 위해서지요. 하지만 여러 미디어는 더 많은 사람들의 눈길을 끌기 위해 더욱 자극적이고 폭력적인 내용으로 사람들을 유혹하지요. 이처럼 범죄에 대한 선정적이고 구체적인 정보 제공을 통해 다른 비슷한 범죄가 일어나기도 해요. 이렇게 기사화되는 일들은 우리 사회에서 일어나는 사건들 중에 극히 일부분이지만, 미디어는 이러한 모습을 우리 사회의 전반적인 모습으로 오해하게 만들기도 합니다.

미디어는 우리의 삶을 더욱 아름답게도, 황폐하게도 만들 수 있는 도구랍니다. 중요한 점은 '과연 그것을 어떻게 활용하는가?'이겠죠. 내가 과연 미디어를 어떻게 활용할 것인가, 결국 '나' 자신의 문제로 돌아가게 된답니다. 미디어가 좋은 도구가 되도록 스스로 가꾸고 만들어 나가야 합니다.

10 내 삶 속의 미디어

미디어를 활용해 과제를 멋지게 만드는 친구도 있어요.
PPT
솰라~
솰라~
짝짝!
미디어를 잘 사용하는 구나.
미디어를 사용하는 것만 중요할까?
그럼! 선생님께 칭찬받잖아~
그만큼 더 중요한 게 있지.
놓치지 말아야 할 중요한 것에 대해 설명해 주지.
뒤적 뒤적
놓치지 않겠어!
무슨 초딩이 로또냐…
저번엔 망했지만…

미디어는 인간 미디어와 매스 미디어에 바탕을 두고 있습니다. 대부분 '미디어'라 하면 매스 미디어만을 미디어로 생각해서 방송이나 영화, 광고, 인터넷, 만화와 같은 것들만을 미디어라고 여기는 경향이 있지요. 하지만 미디어가 자신의 느낌이나 메시지를 잘 전달하기 위해 이용하는 것이라면 우리의 '몸' 역시 좋은 미디어 중 하나입니다. 우리가 가진 '몸'은 좋은 미디어로서 입을 통해 직접적으로 메시지를 전합니다. 또 메시지를 더 잘 이해시키기 위해 표정이나 몸짓, 눈짓, 말의 억양이나 말투 등을 이용합니다. 그리고 미디어를 잘 이용하는 것만큼 중요한 것이 표현된 메시지를 제대로 이해하는 것이에요. 메시지를 알기 쉽게 표현하는 경우도 있지만, 간혹 은유나 상징과 같이 메시지를 무언가에 빗대거나 숨겨서 표현하는 경우도 있기 때문이지요. 그래서 우리는 다른 사람의 말을 들을 때 꼼꼼히 생각하고 '경청'해야 하는 것이랍니다.

11 말하지 않아도 알아요

오늘 아침에는 왠지 선생님의 기분이 안 좋아 보여요. 왜 그런지 이유는 모르지만 선생님의 표정과 행동, 눈빛, 말투 등에서 평소와 다른 선생님의 상태를 파악할 수 있지요. 눈치 빠른 친구들은 이런 날은 선생님께 걸리면 평소보다 더 혼날 수도 있으니 행동에 각별히 유의하거나 선생님을 배려하는 행동으로 선생님의 기분을 풀어 드리려고 노력하지요. 하지만 눈치 없는 친구들은 어떤가요? 선생님의 기분이나 상황은 상관 없이 평소와 똑같이 행동을 하지 않나요? 그러다 선생님께 혼이 나면 왜 혼나는지도 모르고 학급 분위기를 안 좋게 만들기도 하지요.

이런 상황도 있지요. 화가 나신 선생님께서 "너 가방 싸가지고 집에 가"라고 말씀을 하십니다. 과연 그 말을 곧이곧대로 들어 가방을 싸서 집으로 가는 것이 선생님의 말씀을 잘 듣는 것일까요? 선생님 말씀대로 가방을 싼다면 선생님은 더 화를 내실지도 모릅니다. 이때 선생님의 "집에 가"라는 말의 의미는 진짜로 집으로 가라는 것이라기보다는 "잘못했어요.

앞으로 잘할게요"라는 학생의 대답과 반성을 바라는 메시지이지요. 하지만 눈치 없이 선생님의 말씀을 곧이곧대로 듣고 가방을 싸서 집으로 가버린다면 선생님은 어이없어 하실 거예요. 이런 행동은 오히려 선생님께 반항하는 모습으로 오해를 살 수 있고 당황한 선생님은 더욱 화를 낼 거예요. 그리고 학생은 앞으로 선생님의 말씀을 곧이곧대로 들어야 할지, 반대로 해야 할지 매우 혼란스러워지겠죠. 이런 선생님과 학생의 오해는 결국 부정적인 결과를 가져올 수도 있어요.

마지막으로 교실에서 수업이 시작되었는데도 학생들이 막 떠들고 있으면, 가끔 선생님이 아무 말도 없이 서 계시곤 하시죠? 또는 "더 떠들어봐!"라고 말씀하시기도 하고요. 선생님이 우리에게 전하고픈 메시지는 무엇일까요? 아마도 "조용히 수업 준비해!"라는 메시지겠지요. 선생님은 눈짓이나 표정, 말투 등 다양한 방법으로 메시지를 보내는 거죠. 하지만 이런 상황에서 눈치 없이 "야! 선생님이 떠들어도 괜찮대. 떠들자!"라고 말하고 행동하는 학생이 있다면 선생님은 호랑이로 변하지 않을까요? 그럴 때 눈치 있는 친구들은 선생님의 메시지를 정확히 파악하고 재빨리 수업 준비를 해서 위기를 모면하곤 하지요.

이런 상황은 집에서도 마찬가지예요. 공부를 열심히 안 해서 시험을 잘못 봤거나 학교에서 말썽을 부려 엄마의 심기가 불편한 상태라고 가정해 봅시다. 물론 이때 엄마가 다짜고짜 혼을 낼 수도 있고 차근차근 이유를 물어볼 수도 있습니다. 하지만 반어적인 표현* 으로 "잘~했다"라고 말씀

하시기도 합니다. 여기서 "잘했다"라는 표현은 실제로 잘했다기보다는 앞으로 더 잘하라는 꾸짖음이나 질타로 생각해야 합니다. 하지만 이러한 전체적인 분위기를 이해하지 못하고 "잘했다"라는 단어만 듣고 부모님께 잘했으니 맛있는 것을 사달라고 한다면 그 뒷일은 아마 감당하기 어려워질 거예요.

*반어적인 표현이란 겉으로 표현한 것과 실제의 속뜻이 서로 반대되는 것을 의미한다. 예를 들어, 장난을 심하게 치던 학생에게 선생님이 "너, 참 얌전하구나"라고 말하는 것이다.

친구들과의 관계에서는 어떨까요? 나에게 오해가 생겼거나 삐친 친구들은 어떻게 하나요? 불같이 화를 내는 친구들도 있을 것이고 논리적으로 이유를 따져서 오해를 푸는 친구들도 있을 거예요. 하지만 부드럽게 말을 걸어도 아무 말도 하지 않고 나를 모르는 척하거나 왠지 싸늘하게 대하는 친구도 있겠죠. 여기에서 말을 하지 않는다는 것은 '내가 지금 너 때문에 화가 나 있는 상태다' 또는 '너로 인해 화가 났으니 너와는 당분간 이야기하지 않겠다'라는 일종의 메시지를 보내고 있는 것이죠. 이런 메시지를 잘 이해하고 상대방의 기분을 풀어 주려고 노력하는 사람은 금세 화가 난 이유와 해결 방법을 찾을 수 있을 거예요. 하지만 이런 메시지를 놓치는 사람은 사람들과의 관계에서 많은 어려움을 겪을 수 있겠지요.

결국, 미디어란 다른 사람들과 보다 더 잘 소통하고 대화할 수 있게 도와주는 도구이지요. 여기에 상대방을 위하고 배려하는 마음까지 가지고 있다면 이 세상에 오해나 편견은 사라질 것입니다.

생각의 날개 달기

1. 미디어에 대해 잘못 설명한 것은 무엇인가요?

❶ 미디어는 메시지를 담는 그릇입니다.

❷ 표정이나 몸짓은 쉽게 사라지기 때문에 미디어라 할 수 없습니다.

❸ 말과 글은 시간적 · 공간적인 제약이 따르지만 좋은 미디어입니다.

❹ 자신의 생각을 보다 더 빠르고 멀리 전하기 위해 텔레비전과 라디오를 개발했습니다.

❺ 인터넷 미디어의 발전은 우리의 삶을 변화시켰고 소통의 중요성이 점차 강조되고 있습니다.

답은 ❷ 표정이나 몸짓은 메시지를 표현하자마자 사라지긴 하지만 우리의 메시지를 잘 전달할 수 있도록 도와주는 좋은 미디어랍니다.

2. 사랑하는 친구에게 힘을 주고 싶습니다. 미디어의 특성에 맞게 표현해 보세요.

너는 최고야!

언어 · 말

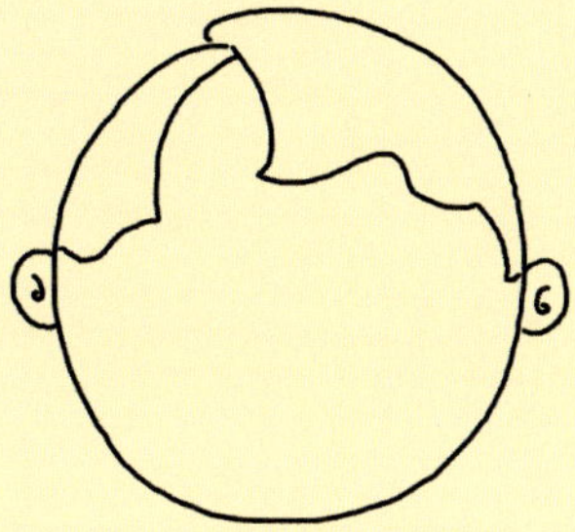

표정 · 몸짓

그림이나 이미지

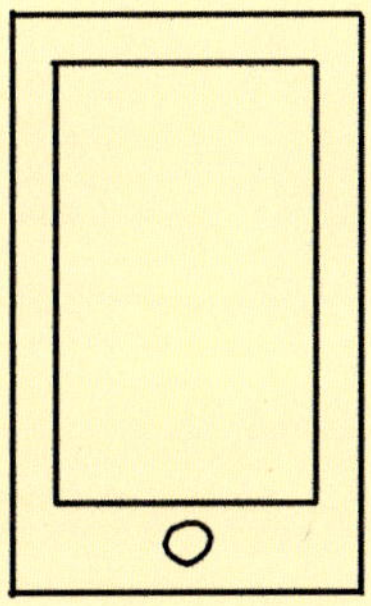

이모티콘

3. 효과적으로 내 생각을 전달하려면 어떤 방법을 사용해야 하나요?

예) 1만 명이 모인 광장에서 이야기를 할 때

- 스피커나 영상을 이용
- 대형 모니터 이용
- 확성기와 마이크 사용

1) 주어진 시간 1분 동안 내 소개를 할 때

어떤 방법으로?	필요한 미디어는?

2) 멀리 있는 친구에게 안부를 전할 때

어떤 방법으로?	필요한 미디어는?

3) 우리나라 전통 음식에 대해 소개할 때

어떤 방법으로?	필요한 미디어는?

4. 미디어는 상황과 목적에 따라 다른 방법으로 활용해야 정확한 메시지를 전달할 수 있습니다. 어떤 미디어를 활용하여 내 마음을 전달할 때 가장 효과적일까요?

[성적이 떨어져 힘들어하는 친구에게]

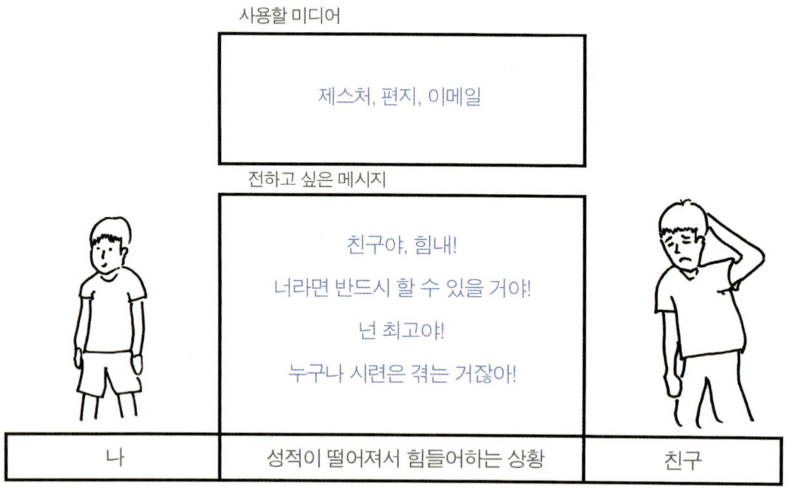

해설: 우리가 친구를 위로하기 위해 할 수 있는 활동을 한번 알아볼까요? 성적이 떨어져 의기소침해 있을 친구의 기를 살려 주기 위한 모든 의미 있는 행동들은 미디어라 볼 수 있습니다. 우선, 친구와 같이 공감하고 어깨를 토닥여 주고 슬픈 표정을 함께 짓는 것은 '제스처'란 미디어에 해당하고 "힘내!"라는 말로 친구를 응원하면 이것은 '언어'라는 미디어에 해당합니다. 또한 편지를 쓰거나 글로 표현한다면 이것은 '문자'를 활용한 미디어가 되고 전화나 이메일, 휴대전화를 이용하여 친구를 위로한다면 이것은 '전자 미디어'를 이용한 것이랍니다. 결국, 미디어란 우리가 생각하는 것을 의미 있고 효과적으로 전달하도록 도와주는 모든 도구를 의미하지요.

[힘든 일을 마치고 들어오신 부모님께]

사용할 미디어

전하고 싶은 메시지

나	과도한 업무를 마치고 집에 오신 상황	부모님

[생일을 맞은 친구에게]

사용할 미디어

전하고 싶은 메시지

나	친구의 생일 파티에서	친구

5. 다음은 정선희 시인의 〈소통에 대하여 2〉라는 시를 패러디* 한 것입니다. 이것을 다시 재미있게 패러디하여 미디어에 관한 시를 지어 봅시다.

미디어에 대하여

김형태

미디어란 아주 간단해.
내 생각을 너에게 보여 주는 일이지.
행복하게 웃는 미소 속에도
라디오에서 흘러나오는 소리 속에도
새로운 세상이 펼쳐지는 휴대전화 속에도
미디어는 존재하는 거지.

내가 너와 얼굴을 마주대고 이야기하는 것은
미디어 중에 으뜸이지.

*패러디란 다른 사람이 먼저 창작한 작품의 일부를 가져와 자신의 작품에 집어넣는 기법을 의미한다. 기존의 작품과 표현 방식은 비슷하지만 새로운 의미를 만들어 내는 것이 특징이다.

미디어에 대하여

___학년 ___반 이름 ___________

추천합니다

책

student

미디어로 여는 세상

미디어에 대한 궁금증과 미디어를 대하는 태도, 미디어로부터 어떤 영향을 받고 이로 인해서 우리의 삶이 어떻게 바뀌는가에 대한 책이다. 만화, 애니메이션, 텔레비전, 영화, 대중 음악을 비롯하여, 광고, 신문, 인터넷, 청소년 문화 등, 청소년이 일상에서 접하는 미디어를 총망라했다. 우리가 미디어를 어떻게 접하며 그 내용들을 어떻게 받아들이는 것이 올바른지 구체적이고 실질적으로 생각할 수 있도록 도와준다. 강정훈 외 지음 | 한나래

맥루한이 들려주는 미디어 이야기

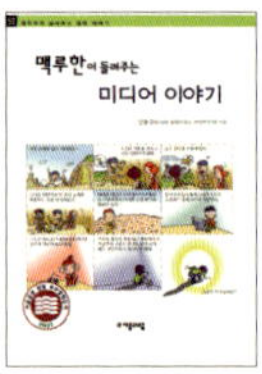

주인공인 우현이는 여자 친구와의 다툼으로 인해 미디어의 세계를 알게 되고 미디어가 인간의 사고방식과 사회 · 문화에 커다란 영향을 미친다는 것을 깨닫는다. 그 과정에서 미디어가 주는 메시지, 미디어의 의미에 대해서 생각해 볼 수 있으며 어떻게 미디어를 활용하는 것이 효과적인지에 대해 알 수 있다. 강용수 지음 | 자음과 모음

인터넷 사이트

student parents

스스로넷 http://www.ssro.net

청소년들이 미디어를 즐기고 바르게 활용하며 그 안에서 성장할 수 있게 해주는 미디어 교육 전문 기관이자 사이트이다. 다양한 미디어 관련 내용과 함께 미디어 캠프, 온라인 연수 프로그램 등 다양한 활동을 제공하여 학생뿐만 아니라 부모님도 미디어를 이해할 수 있도록 돕는다.

방송 프로그램

지식채널 ⓔ 만만한 방송국

공동체 라디오 방송국. 그곳에는 동네 꼬마 아이들부터, 청년들, 아주머니들, 그리고 이주 노동자까지 다양한 '동네 사람들'이 그들의 이야기를 한다. 미디어란 우리들의 이야기를 담아내고 대화할 수 있게 하는 소중한 통로가 된다는 것을 알게 해준다. EBS, 2011. 1. 17.

지식채널 ⓔ 적절한 기술

"기술은 사람을 돕기 위해 만들어지는 것이므로 모두에게 자유롭게 쓰여야 한다"는 볼프강 셰플러의 이야기처럼 미디어의 기술적 발전 또한 사람들 간의 대화를 돕기 위해 만들어지는 것이다. 미디어는 사용하는 사람의 바른 가치관을 바탕으로 사용되고 발전해야 한다. EBS, 2009. 6. 15.

2장

넌 내게 반했어
만화

간단하고 재미있는 그림과 짧은 글이 만나서 만화가 태어났다. 어른, 아이 구분 없이 모두가 즐겨보는 만화는 시간이 흐르면서 그림이 움직이는 다양한 형태의 애니메이션으로 발전했다. 새로운 산업으로 자리매김한 만화 속 캐릭터들은 많은 사람들에게 사랑을 받으며 가치와 이익을 만들어 내기도 한다. 거기다 만화로 공부도 할 수 있게 되었다. 만화에도 좋지 않은 점이 있다. 하지만 만화에 대해 더 잘 알고 보면 더 많은 감동과 즐거움을 누릴 수 있다. 우리에게 꿈과 희망을 주는 수많은 캐릭터들이 기다리는 만화의 세계로 들어가 보자.

교과서입니다.
대환영!
와~
문제집이에요!
와~ 최고예요!
아이들을 위한 거라면!
만화책이에요!
우~
쓰레기!
아이들을 더럽히는 만화!
우~ 우~
이런 건 버려야 해!
흑…
흑흑… 흑흑
내가 누군지 보여 주겠어!
쾅!

01 만화! 넌 누구니?

선사 시대에는 표정과 몸짓으로 생각을 전했을 거예요.
하지만 그런 방법은 표현한 동시에 사라지기 때문에 다른 방법을 생각해야 했어요.
그것이 바로 그림이에요.
그 후 말과 글이 생겼어요.
우리의 생각을 좀더 정확히 표현할 수 있지요.
만화는 끊임없이 발전했어요.
글과 그림이 서로를 보완해 주면서 말이죠.
Hi
안녕
글
그림
문학적 요소
미술적 요소
만화는 멋진 표현 도구가 되지요.
요즘은 만화와 인터넷이 만나 웹툰이 되었어요.
만화

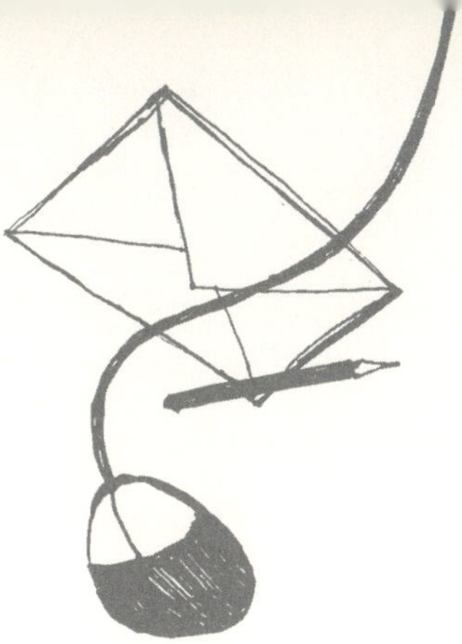

만화는 우리의 생활을 과장되게 표현하여 일상을 재미있고 유쾌하게 나타내는 미디어입니다. 우리는 만화를 보며 즐거워하고 애니메이션을 보며 꿈을 키우기도 합니다. 만화는 우리의 생각이나 느낌을 다양한 모양으로 표현하도록 도와줍니다.

글자가 생기기 전에도 사람들은 자신의 생각을 표현하고 남기려 했을 거예요. 글자가 아닌 표현 수단은 무엇일까요? 바로 그림입니다. 그림을 남기게 되면서 사람들은 의사소통이 훨씬 더 편해졌습니다. 하지만 그림은 보는 사람에 따라 의미가 계속 달라집니다. 그 후 사람들은 글자를 발명하게 되지요. 글자는 한번 쓰면 누구에게나 같은 의미를 정확하게 전달할 수 있어요. 하지만 느낌이나 동작 등을 글로 다 표현하기는 어렵지요. 그래서 사람들은 글과 그림을 같이 사용했어요. 그림은 글자로 표현하는 것보다 훨씬 쉽고 간단하게 의미를 이해할 수 있도록 도와주고, 글은 그림이 전하는 다양한 의미 중 전하고자 하는 메시지를 정확하게 표현할 수 있도록 도와주는 것이죠.

02 내가 이 정도야!

다양한 캐릭터와
재미있는 스토리를 통해
Pororo
와아
상상의
세계를
보여 주는
만화
만화방
우리나라에는
1960년대에
만화가 처음 나왔어요.
신문
어린이
신문과
잡지에도
실리게 되었지요.
요즘은
학습 만화와
웹툰까지
만화의 영역은
넓어지고 있어요.

지루한 교과서나 문제집과는 다르게 만화에서는 간단한 글과 재미있는 그림으로 이야기의 내용을 이해할 수 있습니다. 글과 그림은 서로 긴밀하게 연결되어 있고 한 편의 줄거리가 있는 이야기로 재미와 감동을 줍니다. 만화는 재미있는 그림과 간단한 글을 이용하여 작가의 생각을 표현합니다. 재미있는 이야기의 구조는 독자의 상상과 감동의 세계를 자극하고, 만화는 이를 시각적으로 보여 줍니다.

우리나라에는 1960년대부터 본격적으로 만화라는 장르가 자리잡게 되었습니다. 신문과 잡지에 짤막하게 실리기도 하고 책으로 출간되기도 했지요. 만화책은 만화방에서 빌려 주기도 하였답니다. 만화방이 생겨나자 학생들은 더욱 쉽게 만화를 접하고, 더욱 깊이 만화의 매력에 빠졌습니다. 요즘에는 어린이를 대상으로 한 에듀테인먼트 만화(학습 만화)와 각종 포털 사이트의 온라인 만화(웹툰)까지 교육 및 정보 전달, 오락 및 여가 활동 등의 다양한 수단으로 이용됩니다. 만화에 대한 학문적, 사회적 관심도 증가해서 대학에서 만화와 애니메이션을 가르치는 학과들도 늘어나고 있습니다.

03 새로운 모습으로 진화하는 만화

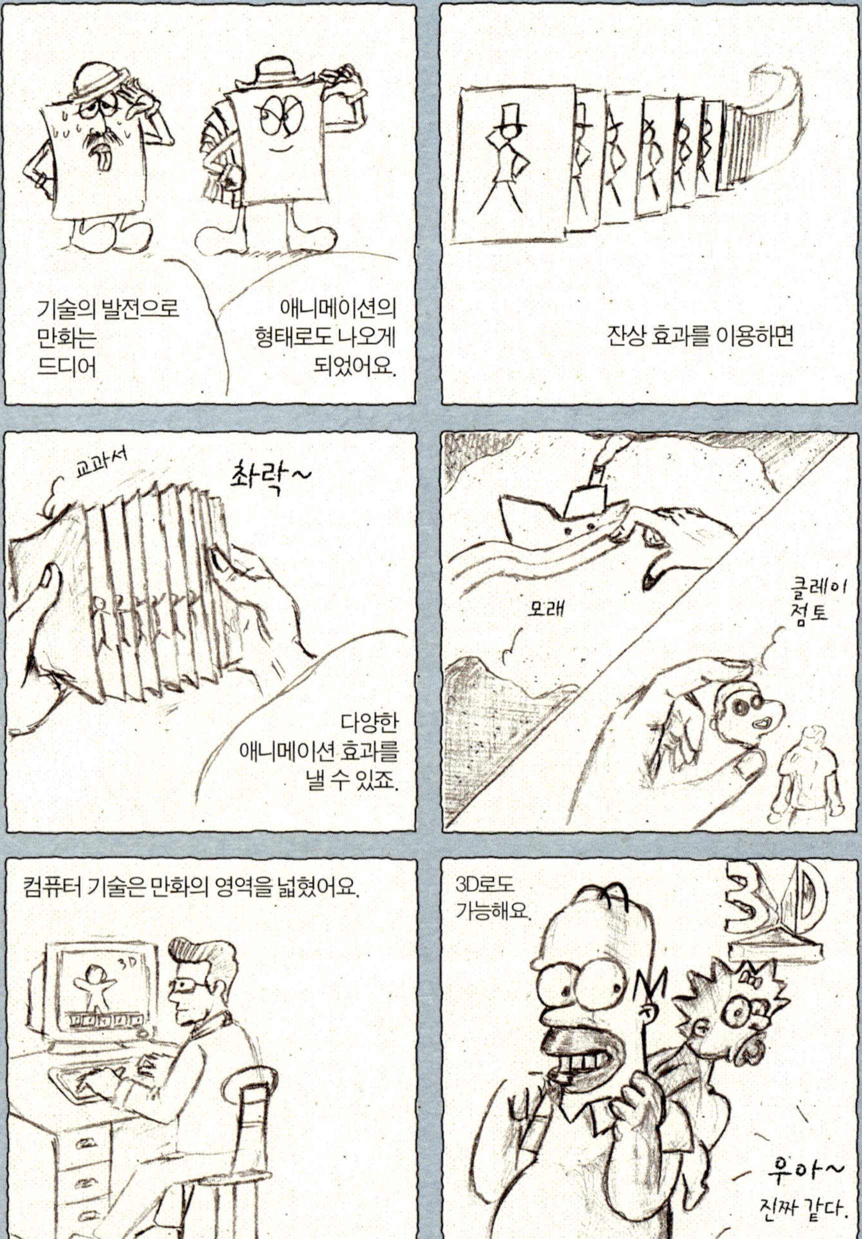

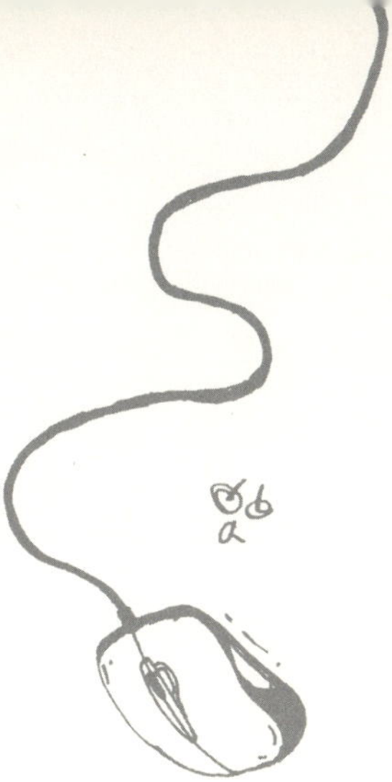

만화는 책의 형태에서 새로운 형식으로 변화를 시도하게 됩니다. 바로 애니메이션입니다. 애니메이션은 잔상 효과를 이용하여 새롭게 나타난 방식이지요. 책의 한 모퉁이에 비슷한 그림을 페이지마다 약간씩 다르게 그려 놓고 빠른 속도로 책을 넘기는 놀이를 해본 적 있나요? 그러면 마치 동작이 이어지는 것처럼 자연스럽게 느껴지지요? 잔상 효과를 이용하면 움직이는 만화를 그릴 수 있어요.

텔레비전 프로그램에서 많이 볼 수 있는 만화의 형태를 셀 애니메이션이라고 해요. 원리는 간단해요. 상황에 어울리는 배경을 미리 그려 놓고 캐릭터의 움직임이나 표정을 자연스럽게 연결하면 그림이 움직이는 것처럼 보입니다. 애니메이션은 그림을 그려 제작한 것뿐만 아니라 점토를 이용하여 입체적으로 만든 캐릭터를 사진으로 찍어 제작하는 클레이 애니메이션과 모래에 그림을 그려 제작하는 샌드 애니메이션처럼 다양한 방법으로 만들 수 있습니다. 요즘은 3D 애니메이션처럼 실제로 우리 눈앞에 존재하는 것처럼 보이는 애니메이션도 제작되고 있어요.

04 만화가 보여 주는 세상

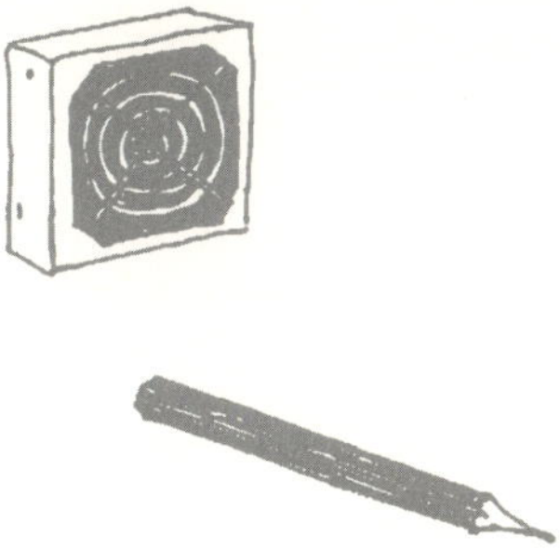

과거에는 학교에서 일어나는 폭력이나 무서운 이야기, 단순한 유머를 소재로 한 만화가 인기를 끌었습니다. 요즘은 전문 지식을 소개하면서 함께 재미도 주는 다양한 분야의 만화가 사랑을 받고 있지요. 《식객》은 우리나라 고유의 음식에 대한 전문 지식을 알려주고, 《신의 물방울》은 와인을 알 수 있도록 도와주며, 《미스터 초밥왕》은 초밥이나 일본 음식을 소개하면서 만화의 줄거리를 이어가고 있어요. 바둑, 농구, 자전거, 테니스, 골프, 격투기, 음식, 의료 등 다양한 분야의 콘텐츠*를 만화의 소재로 삼고 있기에 자신이 관심 있는 분야를 잘 선택하여 본다면 우리는 만화를 통해 여러 분야의 정보와 지식을 접할 수 있습니다.

*콘텐츠content의 사전적인 의미는 '내용, 알맹이, 목록 또는 만족시키다, 기쁘게 하다'라는 뜻이다. 우리가 관심을 가지고 있는 구체적인 '알맹이'이자 '내용'인 동시에 '만족을 줄 수 있는 것'이라는 의미라 할 수 있다.

이러한 만화들은 종이에 인쇄된 형태뿐만 아니라 애니메이션, 광고 등과 같은 다양한 영상물의 형태로도 볼 수 있고 다양한 모습으로 진화한 웹툰, 모바일 만화 등의 형태로도 즐길 수 있게 되었습니다. 더

우리나라에서 큰 인기를 모은 만화

나아가 만화에 관심이 있는 사람들은 온라인상에서 커뮤니티 활동을 통해 서로의 정보를 공유하고 소통하기도 하죠. 좋은 만화는 글자 몇 자, 그림 몇 장으로 많은 사람들을 울고 웃게 만들고, 지식과 정보를 제공하며, 새로운 친구들을 만나 소통할 수 있도록 도와주는 훌륭한 미디어입니다.

여러분은 어떤 만화를 좋아하나요? '해적'이라는 소재를 가지고 재미있고 독특한 캐릭터들로 인기를 끌고 있는 《원피스》, 테니스라는 소재로 스포츠 만화의 새 장을 연 《테니스의 왕자》, 농구 신드롬을 일으키며 다양한 연령층에서 폭발적인 사랑을 받았던 《슬램덩크》, 중국 명대의 장편 소설 《서유기西遊記》를 현대적으로 재구성한 것으로 손오공이 소원을 이뤄주는 드래곤볼 7개를 찾아가면서 겪게 되는 모험담 《드래곤볼》 등은 꽤 인기를 끈 만화였지요.

그렇다면 이 만화들의 공통점은 무엇일까요? 우선, 일본 만화라는 것이지요. 우리가 서점이나 도서 대여점에서 보는 대부분의 만화는 일본에서 수입한 만화입니다. 또 내용 면에서의 공통점은 이 만화들이 모두 계단식 구조를 가지고 있다는 점이에요. 계단식 구조란 이번 적을 물리치면 다음에 더 강한 적이 등장하게 되는 구조를 말합니다. 이야기가 진행되는 과정에서 주인공은 새로운 힘을 가지거나 더욱 매력적이고 강한 동료를 만나요. 그렇게 한 단계씩 계단을 올라가서 마지막에 주인공이 모든 것을 마무리하면 이야기가 끝나는 것이지요. 결국, 재미있고 강한 적만 창의적으로 계속 만들어 낼 수 있다면 지속적인 독자층을 갖는 장편의 만화를 만들 수 있는 것이죠.

우리나라 작품으로 큰 인기를 모은 《열혈강호》, 《짱》도 이런 형식을 갖고 있어요. 이러한 형식의 만화는 인기를 끌어 연재가 길어지면 새로운 적을 더 많이 만들어 내고 그에 맞서는 더 강력한 무기를 개발해야 하기 때문에 폭력적인 내용이 점점 늘어납니다. 이런 만화를 계속 접하다 보면 폭력에 점점 더 익숙해져 무덤덤하게 받아들일 수 있고 폭력을 합리화하거나 심지어 미화하고, 문제 해결의 도구로 생각하게 될지도 몰라요. 이러한 만화들을 보면서 높은 단계의 과제를 수행해 가는 주인공의 노력에는 박수를 보내야겠지만 현실감은 잃지 않도록 노력해야겠죠?

05 뽀로로의 연봉은 ?

뽀롱뽀롱
뽀로로
'뽀로로'를 아나요?
한국에서 제작된 유아용 애니메이션이에요.
엉뚱하고 귀여운 아기 펭귄과
그 친구들의 이야기랍니다.
훗!
뽀통령!
뽀롱 뽀롱
어린이들의 폭발적인 인기를 끌었지요.
Money
뽀로로
뽀로로
세계 120여 개국에 수출 되었대요.
브랜드가치 3800억
연간 로열티 120억
총수익 8300억
억...
엄청난 펭귄과 친구들이죠?

혹시 이런 친구들을 알고 있나요? 도저히 같이 살 수 없는 친구들이 한마을에 모여 살아요. 아기 펭귄, 북금곰, 사막 여우 등이 사이좋게 지내며 어린이들에게 꿈과 희망을 주지요. 과연 이 친구들은 누구일까요? 〈뽀롱뽀롱 뽀로로〉에 나오는 친구들이에요. 〈뽀롱뽀롱 뽀로로〉는 우리나라에서 제작한 최초의 유아용 애니메이션으로 엉뚱하고 귀여운 아기 펭귄 '뽀로로,' 순박하면서도 듬직한 북극곰 '포비,' 뭐든지 잘 만드는 사막 여우 '에디'와 여러 친구가 함께 살아가는 이야기예요. 2003년 EBS에서 처음 방송되었는데, 어린이들의 눈높이에 맞춘 귀여운 캐릭터와 재미있는 줄거리로 어린이들의 폭발적인 인기를 얻었죠.

그 후 〈뽀롱뽀롱 뽀로로〉는 텔레비전 애니메이션의 형태로 전 세계 120여 개국으로 수출이 되었답니다. 이렇게 전 세계의 전파를 탄 〈뽀롱뽀롱 뽀로로〉가 방송 송신료로 얻은 수익이 100억 원에 달한다니 엄청나지 않나요? 뿐만 아니라 뽀로로와 친구들의 귀여운 캐릭터로 2000여 가지의 캐릭터 상품이 개발되었답니다.

애니메이션 제작사들은 자신들이 만든 캐릭터를 여러 방식으로 우리의 생활과 자연스럽게 연결했어요. 대형 마트에는 어린이들이 좋아하는 애니메이션 캐릭터들이 장난감, DVD, 생활 필수품, 학습 프로그램 등의 다양한 형태로 어린이들의 눈과 귀를 사로잡고 있지요. 만화 속 캐릭터들은 만화 밖 세상에서도 다양한 모습으로 존재하고 있답니다.

이렇게 만화는 소재나 내용에 있어서 어떠한 미디어보다 그 형식이 자유롭고 창의적인 분야로 다양한 형태의 창의적인 작품이나 콘텐츠로 제작될 수 있어요. 이처럼 한 가지 소재나 내용이 다양한 방면으로 활용되어 가치를 창출하는 것을 'OSMU(One Source Multi Use)'* 라고 한답니다. 우리가 잘 아는 작품 중에 OSMU로 유명한 것은 무엇이 있을까요? 최근의 예로는 〈쿵푸 팬더〉라는 무술하는 판다 곰 영화가 있어요. 〈쿵푸 팬더〉는 극장 상영으로 한국 관객들에게 벌어들인 영화 관람료가 무려 300억 원, 세계적으로는 6000억 원에 이른답니다. 게다가 〈쿵푸 팬더〉를 이용한 광고, 음반, 캐릭터, DVD 등의 판매를 통한 2차 수익을 더하면 가히 그 액수를 가늠하기가 힘들다고 합니다.

*OSMU란 '하나의 콘텐츠가 다양하게 변화되어 광범위한 영역에서 사용된다'라는 뜻이다. 즉 하나의 콘텐츠를 이용하여 다양한 응용 상품을 개발하는 것으로써, 하나의 콘텐츠를 캐릭터, 영화, 게임, 소설, 음악, 애니메이션 등으로 발전시키는 것이다. 놀이 공원이나 팬시점에 가면 볼 수 있는 미키마우스 모양의 물건들이 대표적인 OSMU의 예이다.

쿵푸 팬더나 미키마우스의 캐릭터 상품을 만들거나 이미지를 상업적으로 이용할 경우 '로열티'를 반드시 지불해야만 한답니다. 그 돈은 물건 값에 포함되지요. 똑같은 물건이라도 인기 있는 외국 캐릭터

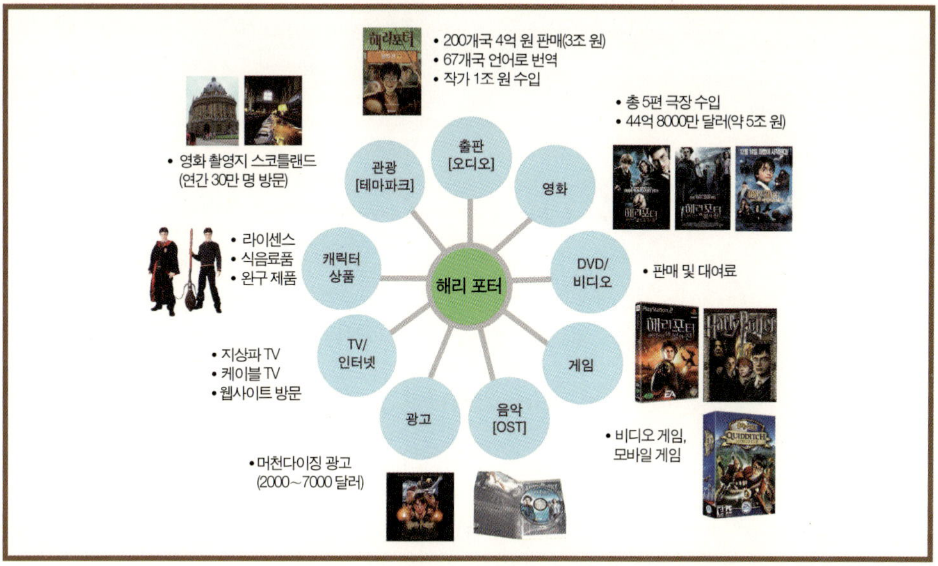

OSMU(One Source Multi Use) 출처: 방송통신위원회, 〈미디어가 보는 세상, 미디어로 보는 세상〉

의 그림이나 상표가 들어가면 가격이 비싸지는 것입니다.

21세기에 가장 크게 히트한 문화 상품 중 하나인 〈해리 포터〉 시리즈는 소설, 영화, 캐릭터, 게임 등을 통해 다양한 모습으로 판매되었고 그 수익이 무려 308조 원이나 됩니다. 같은 해 우리나라의 대표적인 수출 품목인 반도체의 수출액은 231조 원이었어요. 미디어 콘텐츠의 가치가 참으로 엄청나죠? 단순히 보이지 않는 자산으로 여겨졌던 문화 콘텐츠가 이제는 국가의 또 다른 얼굴이고 세계 시장을 개척할 중요한 수단이 되어 가고 있어요. 여러분이 잘 알고 있는 미키 마우스는 무려 6조 원의 가치를 지닌 쥐이고 일본의 대표 선수 아톰은 5조 2000억 원의 가치를 지닌 로봇, 해리 포터는 5조 7000억 원의 가치를 만들어 내는 대단한 마법사랍니다.

06 만화의 재탄생

애니메이션
웹툰
만화책
에잇!! 만화책 죽네.
만화책은 점점 쇠퇴의 길을 걷게 되었어.
도서관
흑흑… 왕년에는 나도…
만화책
구입하는 사람도 줄고
나도 뭔가를 해야겠어!
=3 =3
쨘~ 난 성공할 수 있을 거야!
과학
학습만화
그야말로 난 효자 분야라고 해야 하나…
과학
학습만화
만화계가 활기를 찾았지.
이번엔 다른 형태로 더욱 독자들이 빠지도록… 흠… 흠…

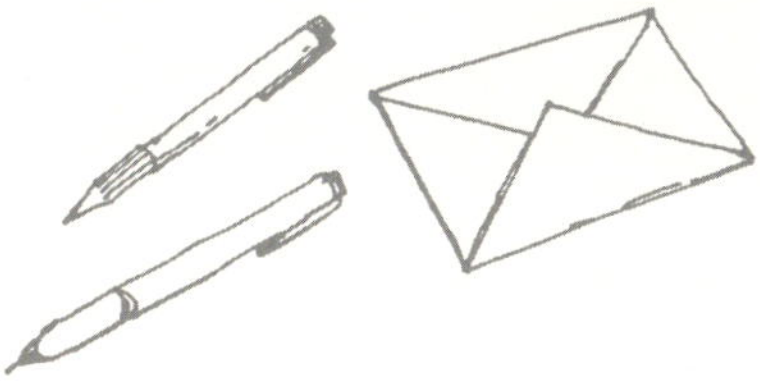

인터넷 만화나 텔레비전 애니메이션의 발전으로 인해 만화책은 점점 인기가 사라졌어요. 또한 만화방이나 도서 대여점의 등장으로 독자들은 더 이상 만화책을 구매할 필요가 없게 되었어요. 그래서 만화책은 새로운 살길을 찾아서 많은 독자들의 요구와 갈증을 해소할 수 있는 새로운 형태의 만화책을 만들어야 했어요. 그게 바로 학습 만화랍니다. 요즘 많은 출판사들이 다양한 형태의 학습 만화를 출판하고 있답니다.

학습 만화가 잘 팔리는 이유는 과연 무엇일까요? 그것은 학습 만화를 사는 구매층과 학습 만화를 읽는 독자층의 서로 다른 욕구를 효과적으로 해소했기 때문이죠. 좋은 책을 구입하는 구매층의 대부분은 부모님이죠. 부모님은 자녀들에게 책을 많이 읽히고 싶어 한답니다. 그래서 '좋은 책이다'라고 텔레비전이나 인터넷에서 추천하는 책들을 아낌없이 구매하곤 하시죠. 하지만 그 책의 독자층인 학생들은 줄글로 된 책들을 보는 순간, 엄청난 압박을 느끼고 책을 보기가 싫어집니다. 학교나 학원에서 읽어야 하

학생들에게 큰 인기를 모은 학습 만화들

는 교과서와 문제집에 나온 줄글을 보는 것만도 힘든데 집에서까지 글자가 가득한 책을 봐야 한다면 책을 펴기도 전에 머리가 아파오겠지요?

그래서 출판사에서 생각해 낸 것이 '학생들이 알아야 할 다양한 지식을 만화의 형태로 재미있게 읽을 수 있도록 해주면 어떨까?' 하는 것이었지요. 이 생각은 부모님과 자녀들의 고민을 지혜롭게 해결해 주었어요. 부모님은 자녀들에게 독해력과 상상력, 창의력 등을 높이기 위한 최고의 방법인 독서를 보다 쉽고 자연스럽게 권할 수 있게 되었고, 학생들도 부담 없이 가벼운 마음으로 책을 받아 들게 된 것이지요.

그리하여 학습 만화의 종류는 하루가 다르게 늘어나며 전성기를 보내고 있어요. 학습 만화들 중 처음으로 밀리언 셀러*에 그 이름을 올린 것은

《그리스 로마 신화》예요. 어찌 보면 복잡하고 어렵게 보일 수 있는 신화를 재미있는 만화의 형태로 표현하여 다양한 계층의 사랑을 받은 것이죠. 이후 많은 출판사들이 '살아남기' 시리즈, 'Why' 시리즈, '마법천자문' 시리즈, '메이플' 시리즈 등을 줄줄이 출간하면서 출판 만화의 약 65%를 학습 만화가 차지하게 됩니다. 또한 '마법 천자문' 시리즈는 학습 만화로는 처음으로 텔레비전 애니메이션으로 제작되었고, 극장용 애니메이션으로도 제작되었답니다. 이렇게 학습 만화들이 커다란 인기를 누리면서 수학, 과학뿐 아니라 다양한 분야의 학습 만화들이 쏟아져 나왔어요. 또한 학생들이 좋아하는 온라인 게임의 캐릭터와 연계하여 독자들의 시선을 끄는 등 학습 만화는 계속해서 다양한 형태로 진화하고 있지요.

*밀리언 셀러million seller란 '100만'이라는 뜻의 영어 'million'을 써서 '100만 부 이상 팔린 책'을 의미한다.

07 학습 만화는 내 친구

줄글
학습 만화는
왜 인기가
있을까요?
그림이
어려운 글의 내용을
이해하기 쉽게
보조해 주니까,
만화
학습
줄글
글로만 된 책보다
인기 있어요.
게다가 재미난
캐릭터와 스토리도 있어서
공부가
재미있어지고,
야! PC방 가서
5시간 때우자!
안 돼.
나 책 좀 읽고
담에 가자.
우리는
점점 독서에
흥미를 갖게 되지요.
얘야.
책 구매해
놓았다.
감사합니다~
부모님들도
학습 만화에는
돈을 아끼지 않아요.

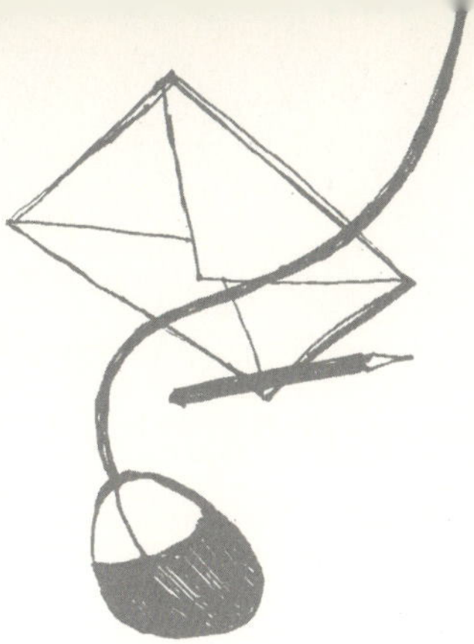

학습 만화에 열광하는 이유는 무엇일까요? 그것은 그림과 글을 통해 학습해야 할 지식을 이해하기 때문에 지루하지 않고 재미있게 독서를 할 수 있기 때문이겠죠. 또한 이미지가 내용의 이해를 돕기 때문에 긴 글에 비해 훨씬 읽기 쉽고 내용을 빠르게 파악할 수 있어요. 글을 읽고 해석하는 능력이 부족한 학생들도 그림이 글의 이해를 돕기 때문에 자신의 수준보다 높은 독서를 할 수 있지요. 딱딱한 내용으로 이루어진 대부분의 교과서나 책과 다르게 캐릭터와 스토리를 가진 학습 만화가 재미있게 공부를 할 수 있도록 도와주는 것이죠. 이런 다양한 장점들로 인해 학생들은 학습 만화에 열광하게 되었어요. 책을 읽지 않던 학생들이 쉽고 재미있는 만화에서부터 시작해 점차 폭넓은 독서를 할 것이라는 부모님의 바람도 학습 만화의 인기에 한몫을 했지요. 이러한 이유들로 학습 만화는 학생들과 학부모님들에게 골고루 사랑을 받게 되고 점차 그 영역과 연령층을 넓혀 가며 많은 사람들의 사랑을 받게 된 것입니다.

08 학습 만화로 공부를?

나야 장점밖에…
학습 만화
장점이 있으면 단점이 있기 마련
학습 만화는 어떨까요?
학습은 캐릭터야!
학습 만화
무조건 재미있어야 해! 내용이 부족하더라도…
캐릭터와 줄거리가 중요해요.
큭큭
학습 만화
쟤, 학습하는 거 맞아?
글쎄다~
저래서 학습 효과가 있겠어?
어떤 학습 만화는 별 내용이 없어요…
컴온!
인기 캐릭터를 가져오고
독자는 유익한 책보다 친숙한 캐릭터에 이끌리지요.
만화책
학습 만화
학습 만화도 잘못 이용하면 그냥 만화책이 될 거예요.

학습 만화로 공부를 대신할 수 있을까요? 학습이란 기존에 알고 있던 기초 지식을 바탕으로 다양한 사고를 통해 새로운 지식을 쉽게 이해할 수 있는 지식으로 키워 나가는 과정이라고 할 수 있죠.

많은 학습 만화들이 독자들의 눈을 사로잡을 수 있는 캐릭터와 스토리 위주로 학습 만화를 구성하고 있어요. 독자들은 학습 만화에서 전하는 지식보다는 재미있는 스토리와 캐릭터를 중심으로 읽기 때문에 학습 만화의 내용만으로 학습 효과를 보기는 어렵습니다. 출판사에서도 관심을 끌기 위해 온라인 게임이나 다른 만화에서 인기를 끌었던 캐릭터를 가져오게 되지요. 독자들은 유익한 책보다는 친숙한 캐릭터가 나오는 책이나 더 재미있어 보이는 책을 선택하게 되겠죠. 결국, 우리가 재미만 추구한다면 출판사는 내용보다는 매력 있는 캐릭터와 재미있는 줄거리에 더 치중할 것입니다. 그러면 학습 만화의 좋은 목적은 사라지고 단순히 재미만을 추구하는 이름뿐인 학습 만화가 되지 않을까요?

09 학습 만화에 숨겨진 판매 전략

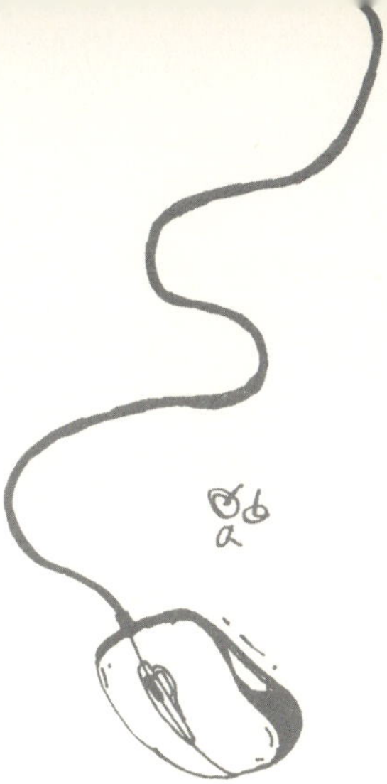

우리가 살펴보아야 할 또 하나의 중요한 요소는 학습 만화를 과연 어떻게 팔고 있는지에 대한 것이랍니다. 여기에는 뛰어난 마케팅* 전략이 숨겨져 있어요. 요즘은 대형 서점들이 많아져서 소비자들은 서점 안에서 필요한 책을 읽을 수 있게 되었답니다. 대형 서점에서 어린이들이 관심을 갖고 집중해서 보는 책들은 주로 학습 만화이지요. 그런데 대부분의 학습 만화들은 일반적인 책들과 다르게 견본품을 제외하고는 비닐로 포장이 되어 있어요. 만약 다른 친구가 내가 보고 싶은 책을 미리 보고 있거나 내가 보고 싶은 책이 개봉되어 있지 않으면 우리는 학습 만화를 구매할 수밖에 없게 된답니다.

또한 최근에 나온 학습 만화가 아닌 시간이 좀 지난 만화들은 1+1 행사나 할인 행사를 하고, 온라인 게임이나 카드 게임 등 함께 즐길 수 있는 다양한 아이템들을 책과 함께 팔고 있어요. 이것은 보통 학습 만화가 한두 권에서 끝나는 것이 아니고 30권 이상

*마케팅이란 물건을 만든 사람이 상품 또는 서비스를 소비자에게 판매하기 위한 모든 과정이다. 제품을 광고하고 홍보하는 등의 활동이 여기에 속한다.

연재되는 만화를 계속 팔아야 하기 때문에 출판사에서 궁여지책*으로 내놓은 마케팅 전략이에요. 한 권에 1만 원 정도 하는 책을 30권 넘게 계속해서 사야 한다면 가계 경제에 다소 부담이 될 거예요. 하지만 부모님들은 늘 자녀들을 위해 좋은 책을 사주고 싶죠. 예를 들어 도서 50% 할인 행사나 1+1 행사를 하는 것을 본다면 아마도 많은 부모님들은 이렇게 싼 기회가 언제 또 있을까 하고 책을 구매하게 될 겁니다.

하지만 여기에서 우리가 간과하기 쉬운 심리적 원리가 숨어 있답니다. 50% 할인 행사나 1+1은 어찌 보면 똑같은 의미의 판매 전략이죠. 즉 한 권 가격에 두 권을 살 수 있다는 것이나 한 권을 사면 한 권을 더 준다는 것은 우리 모두 알고 있을 거예요. 이러한 판매 전략은 우리가 구매하는 다양한 상품에도 적용됩니다. 그렇다면 일반적으로 이러한 상품들을 구매할 때 우리는 '한 권을 살 때 한 권을 더 얻는다'라고 생각할까요? 아니면 '한 권을 사지 않으면 한 권을 손해 본다'고 생각할까요? 일반적인 사람들은 덤으로 얻는 것보다는 손해 보는 것을 더 두려워한답니다. 내가 지금 이 상품을 구매하지 않으면 손해를 본다고 느끼기 때문에 물건을 구매할 수밖에 없는 것이죠. 이처럼 우리 주변에는 우리의 소비 심리를 부추겨서 물건을 사도록 하는 방식이 많이 있답니다.

학습 만화는 많은 장점이 있어요. 독서가 어려운 학생들에게 책에 대한

* 궁여지책이란 어려운 나머지 생각다 못하여 짜낸 방법을 이르는 말로, 여건이 좋지 못해서 어느 정도의 손해를 감수하면서 방법을 세울 수밖에 없는 경우에 사용한다.

관심과 흥미를 높이고, 서점으로 이끄는 것이 학습 만화의 긍정적인 측면이지요. 이왕 학습 만화를 선택했다면 재미만 추구하기보다는 학습 만화를 통해서 얻을 수 있는 지식에도 관심을 갖도록 합시다. 학습 만화를 자신의 배경 지식을 넓히는 데 잘 활용하면 지식으로서뿐 아니라 삶에서도 큰 도움이 될 거예요.

日 就 月 將

날 일 나아갈 취 달 월 나아갈 장

'일취월장日就月將'은 중국에서 가장 오래된 시집인 《시경詩經》에서 나온 한자성어예요. 중국 주周나라의 2대 성왕은 스스로 총명하지 못하나 부지런히 배워 익히면 날마다 달마다 발전해 학문이 높은 수준에 이를 것이므로 신하들이 서로 도와 어질고 착한 행실을 드러내 보여 달라는 의미가 담긴 시를 지었어요. 여기에서 날마다 달마다 자라고 발전한다는 뜻으로 '일취월장'이 나오게 되었답니다.

친구들 중에 실력이 빠르게 늘어서 다른 친구들의 부러움을 사는 친구가 있지요? 축구 실력이 하루가 다르게 발전하는 친구들도 있을 거예요. '일취월장'은 세월이 지남에 따라 크게 발전하는 모습을 나타내는 표현으로 학문이나 기술 등이 예전에 비해서 깜짝 놀랄 만큼 발전한 모습을 가리킬 때 주로 사용한답니다.

꾸준한 노력과 창의적인 아이디어를 통해 지금의 수준보다 훨씬 더 다양하고 발전된 모습으로 변해 가고 있는 '만화'가 그렇지 않을까요? 이제 더 이상 단순히 그림책이 아니라 한 나라의 문화 산업을 이끌어가는 모습으로 발전한 만화, 앞으로 만화가 어떻게 변하게 될지 기대되지 않나요?

생각의 날개 달기

1. 만화에 대한 설명으로 옳은 것은 무엇일까요?

❶ 만화는 1960년대 시작된 모습 그대로입니다.

❷ 만화는 교과서나 문제집과 다르게 부정적인 요소가 많아 보지 않는 것이 좋습니다.

❸ 전문 지식과 함께 재미를 주기 위한 다양한 분야의 만화들이 출판되고 있습니다.

❹ 만화는 어른들의 문화와는 구별되는 어린이들만을 위한, 어린이들만이 누리는 문화입니다.

❺ 어린이들을 대상으로 한 에듀테인먼트 만화(학습 만화)는 효과가 전혀 없기 때문에 읽는 것은 바람직하지 않습니다.

답은 ❸ 요즘은 만화의 소재들이 점점 다양해지고 전문적으로 발전했기 때문에 만화를 보면 다양하고 전문적인 정보를 얻을 수 있습니다.

2. 1988년 서울, 전 세계 159개국 1만 3304명 참가, 23개 종목 237개 경기를 펼치는 올림픽에서 우리나라는 당당하게 세계 4위를 했답니다. 이로부터 100년 후, 2088년에 대한민국에서 또다시 올림픽을 개최하게 되었어요. 우리나라를 대표하고 우리 민족의 자긍심과 기상을 높일 수 있는 가장 한국적인 마스코트를 디자인해 볼까요?

1988년 마스코트

2088년 마스코트

3. 나의 성격이나 외모의 특징을 마인드 맵하여 나의 얼굴을 캐리커처해 볼까요? 또는 주변 사람들 얼굴의 특징을 잡아 캐리커처해 봅시다. (엄마, 선생님, 친구 등)

누구(이름): 허현정

외모 특징: 안경을 쓰고 머리를 양 갈래로 땋았다.

성격 특징: 차분하고 잘 웃는다, 모든 친구들에게 잘 대해 준다.

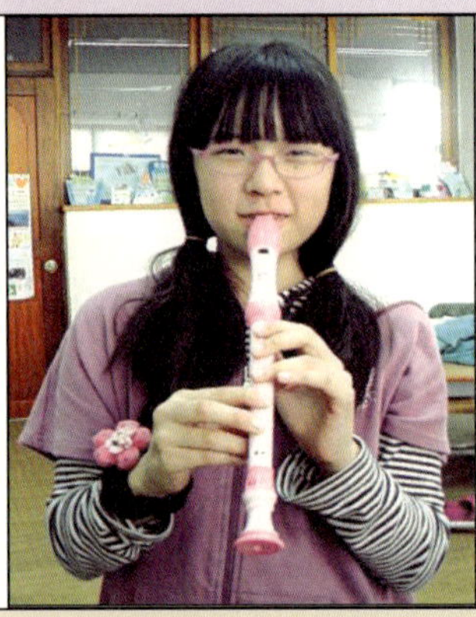

누구(이름):

외모 특징:

성격 특징:

4. 다음 보기와 같이 재미있는 학습 만화를 그려 볼까요?

(친구들은 이렇게 그렸어요.)

만화로 나타내기

속담: 세 살 버릇 여든까지 간다.

다음의 속담이 잘 나타나도록 4컷 만화를 그려 볼까요?

가는 말이 고와야 오는 말도 곱다.

: 내가 먼저 다른 사람에게 말이나 행동을 좋게 해야 다른 사람도 나를 좋게 대한다는 뜻으로 21세기 소통의 시대를 살아가는 우리에게 꼭 필요한 말입니다.

참고 이런 활동도 있어요!

플립북을 만드는 순서

❶ 도화지를 가로 11cm × 세로 8.5cm의 크기로 잘라 20~30장을 만듭니다. 그다음 한 쪽 모서리 끝에서 가로 1cm × 세로 1cm 되는 지점을 대각선으로 자릅니다.

❷ 대각선으로 잘린 모서리 부분이 오른쪽 아래로 향하게 하여 홀수 번호를, 오른쪽 위로 향하게 하여 짝수 번호를 순서대로 매깁니다.

❸ 각기 다른 움직이는 두 개의 그림을 홀수 번호와 짝수 번호에 그립니다. 그다음 두 개의 또 다른 그림을 홀수 번호와 짝수 번호의 뒷면에 그리는데 앞면의 그림과 거꾸로 되게 그립니다.

❹ 그림을 다 그리면 낱장을 번호 순서대로 모읍니다.

❺ 왼쪽 끝 부분을 끈으로 묶거나 스테이플러로 고정시킵니다.

❻ 완성된 플립북을 한 번은 오른쪽 위에서 다음에는 오른쪽 아래에서 손으로 튕겨 줍니다. 그런 다음 책을 뒤집어 똑같은 방법으로 하면 됩니다.

추천합니다

책

가자, 만화의 세계로!

왜 만화를 그리는지, 만화로 자신의 생각을 어떻게 표현할 수 있는지, 만화의 유래 등을 어린이들이 이해하기 쉽게 만든 책이다. 일상생활에서 흔히 만나는 만화에 대해서 좀더 정확하게 알게 될 것이다. 만화의 좋은 점과 나쁜 점을 찾아보고 우리가 많이 보는 일본 만화에 대한 판단력도 길러볼 수 있다. 박재동 등 우리만화살리기연대모임 지음 | 다섯수레

만화의 이해

만화를 단지 시간을 버리는 취미로만 여긴다면 큰 오산이다. 만화에 대한 기본 이해를 뛰어넘어 만화의 예술성과 깊이 있는 내용들을 알려주고 있다. 만화 이론가이자 만화가인 저자는 매우 친절하고 진지하게 만화에 대해 설명한다. 만화의 형식으로 만화를 설명하는, 가장 만화다우면서 만화를 위한 책이다. 스콧 맥클라우드 지음 | 김낙호 옮김 | 비즈앤비즈

방송 프로그램

지식채널 ⓔ 고바우 영감

한국 전쟁이 끝나고 2년 뒤인 1955년 〈동아일보〉에 등장한 캐릭터 고바우 영감. 국내 최장수 신문 연재 만화인 고바우 영감의 저자 김성환 선생님에 관한 이야기가 담겨 있다. 만화에는 단지 웃고 즐기는 것을 넘어서, 시대의 이야기가 담겨 있고, 사람들의 마음을 움직이게 하는 힘이 있음을 알려준다. EBS, 2007. 6. 11.

체험 학습

한국만화영상진흥원 http://www.komacon.kr

한국 만화의 역사와 현주소를 살펴볼 수 있는 주요 작품과 작가들을 소개하고 있다. 이용자가 직접 체험해 볼 수 있는 첨단 전시 시설이 있어 만화에 대한 폭넓은 이해와 체험을 도와준다. 만화가 단순히 아이들만의 문화가 아니라 부모님과도 함께 즐길 수 있는 바람직한 문화임을 알 수 있는 기회를 제공한다. 경기도 부천시 원미구 상동 529-2번지 ☎ 032-661-3745

서울애니메이션센터 http://www.ani.seoul.kr

남산 밑에 위치한 애니메이션 전용관인 서울 애니시네마를 비롯하여 도서 정보실, 만화 정보실, 미니시어터, 만화의 집, 테마 전시실, 기획 전시실, 캐릭터 체험 전시실 등의 관람 시설과 체험관, 원동화실, 디지털 교육실 등과 같은 교육 시설을 갖추고 있다. 애니메이션 체험 학습 프로그램도 다양하게 준비되어 있는 만화 체험관이다. 서울시 중구 예장동 8-145 (소파길 29) ☎ 02-3455-8341

3장

슈퍼스타 T
텔레비전

1초도 멈추지 않고 텔레비전은 우리에게 끊임없이 새로운 것을 보여 주고 들려준다. 방송사마다 하루에도 열 편이 넘는 텔레비전 프로그램이 방영되고 있으며 프로그램 하나가 만들어지는 데는 수십 명의 힘과 노력이 필요하다. 이렇게 만들어진 프로그램은 많은 사람들의 인기를 끌기 위해 다른 프로그램들과 치열한 경쟁을 한다. 프로그램의 인기는 시청률로 나타나며 시청률은 방송사의 이익과 관련이 있다. 그 과정에서 텔레비전은 점점 폭력적이고 자극적으로 변했다. 이런 다양한 텔레비전의 문제점을 해결하려면 우리의 역할이 중요하다. 프로그램은 방송사가 만들지만 어떤 방송을 선택하느냐는 방송을 보는 시청자에게 달려 있기 때문이다. 현명한 시청자로서 방송 속에 숨겨진 비밀과 진실을 알 필요가 있다. 텔레비전 속에 숨겨진 비밀의 문을 하나씩 열어 보자.

요즘 인기 있는 친구들은 누구일까요?
난 춤짱~
난 원조얼짱~
그렇다면 1960년대에는 어땠을까요?
만화 가게
과연, 1위는 누구일까요?
맛있는 반찬이 최고야!
운동을 잘해야
2
1
3
아마도 집에 텔레비전이 있던 친구였을 거예요.
TV 1대
TV는 우리에게 웃음과 재미를 주었죠.
우아~
TV는 계속 발전하면서 우리에게
꿈과 희망을 주고 있어요.
2010
1990
1960
TV

01 멈추지 않는 텔레비전의 진화

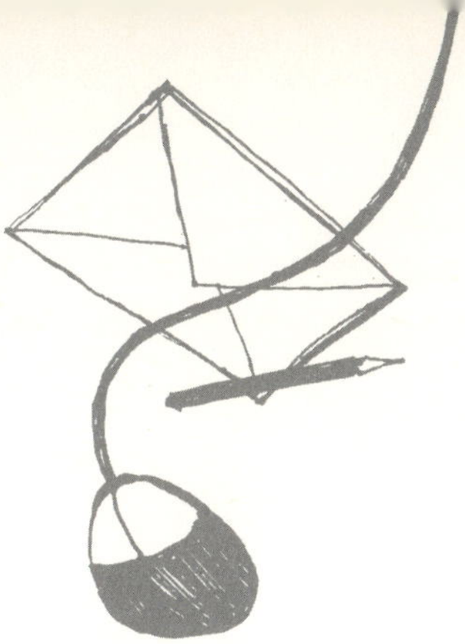

텔레비전은 남녀노소 누구나 좋아하는 전자 제품일 거예요. 그 이유는 아마도 시각과 청각을 모두 만족시켜 주는 미디어이기 때문이 아닐까요? 글자와 이미지로 이루어진 인쇄물은 문자를 읽고 해석하는 데 어려울 뿐만 아니라 청각을 사용하지 않기 때문에 무언가 허전하죠. 라디오는 음성과 소리를 주로 이용하므로 청각만 활용하게 되고 말은 입을 떠나는 순간 사라지므로 정보를 기억하기가 어려워요. 그래서 사람들은 시각과 청각을 모두 만족시키면서 많은 정보와 오락을 주는 텔레비전의 매력에 빠져들게 되었어요.

최근에는 아날로그 방송에서 디지털 방송으로 전환하고 있어요. 화면이 더욱 선명한 디지털 방송은 방송과 통신, 컴퓨터가 하나로 모인 시대의 기술이라고 할 수 있지요. 이로 인해 언제 어디에서라도 휴대전화나 PMP*로 텔레비전을 볼 수 있는 세상이 되었어요. 텔레비전과 방송은 앞으로도 무궁무진하게 발전할 것입니다.

*PMP(Portable Multimedia Player)는 음악 및 동영상 재생, 디지털 카메라 기능까지 모두 갖춘 휴대용 멀티미디어 재생 장치를 가리킨다.

02 D-7: 방송의 서막

방송을 준비하기 위해 여러 사람이 모여
기획 회의를 합니다.
작가
PD
AD
FD
PD
예산 관리
캐스팅
출연자 교섭
촬영
편집
프로그램 총 지휘
AD
PD 지원
도시락 배분
출연자 섭외
촬영 장비 준비
대본 배부
자료 수집
테이프 정리
FD
PD 지원
녹화 진행 도움
제작 실무 익히기
작가
대본 작성
PD 와 프로그램 기획
출연자 섭외
MC 대사와 질문 작성
D-7 좋은 프로그램을 만들기 위한 시작!
화이팅!

한 프로그램이 만들어지는 과정을 봅시다. 방송 7일 전에 연출자, 조연출, 무대 감독, 작가 등이 모여서 프로그램의 아이디어를 짜고 출연진을 선정하는 기획 회의를 합니다.

PD(**Program Director**)는 연출자라고도 하며 프로그램 기획부터 예산 관리, 방송 작가와 출연자 섭외, 촬영, 편집 나아가서는 스태프들을 총 관리하는 일까지, 프로그램 제작을 총 지휘하는 사람입니다.

AD(**Assistant Director**)는 조연출이라고 하며 PD의 일을 도와 제작이 수월하게 진행될 수 있도록 사소한 일까지도 모두 신경 씁니다. 심부름부터 시작해서 차 나르는 일, 도시락 배분, 출연자 섭외, 촬영 장비 이동, 대본 배부, 프로그램에 필요한 자료 수집, 촬영한 테이프의 정리 등과 같은 일을 AD가 담당하지요. PD가 되기 위해서는 AD의 수련 과정을 거쳐야 합니다.

FD(**Floor Director**)는 무대 감독이라고 하며 녹화하는 장소에서 AD와 함께 진행을 돕고, 제작 실무를 배우면서 방송 제작의 전반적인 흐름과 방송국의 분위기를 익힙니다. AD와 마찬가지로 PD가 되기 위한 과정이라고 할 수 있어요.

방송 작가는 크게 극작가와 구성 작가로 나뉩니다. **극작가**는 각종 드라마의 대본을 쓰는 사람이고, **구성 작가**는 드라마가 아닌 프로그램의 대본을 쓰는 사람들을 가리켜요.

구성 작가는 쇼, 코미디 작가와 다큐멘터리 작가, 교양 프로그램 작가로 나뉘는데, 이들은 주로 PD와 함께 프로그램을 기획하고, 출연자를 섭외하고, MC들이 말할 대사와 질문들을 만들어요. 쇼, 코미디 작가는 신선한 발상으로 재미있는 소재를 많이 발굴할 수 있어야 합니다. 다큐멘터리 작가는 다른 영역의 작가들에 비해 문장력이 좋아야 하고, 교양 프로그램의 작가들은 주제를 끌어내는 구성력이 있어야 합니다.

결국, 여기에 있는 모든 사람들이 모여 자신의 임무를 충실하게 수행할 때 우리가 재미있게 볼 수 있는 프로그램이 기획되는 것이지요.

自業自得

스스로자 일업 스스로자 얻을득

'자업자득自業自得'은 자기가 과거에 행한 일의 결과가 자기 자신에게 돌아감을 뜻하는 한자성어예요. 스스로 저지른 일의 결과라는 뜻으로 많이 쓰이지요. 여기에서 쓰인 '일 업業'은 주로 나쁜 일을 가리켜요. 즉 자기가 꼰 새끼로 자신을 묶어, 결국 자기 꾐에 빠지는 것을 뜻하는 '자승자박自繩自縛'과 비슷한 뜻이지요. 착한 사람은 복을 받고 악한 사람은 벌을 받는 전래 동화를 떠올리면 쉽게 이해할 수 있을 거예요. 썩은 나무를 심어 놓고 좋은 열매를 얻기 어렵듯이 자기가 한 일의 결과를 자기가 받는다는 의미예요. 주로 좋지 않은 일이 생겼을 때 사용하지요.

만약 우리가 재미있는 프로그램만을 좋아하고 시청하게 된다면 프로그램 제작자들은 시청자들의 입맛에 맞는 재미있는 프로그램들만 만들게 될 거예요. 그 과정에서 시청자들의 관심과 흥미를 끌기 위해 선정적이고 폭력적인 장면이 더욱 많아지게 되겠죠. 프로그램들이 재미만 추구한다면 결국 시청자가 손해를 보게 될 거예요. 텔레비전 프로그램이 시청자들에게 줄 수 있는 다양한 정보와 감동은 줄어들고 오직 재미만을 위한 프로그램이 넘쳐날 것이기 때문이죠. 결국, 좋은 프로그램은 좋은 시청자로부터 나온다는 것을 꼭 기억합시다!

03 D-5: 방송의 준비

작가는 대본을 작성합니다.
작가
제작진과 MC는 내용을 검토합니다.
MC
PD
작가
MC
MC
프로그램 진행
출연자 인터뷰
소개 및 해설
무대 위의 연출자
사전에 미리 야외 촬영을 하기도 하죠.
READY~
출연자들은 미리 대본을 받아
전체적인 흐름을 이해해야 해요.
뒤에 서 있는다.
대사
D-5

기획 회의를 마치면 작가 회의를 통해 대본을 작성합니다. 한 프로그램을 만드는 데 여러 작가가 함께하기도 하죠. 대본이 작성되면 방송 5일 전에는 제작진과 MC가 모여서 대본 회의를 하며 대본의 내용을 검토해요. 그리고 AD와 PD는 제작을 위한 각종 문서 처리나 큐시트*를 작성하며 사전 준비를 하지요. 카메라맨과 AD는 야외 촬영을 미리 하기도 합니다.

MC(Master of ceremonies)는 사회자라고 하며 프로그램에 출연하여 그 프로그램의 진행, 출연자와의 인터뷰, 곡목 등의 소개, 해설 등을 맡는 사람입니다. 사회자는 프로그램의 성격, 인기 등에 중요한 영향을 미치기 때문에 '무대 위의 연출자'라고도 합니다.

그리고 카메라맨은 카메라를 다루며 영상을 찍는 사람으로 방송 프로그램의 제작을 위해 없어서는 안 되는 중요한 사람이지요.

*큐시트란 라디오나 텔레비전 프로그램의 제작에 있어서 연기자, 카메라맨, 기술자들이 행해야 할 동작이나 진행 순서를 기입한 일람표이다.

04 D-3: 방송 준비 완료

MOVIE
PD
관련 영상
음악
안녕하세요(자막)
오늘도 인사로 시작합니다
(내레이션)
사람들의 시선을 사로잡는
화려한 무언가가 필요해…
그래픽 디자이너
사람들의 시선을 끌고
호기심을 자극하는
타이틀이나 영상 제작.
방송국 로고, 타이틀을
2차원 3차원으로
시각 효과 만들기.
콘티
이대로
만들어 주세요.
세트 디자이너
대본 속 공간을
현실의 공간으로
재현
연출 의도에 가장
잘 어울리도록
환경 구성

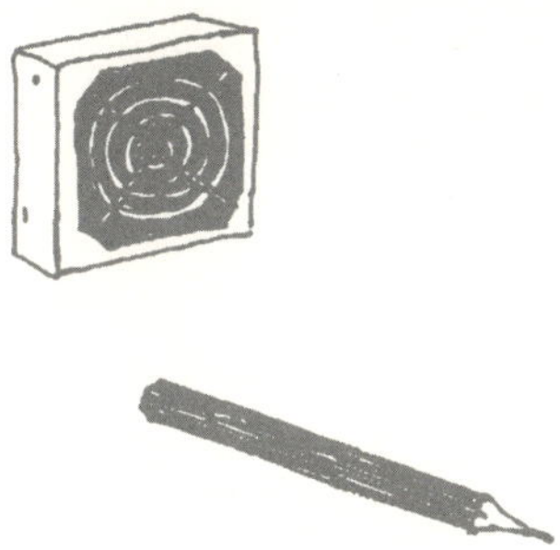

방송 3일 전에는 편집 담당이 프로그램에 필요한 자료 화면을 편집합니다. 편집자는 연출자에 의해 제작된 프로그램의 영상 자료, 음악 효과를 보완하거나 자막, 사전 녹화물을 이용하여 프로그램의 내용을 완성하는 사람이에요.

그래픽 디자이너는 컴퓨터 그래픽을 이용해 프로그램의 타이틀과 차트 등을 제작하고 방송국 로고, 프로그램 자막 등을 컴퓨터를 이용해 2차원, 3차원의 시각 효과로 만드는 사람이에요.

세트 디자이너는 연출자가 만든 콘티의 내용을 가상의 현실 공간으로 재현하여 연출 의도에 가장 잘 어울리는 환경을 만드는 사람입니다. 그래픽 디자이너와 세트 디자이너는 프로그램상에서 보이지는 않지만 프로그램의 완성도를 높여 주는 매우 중요한 사람들입니다.

05 D-1: 방송의 시작

조금만 더 힘냅시다!
으쌰
자, 갑시다!
깜
깜
어두워.
? ?
왜 이리 어둡지?
스탠 바이~
대책이…
어두울 땐 나를 불러.
조명 감독
진행에 어울리는 빛을 디자인하고 조명 전반에 걸친 업무 관리
화~안
OK!

방송 하루 전에는 세트, 소품, 조명 등 스튜디오를 준비해요. 여기에 필요한 제작진은 세트 설치와 소품 담당, 조명 감독 등입니다. 조명 감독은 프로그램의 내용이나 진행에 어울리는 분위기를 만들기 위해 빛을 디자인하는 사람이에요. 조명에 관한 전반적인 것을 감독하고 총괄하는 사람이 바로 조명 감독입니다.

이제, 방송을 위한 기본적인 준비가 마무리되었습니다. 기획과 출연자 섭외가 마무리되고 프로그램에 필요한 대본과 다양한 자료가 MC와 출연자에게 나누어지고 카메라와 음향 시설이 모두 준비된 것이지요. 세트와 조명, 편집 등 프로그램을 최고로 만들 수 있는 여건이 완료되었습니다. 자, 이제 방송 들어갈까요?

06 D-day : 끝나지 않는 방송

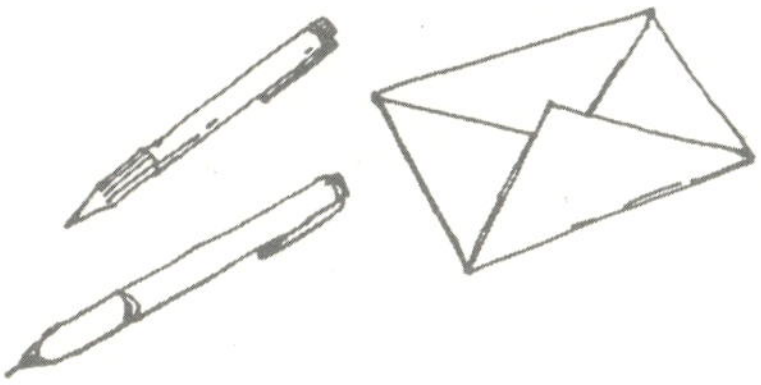

모든 방송 준비를 마치고 방송 당일에 출연자는 대본 연습을, 제작진은 모여서 큐시트 회의를 하고, 메이크업 담당자는 분장실에서 출연자들의 분장을 해요. 그리고 드디어 녹화에 들어가죠. 녹화를 하는 도중에 PD, 조명 감독, 영상 감독, 기술 감독은 주조정실에서 제작을 지휘하고 AD, FD, 카메라맨, MC, 출연자 등은 무대 위나 무대 뒤에서 자신이 맡은 역할을 하고 있습니다. 우리가 TV에서 프로그램을 볼 때는 출연진만 보일 거예요. 하지만 재미있고 유익한 방송 프로그램을 만들기 위해서는 우리가 보는 것보다 훨씬 더 많은 사람들의 땀과 노력이 필요하다는 사실, 또 그러한 프로그램을 기획하고 제작하는 데는 엄청난 비용과 시간이 들어간다는 것을 알고 TV 프로그램을 시청하면 어떨까요?

07 드라마의 유혹

부셔 버릴 거야.
으이구…
저런 것을 드라마라고…
www.http://
주인공 김보근, 배진우
줄거리. 근인(김보근역)이 ..
댓글
981132 ㅉ ㅉ 또 막장드라마..
내가 니 애비다.
내 저럴줄 알았어.
뭐~ 다 가족이야~
다음주에 계속
다음주도 뻔한데 묘하게 기다려지네…
왜 그럴까?

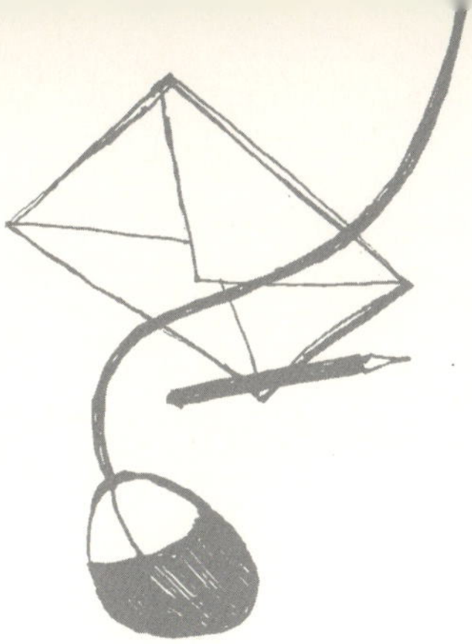

고단한 일과를 마치고 저녁이면 가족이 거실에 모여요. 텔레비전을 켜면 다양한 프로그램들이 나오지요. 저녁 시간대 텔레비전 프로그램의 하이라이트는 드라마이지요. 그런데 종종 온 가족이 모여서 보기엔 다소 민망한 내용으로 시청자들에게 욕을 먹는데도 인기가 높은 드라마가 있어요. 이런 드라마는 흔히 '막장 드라마'라고 불리는데, 이렇게 욕을 먹으면서도 인기가 높은 이유는 무엇일까요?

우리는 드라마를 볼 때 수동적으로 보는 것에 그치지 않고 나름대로 의미와 즐거움을 찾으면서 본답니다. 드라마 속의 주인공들이 보여 주는 감정에 공감하고 그 안에서 자신이 가진 삶의 의미와 즐거움을 찾으며 보기 때문이죠. 막장 드라마는 강하고 자극적인 소재와 내용을 선택하고 일상에서는 보기 어려운 이야기를 하고 있어요. 사람들은 일상적인 것과 다른 것에 흥미를 느끼고 오래 기억해요. 예를 들어 평범한 선생님보다 무섭거나 재미있었던 선생님이 오래 기억되는 것과 같은 이치랍니다. 그래서 오래 기억되는 막장 드라마를 욕하면서 계속 보게 되는 것이지요.

08 프로그램 성적표

유익한 프로그램을 만들고 싶어.
안보여
헐
AD
PD
FD
시청률 2%
저는 시청률과 관계없이… 유… 익한…
그걸 말이라고…
국장 청국장
왜 이렇게 시청률 땜시…
제작비가 너무 올라서…
제작비
300억
200억
100억
1억
억!
부족한 제작비는 광고비로 메꾸지요.
제작비
광고비
광고비
광고료 제작비
광고주는 시청률이 높은 프로그램을 좋아하기에 제작자는 시청률의 눈치를 보는 것이죠.
높은 시청률
광고주
가지마~
컴온!

시청자들이 주로 어떤 프로그램을 얼마나 좋아하는지는 시청률을 보면 알 수 있어요. 시청률을 조사하는 회사에서는 일주일, 또는 하루 동안 텔레비전 프로그램의 시청률을 조사해서 발표합니다. 시청률은 단위 시간으로 조사하기 때문에 어떤 장면에서 시청률이 올라가거나 내려가는지를 알 수 있어요. 또 연령별 시청률도 알 수 있어서 10대, 20대, 30대 등 나이대별로 좋아하는 프로그램이 무엇인지도 알 수 있지요. 시청률을 조사할 때는 우리나라의 모든 집을 조사하기가 어렵기 때문에 6개 도시(서울, 인천 · 경기, 부산, 광주, 대전, 대구)에 살고 있는 2000가구를 대표로 뽑아서 조사해요. 조사 대상으로 뽑힌 집의 텔레비전에는 '피플미터기'라는 작은 조사 기기를 설치해서 시청률을 조사합니다. 조사 결과 전체 조사 대상으로 뽑힌 2000가구 중 몇 가구가 특정 프로그램을 시청했는지를 퍼센트(%)로 나타낸 것이 바로 시청률이에요.

요즘은 방송사마다 시청률 경쟁이 치열해서 시청률 전쟁이라는 말이 있을 정도예요. 그렇다면 시청률 경쟁은 왜 할까요? 프로그램 시청률이 높으

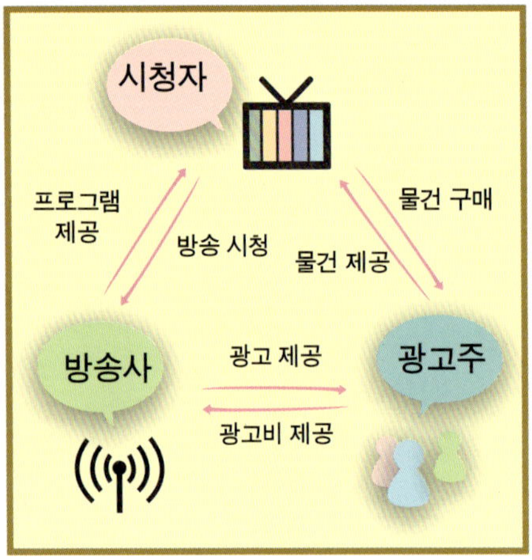

방송의 순환 구조

면 뭐가 좋아서 제작자는 다른 방송사보다 시청률을 더 높이려고 애를 쓰는 것일까요? 그건 바로 시청률이 돈과 관련이 있기 때문이에요. 방송사는 방송국을 운영하고 여러 프로그램을 만들어야 하기 때문에 돈이 많이 필요해요. 요즘에는 어마어마하게 돈이 많이 드는 대형 드라마도 많이 등장하고 있습니다. 요즘은 드라마뿐만 아니라 예능 프로그램도 1회분을 제작하는 데 1억 이상이 드는 경우도 많습니다.

방송사는 이렇듯 프로그램을 만드는 데 많은 돈이 필요합니다. 시청자가 텔레비전 방송을 볼 때마다 방송사에 직접 돈을 주는 것도 아닌데,* 방송사는 어떻게 돈을 버는 것일까요? 그 비밀은 바로 광고에 있어요. 시청자는 방송을 보는 대가로 프로그램 앞뒤에 나오는 광고를 보는 거예요. 인기가 있는 프로그램일수록 프로그램 앞뒤로 기다리기 지루할 정도로 광고를 많이 하지요. 왜 그럴까요?

상품을 팔기 위해서는 많은 사람들에게 알려야 하기 때문에 광고를 한답니다. 광고를 내보내는 사람을 광고주라고 하는데, 방송사는 광고를 방송해 주는 대가로 광고주로부터 광고비를 받아요. 광고주들은 시

*방송국 중에서 시청료를 받는 방송국은 KBS1 TV와 EBS 두 곳이다. 이 두 곳은 공영 방송국이라 불린다.

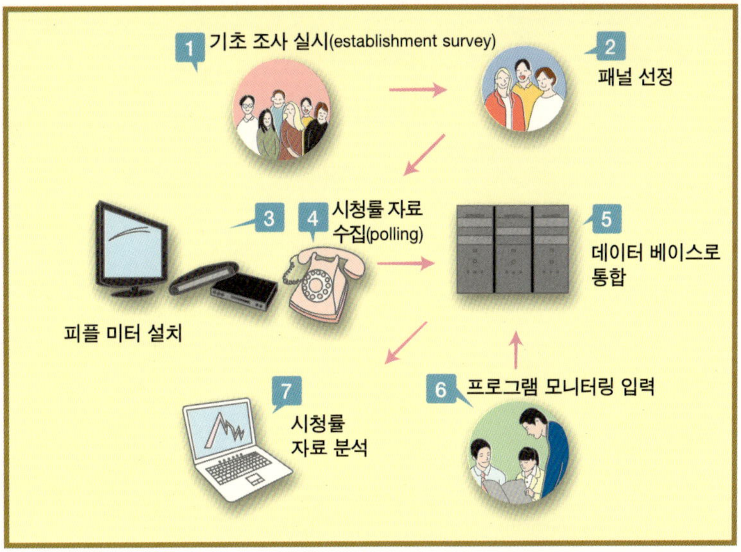

시청률이 조사되는 과정 출처: AGB 닐슨미디어리서치(www.agbnielsen.co.kr)

청률이 높은 프로그램의 앞뒤에 광고를 하고 싶어 한답니다. 시청률이 높다는 것은 그만큼 많은 사람들이 그 프로그램을 보고 있다는 뜻이고, 되도록 많은 사람들이 광고를 보는 것이 광고주에게 훨씬 이득이 되기 때문입니다.

시청률이 높은 프로그램일수록 방송사는 더욱 많은 광고비를 받을 수 있기 때문에 방송사들은 시청률 경쟁을 치열하게 하는 것이죠. 그래서 프로그램에 문제가 있어서 지적을 받으면서도 시청률을 높이기 위해 넘지 말아야 할 선을 넘어가기도 합니다. 이것이 욕하면서도 보는 막장 드라마나 선정적이고 폭력적인 프로그램들이 황금 시간대에 방영되고 있는 이유지요.

09 숨은 광고를 찾아서

백화점
나 저거 사고 싶어.
나 살 게 있어요.
궁금
도대체 어디서 저런 정보들을 얻는 거야?
자꾸 이러면 지갑이 얇아지는데…
홀쭉해진 지갑
청소년 드라마
아들
저거는 꼭 사겠어!
MP3! 휴대전화!
성인 드라마
엄마
이번 기회에
가방! 주방 용품!
광고주
제작자
사자!

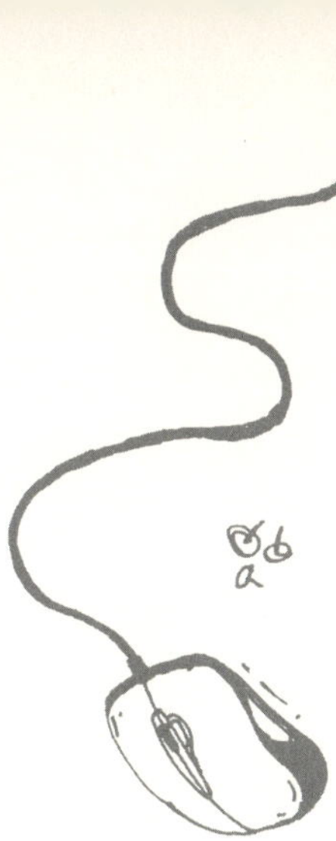

광고는 드라마 속에도 숨어 있어요. '○○드라마 협찬 가구,' '×××드라마 촬영 장소,' '드라마 주인공 △△△가방' 이렇게 백화점이나 홈쇼핑, 인터넷 쇼핑몰 등에서 광고하는 것을 본 적이 있을 거예요. 어떤 드라마에 협찬을 해서 드라마에 나오는 제품이 있어요. 소품으로 쓰인 가구나 냉장고, 대형 텔레비전 등의 가전 제품이나, 출연 배우가 입은 옷, 가방, 구두, 액세서리 등 드라마를 이용한 광고가 많이 있어요. 이러한 광고가 많다는 것은 그만큼 드라마 협찬 상품의 인기가 높다는 것입니다. 시청자인 우리들이 드라마를 보면서 드라마에 등장하는 배우가 사용한 물건을 사고 싶다거나 드라마 촬영 장소에 가고 싶다는 생각을 하게 되면 드라마는 또 다른 광고가 되는 거죠.

이렇듯 드라마에서 간접 광고를 하는 것도 시청률과 관계가 있어요. 방송사는 시청률 경쟁 때문에 어마어마하게 늘어난 제작비를 마련하기 위해 간접 광고의 수입이 필요하기 때문입니다. 광고주도 텔레비전 광고보다 훨씬 더 광고 효과를 노릴 수 있기 때문에 간접 광고를 하고 싶어 해요.

10 미성년자 관람 불가

시청률을 높여야 하는데…
사람들이 잘 안 봐요~
PD
AD
어떻게 해야 시청자들의 눈길을 사로잡을까?
AD
사람들이 가장 좋아하는 것이 싸움 구경과 불구경이지…
폭력적인 장면을 넣어야지.
와
와
자극적인 부분이 더 필요해.
18금
HD
오
흐흐
시청률
9월
10월
11월
역시…

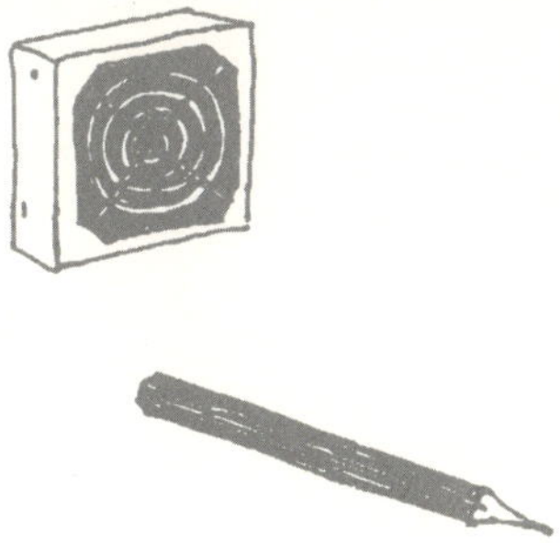

광고비를 많이 벌기 위해 방송사 간에 시청률 경쟁이 심해지면서 프로그램의 내용이 지나치게 선정적이고 폭력적으로 변하고 있습니다. 속담처럼 전해 오는 말로 "세상에서 제일 재미있는 구경은 불구경과 싸움 구경"이라는 말이 있습니다. 이 말의 뜻은 많은 사람들이 자극적이고 폭력적인 장면에 재미를 느끼며 시선이 저절로 끌리게 되어 있다는 것이에요. 대부분의 사람들은 자신과 상관이 없는 다른 사람의 폭력이나 큰 사고 등에 재미와 흥미를 느낍니다. 이러한 현상은 시청률에도 고스란히 나타나요. 어떤 장면에서 시청률이 갑자기 올라가는지 초당 시청률을 분석해 보면 드라마는 선정적이거나 폭력적인 장면이 나올 때, 뉴스는 살인, 유괴 사건 등 강력 범죄 등의 보도를 할 때 시청률이 많이 올라간다고 합니다. 시청률을 높이기 위해 방송사는 많은 사람들의 눈길을 끌 수 있는 자극적인 장면을 경쟁적으로 내보내지요. 자극적인 장면이란 서로 싸우거나 전쟁을 하면서 때리고 죽이는 폭력적인 장면, 출연자가 지나치게 노출이 심한 옷차림을 하고 나오거나 여자와 남자가 함게 야릇한 춤을 추는 등 부모님과 함께 보기에 민망한 장면들입니다.

더 큰 문제는 케이블 텔레비전입니다. 케이블 텔레비전*은 공중파(지상파) 텔레비전*보다 훨씬 더 선정적이고 폭력적이에요. 왜 그럴까요? 공중파 텔레비전은 공영 방송국(KBS1, EBS)이 있기 때문에 방송의 공공성을 지키기 위해 노력하며 방송통신심의위원회에서도 더 엄격하게 방송의 내용을 심의합니다. 하지만 케이블 텔레비전은 채널이 주제별로 훨씬 많고 공중파에 비해 광고 수입이 적은 편이어서 좀더 상업적인 이익을 추구하게 됩니다. 그래서 시청률 경쟁이 공중파보다 더욱 치열하지요. 또한 케이블 텔레비전은 공중파 텔레비전과 달리 중간 광고를 허용합니다. 프로그램을 한참 방송하다가 중간에 뚝 끊으면서 광고가 나오는 것이죠. 시청자들은 방송 중간에 광고가 나오기 때문에 시청하기에 불편하지만 케이블 텔레비전의 광고비 수입을 위해 허용된 것입니다. 이처럼 이윤 추구를 위해 애쓰는 케이블 텔레비전을 운영하는 대부분의 회사들이 사회적 책임이 큰 대기업이라는 것을 생각하면 참으로 안타까운 일이에요.

이렇게 경쟁적으로 선정적이고 폭력적인 장면을 내보내고, 재미만 추구하는 문제가 방송사만의 탓일까요? 자극적인 장면이 많이 나오는 프로그램과 재미를 추구하는 프로그램의 시청률이 실제로 높게 나온다는 것은 시청자에게도 문제가 있어요. 시청자들이 자극적인 장면과 재미를 원한다면 프로그램이 유

*케이블 텔레비전이란 유선 방송을 연결해야만 볼 수 있는 텔레비전으로 주제별로 방송하는 다채널 방송이다.

*공중파 텔레비전이란 수신 장치, 즉 텔레비전만 있으면 볼 수 있는 방송이다.

익하지 않더라도 방송사는 시청자가 원하는 대로 계속해서 저질의 프로그램을 만들게 될 거예요. 반대로 방송사에서 아무리 좋은 프로그램을 만들어도 시청률이 높지 않으면 다시 또 좋은 프로그램을 만들기가 어려워질 거예요. 만약 시청자가 좋은 프로그램을 가려 본다면 방송사는 당연히 좋은 프로그램을 만들기 위해 노력할 것입니다. 시청자 한 사람 한 사람이 좋은 프로그램을 골라서 보는 것이 그만큼 중요하지요. 더 좋은 방송은 내 손 안의 리모컨에 달려 있답니다. 오늘 어떤 프로그램을 볼 것인지, 앞으로는 어떤 프로그램을 선택할 것인지 다시 한 번 고민해 봅시다.

11 네 머릿속의 지우개

꽃보다 핸썸
멋지다~
역시 잘생겨야
우리는 드라마에서 주인공이 누군지 쉽게 알 수 있어요.
주연
조연
예쁘고 잘생기면 주인공
드라마
영화
만화
잘생기면 다 되는구나.
보는 것들이 점점 굳어져 가지요.
주인공
잘생겼다
주인공에게 외모보다 중요한 게 있을 텐데…
사전

요즘 여러분이 즐겨보는 드라마는 무엇인가요? 드라마의 줄거리는 다 다르지만 몇 가지 공통점이 있지요. 신데렐라처럼 가난하고 불쌍하지만 예쁜 여자 주인공을 왕자님같이 능력 있는 부자인 남자 주인공이 나타나 사랑을 하죠. 두 사람의 결혼을 강하게 반대하는 부모님도 꼭 있어요. 주인공의 출생에 얽힌 비밀 이야기도 있어요. 알고 보니 과거에 잃어버린 가족이었다거나, 친엄마인 줄 알았는데 알고 보니 아니었다거나 하는 등의 뻔한 결말 말입니다. 하지만 그보다 더 큰 공통점은 드라마의 주인공은 하나같이 잘생기고 예쁜 외모를 지니고 있다는 것이지요. 그동안 우리가 보아 온 영화뿐만 아니라 만화에 등장하는 주인공들도 예외는 없습니다. 우리는 머릿속에 지우개가 있는 것처럼 중요한 것들을 종종 잊는답니다. 꿈과 희망, 감동과 용기를 주는 주인공들을 우리가 좋아하는 이유는 그들이 잘생기고 예뻐서가 아니라 이야기의 주인공들이 전하는 삶의 모습에 우리가 공감하기 때문이지요. 과연 드라마나 영화의 주인공이 되는 데 가장 필요한 것은 무엇일까요?

12 고정관념, 넌 또 누구냐?

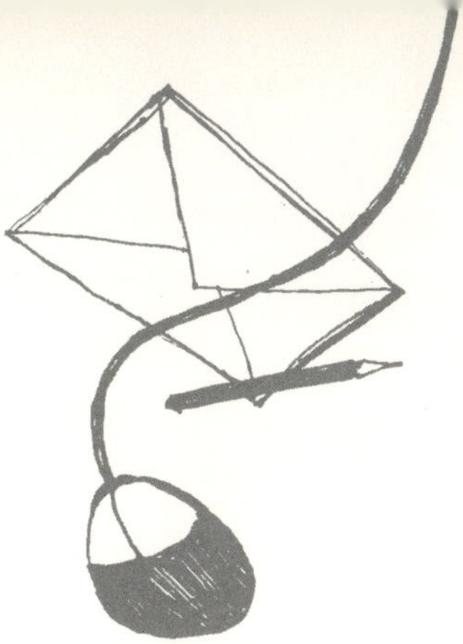

드라마나 영화의 주인공이 되려면 필요한 것들이 많이 있지요. 하지만 주인공이 예쁘고 잘생겨야만 한다는 생각은 어렸을 때부터 봤던 드라마나 영화 또는 만화를 통해 나도 모르게 머릿속에 굳어지게 됩니다. 이러한 생각을 '스테레오타입stereotype'이라고 불러요. '스테레오타입'은 쉽게 말해서 특정한 대상이나 집단에 대해 많은 사람들이 공유하고 있는 고정관념이라고 말할 수 있어요. 즉 '얘는 이렇게 생겼으니 이럴 거야,' '저 사람의 직업은 뭐니까 저럴 거야'와 같이 우리가 과거에 들었거나 보았던 것을 바탕으로 상대방에 대해 미리 결론을 내리는 사고의 과정을 말하는 것입니다.

물론 스테레오타입이 무조건 나쁜 것은 아니랍니다. 만약 우리가 누군가를 처음 만나거나 어떤 일을 처음 겪을 때 많은 도움을 주는 것이 스테레오타입이지요. 우리는 세상의 모든 것을 직접 경험하고 판단할 수 없기 때문에 다양한 미디어에서 보고 들은 것을 통해 간접적으로 학습하지요. 미디어에서 보고 들은 것을 토대로 실제의 삶에서 다른 사람들과 더 빠르고 쉽게 소통할 수 있으며 다른 사람들에게 손가락질 받지 않는 범위 내에서 행동할 수 있도록 도와줍니다.

하지만 이러한 스테레오타입, 즉 많은 사람들이 공유하고 일반화한 믿음이 과연 다 옳은지에 대해서는 의문을 가져야 합니다. 우리가 듣고 보는 모든 통로가 미디어라는 사실 때문이지요. 미디어를 통해 우리는 실제로 경험하고 결론을 내리는 것이 아니라, 누군가에 의해 걸러진 사실을 토대로 결론을 내리지요. 우리가 내리는 결론은 뚜렷한 근거가 없는 감정적인 판단에 의지하고 있고 누군가의 영향을 받은 것이 대부분입니다. 이렇게 만들어진 스테레오타입은 쉽게 바뀌지 않아요. 오히려 이러한 생각들은 점점 굳어져 '차별'과 '편견'*이라는 잘못된 모습으로 재탄생합니다. 예를 들어, 지난해 나를 괴롭히던 친구와 비슷한 목소리를 가졌거나 비슷한 외모를 가진 친구가 있을 때 선뜻 다가서기보다는 괜히 안 좋은 사람으로 평가할 수도 있다는 것입니다.

*편견이란 공정하지 못하고 한쪽으로 치우친 생각을 말한다.

이렇듯 스테레오타입이 나도 모르게 '편견'으로 굳어진 것은 어떤 것이 있을까요? 예를 들면 뚱뚱한 사람은 게으르고 공부를 못하며 머리가 나쁠 것이다, 못생긴 사람은 성격이 괴팍하고 나쁠 것이다 등등. 지위나 직업에 대한 편견도 있습니다. 시어머니는 며느리에게 못되게 구는 고약한 사람이라거나 사장님은 욕심이 많고 배가 나왔다거나, 과학자는 하얀 가운을 입은 남자를 떠올리는 것이 그 예입니다. 편견은 인종에 따라 나타나기도 합니다. 흑인은 모두 가난한 사람이나 거지, 하인일 거라는 생각, 반대로 백인은 부자이거나 높은 지위를 가진 사람, 하인을 부리는 주인일 거라는 생각도 편견이지요. 남녀에 대한 편견도 있어요. 여자는 주로 직업이 없으며 직업이 있어도 남자보다 낮은 지위로 남자에게 순종하는 모습을 생각한다거나, 남자는 주로 여자보다 높은 지위를 갖고 여자에게 명령하는 모습을 생각하는 것이에요. 또 장애인은 능력도 직업도 없으며 다른 사람의 도움만 받을 것이라는 편견도 있습니다.

위 스테레오타입의 예들이 여러분이 생각하는 것과 많이 일치하나요? 어쩌면 우리는 알게 모르게 사람들을 구분지으며 살아가고 있는지 몰라요. 국민, 인종, 계급, 성별, 직업 등 다양한 방면에 걸쳐 굳어진 생각은 우리의 행동이나 태도에 많은 영향을 미치기도 합니다. 그래서 이러한 생각들을 받아들이지 않고 거부하면 반도덕적이고 반사회적이라는 낙인과 함께 비난과 공격을 받을 수도 있지요. 예를 들어, 대부분의 사람들은 장애인은 능력도 없고 불편하기 때문에 무조건 도와주어야 한다는 편견으로 스스로 할 수 있는 일에도 지나친 친절을 베풀곤 하지요. 만약 장애인 스스로 하도록 내버려두거나 지켜보고 있다면 냉정하고 비정한 사람으로 여겨질 수도 있어요. 실제로 장애인에게는 친절보다는 스스로 할 수 있도록 기다려 주는 여유가 더 필요할지 모르는데 말이죠. 이처럼 우리의 머릿속에 있는 다양한 고정관념들로 인해 다른 사람들을 제대로 바라볼 수 없는 경우가 종종 있습니다.

13 있는 그대로 바라보기

WWW

이렇게 다양한 편견들은 어떻게 내 머릿속에 들어오게 되었을까요? 드라마나 만화, 영화 등의 다양한 미디어를 통해, 비슷한 모습을 반복적으로 보게 되면 외모, 지위, 직업, 인종, 남자와 여자, 장애인에 대해 나도 모르게 편견을 갖게 됩니다. 이러한 편견을 별 생각 없이 계속 갖고 살아간다면 어떻게 될까요? 잘못 굳어진 생각으로 제각기 다른 성격의 사람들에 대해 활짝 열린 마음으로 다가가지 못할 거예요. '저 사람은 이럴 거야'라며 겪어 보지도 않고 미리 짐작하여 생각한다면 새로운 생각이나 경험을 할 수 있는 기회나 새로운 친구를 사귈 수 있는 소중한 기회를 잃고 말겠죠. 한창 새로운 경험을 쌓고 다양하고 소중한 만남을 통해 바른 가치관을 만들어 가야 할 우리들에게 그것은 엄청난 손해입니다. 미디어로 인해 나도 모르게 내 머릿속에 굳어진 잘못된 생각으로 내 주위에 편견이라는 벽을 쌓게 되고 그로 인해 넓은 세상과 마음껏 소통하지 못하게 되니까요.

14 뒤집어 세상 바라보기

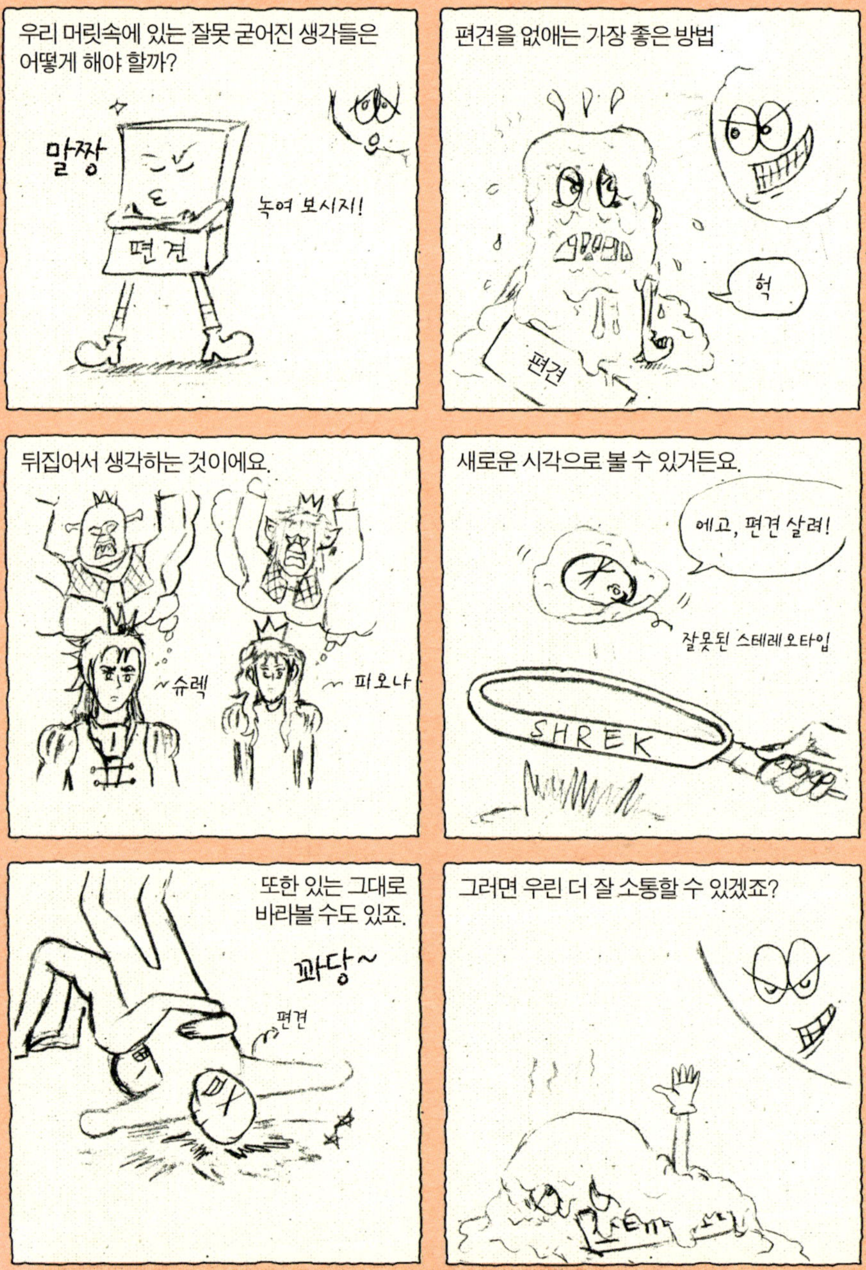

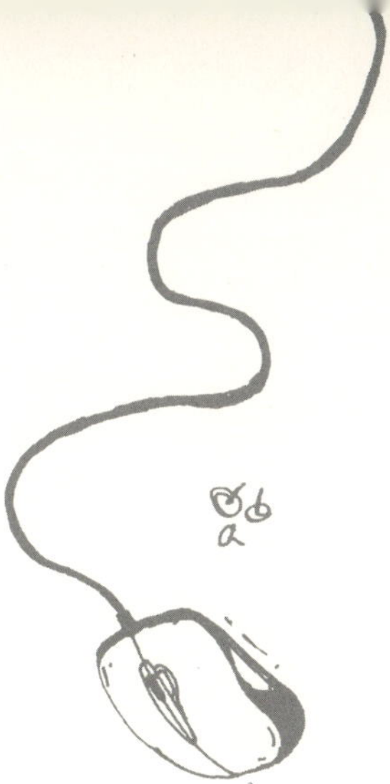

과연 내 머릿속의 굳은 생각은 녹아서 없어질 수 있을까요? 그것은 우리가 어떻게 생각하느냐에 달려 있지요. 먼저 내 머릿속에 어떤 굳은 생각이 있는가를 살펴보아야 해요. 어떤 사람이나 직업에 대해서 '그건 어떻다'라고 미리 짐작이 되는 생각이 있다면 그 생각이 어디에서 왔는가를 찬찬히 생각해 볼 필요가 있습니다. 그리고 무엇이든 뒤집어 생각해 보는 것이 중요해요.

뒤집어 생각하기의 좋은 예로 애니메이션 〈슈렉〉을 들 수 있어요. 슈렉은 주인공이지만 잘생긴 것과는 거리가 멀어요. 처음에 보면 기분이 나쁠 정도로 못생긴 괴물이지요. 여주인공으로 나오는 피오나 공주도 해가 저물고 밤이 되면 뚱뚱하고 못생긴 괴물로 변해요. 슈렉을 사랑한 피오나 공주는 결국 낮의 멋진 모습이 아니라 못생긴 괴물의 모습을 선택해요. 이렇듯 〈슈렉〉은 여태까지 우리가 가지고 있었던 스테레오타입을 모두 뒤집는 이야기입니다.

〈슈렉〉처럼 우리도 뒤집어서 생각해 보는 거예요. 드라마나 광고, 만화나 영화를 볼 때 그냥 보지 말고 등장 인물에 대해 뒤집어서 생각해 보는 거예요. 예를 들어 드라마에서 공부를 잘하는 우등생이 안경을 끼고 깡마른 신경질적인 모습으로 나왔다면 '모든 우등생이 그런가?'하고 생각해 보는 것입니다. 눈을 감고 주변의 친구들을 떠올려 보세요. 드라마에서 보여지는 것과 다른 경우도 많다는 것을 금방 깨닫게 될 거예요.

여러분 주변을 잘 살펴보세요. 뚱뚱하지만 부지런한 친구도 있고, 마음씨 좋은 시어머니도 있으며, 대통령이 된 흑인도 있고, 여자 사장님, 여자 비행사도 있다는 걸 알 수 있어요. 이렇게 하나씩 하나씩 내 머릿속의 굳은 생각을 녹여 가다 보면 내가 만나지 못한 넓은 세상과 수많은 사람들을 향해 활짝 열린 마음을 가질 수 있지 않을까요?

생각의 날개 달기

1. 유익하고 좋은 텔레비전 프로그램이 더 많아지게 하려면 시청자는 어떻게 해야 할까요?

❶ 막장 드라마를 즐겨 보고 이야기합니다.

❷ 시청률이 높은 프로그램을 골라서 봅니다.

❸ 재미있는 오락 프로그램만 계속해서 시청합니다.

❹ 폭력적이고 선정적인 장면이 나오는 것을 찾아봅니다.

❺ 여러 종류의 프로그램을 시청하고 좋은 프로그램을 골라서 봅니다.

답은 ❺ 재미있는 프로그램도 좋지만 폭넓고 유익한 프로그램을 골고루 시청하고 어떤 프로그램이 좋고 나쁜지를 구분할 수 있는 비판적인 능력이 꼭 필요합니다.

2. 인물의 성격과 특징은 어떨지 생각해 보고 보기에서 그 인물에 어울리는 말을 모두 골라 써볼까요?

보기

예쁜, 잘생긴, 험상궂은, 못생긴, 귀여운, 날씬한, 뚱뚱한, 바싹 마른, 안경 낀,착한, 못된, 신경질적인, 친절한, 무뚝뚝한, 포악한, 괴팍한, 질투가 많은, 너그러운, 부드러운, 거친, 똑똑한, 무식한, 조용한, 수다스러운, 얌전한, 명랑한, 인기가 많은, 사랑스러운, 외로운, 호기심이 많은, 무관심한, 배려 깊은, 이기적인, 비겁한, 용감한, 거만한, 겸손한, 참을성이 많은, 조급한, 행동이 느린, 무서운, 게으른, 부지런한, 수줍은, 활발한, 춤을 잘 추는, 춤을 못 추는.

인물	성격과 특징
이름: 나혜수, 나이: 35세, 직업: 만화가, 노처녀이고 혼자 산다.	
이름: 서유리, 나이: 25세, 직업: 인기 그룹의 여가수	
이름: 김팔도, 나이: 44세, 직업: 아동을 유괴하는 범죄자이다.	
이름: 이상혁, 나이: 21세, 직업: 공부를 잘하는 서울대학교 학생이다.	

친구들이 쓴 것을 보고 나와 비슷하게 쓴 것이 얼마나 있는지 비교해 보세요. 위에 나온 인물들(노처녀, 여가수, 범죄자, 우등생)이 실제로는 어떻게 다를 수 있는지 내 주변에서 보았던 경우를 떠올려 이야기해 보세요. 나와 친구들이 가지고 있는 스테레오타입은 무엇인지 이야기해 볼까요?

3. 요즘 재미있게 즐겨 보는 텔레비전 프로그램은 어떤 것이 있나요? 한 칸에 하나씩 적어 보세요.

만약 여러분이 사고로 병원에 입원을 했는데 그 병원에서는 텔레비전을 볼 때 한 프로그램당 1000원씩 내고 시청해야 한다고 합니다. 나에게 시청료로 쓸 수 있는 용돈이 2000원 있다면, 여러분은 어떤 프로그램을 볼 것인지 골라서 ○표 해보세요.

왜 그 프로그램들을 고르게 되었는지 이유를 써보세요.

4. 다음 드라마 대본을 읽고 간접 광고가 몇 군데나 숨어 있는지 찾아서 밑줄을 그어 보세요.

장면 1

(혁진이 길을 걷다가 휴대전화 벨소리가 울리자 혁진은 발신자를 확인하고서 전화를 받는다. 발신자를 확인할 때 혁진의 휴대전화가 클로즈업* 된다.)

혁진: 어…… 그래 정우야, 지금 가고 있는데 장소가 정확히 어디야?

(정우가 카페에 앉아서 휴대전화를 들고 있다)

정우: 여기? 우성대학교 정문 건너편에 있는 스타버스야. 알지?

혁진: 응. 금방 갈게.

*클로즈업close up은 카메라를 인물이나 사물 가까이에서 촬영하여 확대된 모습으로 크게 보여 주는 촬영 방법이다.

5. 다음 그림은 텔레비전의 한 장면이에요. 어디 어디에 간접 광고가 숨어 있는지 찾아볼까요?

#장면 2

(혁진이 커피 전문점에 들어서자 정우가 손을 들어 인사를 한다.)

정우: 여기야! 그동안 잘 지냈어? 와, 바지 멋진데!

혁진: 어제 백화점 갔다가 샀는데…… 어때, 괜찮아?

(혁진의 바지가 클로즈업된다.)

정우: 어…… 정말 멋지다. 나도 하나 장만해야겠는걸!

혁진: 여행은 잘 다녀왔어?

정우: 응…… 한마디로 환상이었지! 남극에 있는 월드리조트 정말 끝내줘. 너도 시간되면 꼭 한번 가봐. 펭귄이랑 놀 수도 있고 색다른 경험이었어.

혁진: 정말 좋았겠네…… 나도 가보고 싶다.

정답 어떤가요? 간접 광고들이 많이 보이나요? 휴대전화, 커피 전문점, 청바지, 리조트 이렇게 눈에 띄는 건 다섯 가지 정도지만, 배우들의 대화 속에 등장한 대학교라든지 배우들이 착용한 액세서리, 의상(청바지 외에 다른 의상), 커피 전문점의 탁자, 의자 등의 가구나 찻잔 등도 간접 광고가 될 수 있어요. 위의 대본은 약간 과장된 면도 있지만 눈을 크게 뜨고 보면 실제 드라마에서도 간접 광고를 많이 찾을 수 있습니다.

6. 이렇듯 간접 광고가 점점 더 많아지는 까닭은 무엇일까요? 다음 표에 알맞은 말을 넣어 그 까닭을 정리해 보세요.

유명 연예인들의 ( )가 점점 비싸져서.	출연자들이 비행기를 타고 멀리 ( )에 가서 촬영하는 장면이 많아져서.	특수한 장면을 위해 ( )을 사용해야 하는 경우가 많아져서.	요즘 오락 프로그램은 한 프로그램당 출연하는 연예인 수가 많아져서.

↓

방송사에서 프로그램을 제작하는 데 들어가는 ( )가 점점 증가하여 직접 광고 수입만으로는 부족해짐.

↓

간접 광고가 점점 ( ).

추천합니다

책

보고 싶은 텔레비전 궁금한 방송국

하루가 다르게 발전하는 텔레비전 기술을 알려주고 방송이 어떻게 만들어지는지를 이해할 수 있도록 도와준다. 또한 유익한 방송 프로그램을 선택하여 텔레비전이 우리의 좋은 친구가 될 수 있는 방법을 제시한다. 소피 바흐만 지음 | 김미겸 옮김 | 상수리

방송 프로그램

지식채널 ⓔ 시청률, TV가 나를 본다

평범한 가정의 아침부터 밤까지 4인 가족의 텔레비전 시청 습관을 보여 준다.
EBS, 2006. 6. 5.

지식채널 ⓔ 텔레비전

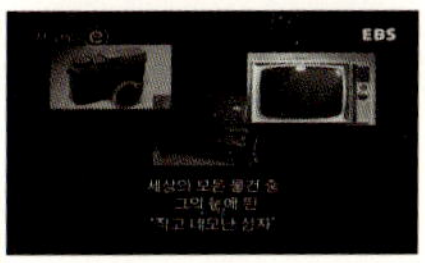

15센트짜리 라면으로 끼니를 때우던 백남준에게 들어온 텔레비전 한 대. 그리고 그가 발견한 텔레비전의 새로운 가능성. 텔레비전을 세상을 지배하는 도구로서가 아닌 예술의 대화 상자로 사용하는 모습을 담고 있다. EBS, 2009. 4. 6.

체험 학습

KBS 수원드라마센터 http://office.kbs.co.kr/suwon/

기존 방송국과 달리 드라마 촬영에 특화된 텔레비전 방송 센터이다. 인터넷을 통해 사전 예약을 해야 견학이 가능하다. 실내 드라마 세트장과 야외 드라마 세트장을 체험할 수 있다. 수원시 팔달구 인계동 468번지 ☎ 031-219-8081, 8082

4장

스타 복사기

대중 가요

대중 가요란 널리 대중이 즐겨 부르는 노래이며, 그 안에 트로트, 발라드, 포크, 록 등 다양한 장르가 있다. 요즘 대중 가요의 시장은 주로 10대들을 타깃으로 삼고 있으며, 청소년들에게 인기가 많은 아이돌은 주로 기획사에 의해 스타 시스템으로 만들어지는 경우가 많다. 스타를 단순히 호기심과 동경의 대상으로만 여기는 차원을 넘어 스타도 우리와 같은 사람이므로 스타와 팬이 서로의 문화와 인격을 존중하는 문화를 만들어 가야 할 것이다. 가요계가 지나치게 상업화되는 것을 막고 다양한 음악이 함께 공존하는 아름다운 음악이 가득한 사회를 만들려면 어떻게 해야 하는지 알아보자.

리슨투마
허트비트~
베리포유
픽
응?
누구여? 시방?
이름표를 붙여
내 가슴에~
뭐 그런걸 보냐? 화악~ 풀리는 걸 봐야지~ 짜샤.
니가 대중 가요를 알아?
옛날 가요는 촌스럽고 지루하기만 한데 뭘!
어른들은 아이돌을 모르니까 우리랑 대화가 안 통해!
그 언젠가 나를 위해 꽃다발을 전해 주는 그 사람~
험~
MP3나 들어야지…
에잉…! 감히 조용필 형아를 모욕해?

01 댄스 가요=대중 가요=대중 음악?

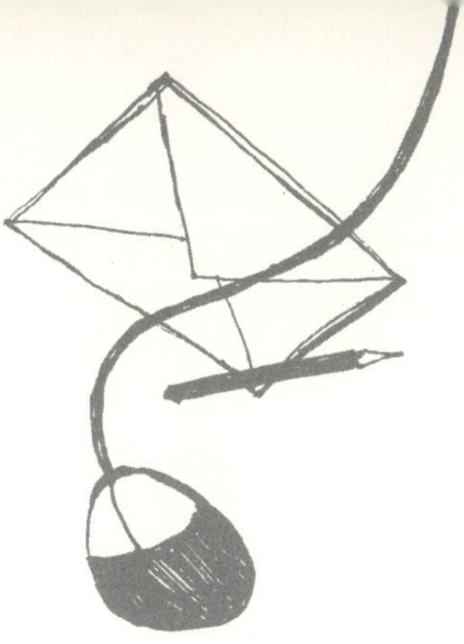

좋아하는 음악을 꼽으라고 한다면 많은 친구들이 아이돌 그룹의 멋진 춤과 화려한 조명이 있는 댄스 가요라고 말할 거예요. 가요 프로그램에서 흘러나오는 음악들 중 대부분은 화려한 댄스 가요이며 댄스 가수들의 인기와 환호는 상상을 뛰어넘어요.

이런 댄스 가요는 대중 가요의 한 장르에 속하는 것입니다. 대중 가요란 널리 대중이 즐겨 부르는 노래이며, 여기에서 '대중'은 수많은 사람의 무리 혹은 현대 사회를 구성하는 대다수의 사람들을 뜻하지요. 그리고 대중 가요는 대중 음악의 여러 종류 중 하나입니다. 대중 음악이란 모차르트, 베토벤 등이 작곡하고 전문 연주가나 오케스트라가 연주하는 클래식 음악과 대비되는 개념으로, 대중이 쉽게 이해하면서 즐기는 음악이라고 생각하면 됩니다. 대중 음악은 대중 가요 외에도 민요, 팝송, 재즈, 샹송, 칸초네, 뮤지컬, 영화 음악, 가스펠, 흑인 영가, 캐롤, 경음악, CCM, 뉴 에이지 음악과 같은 다양한 음악을 포함하지요.

음악의 갈래

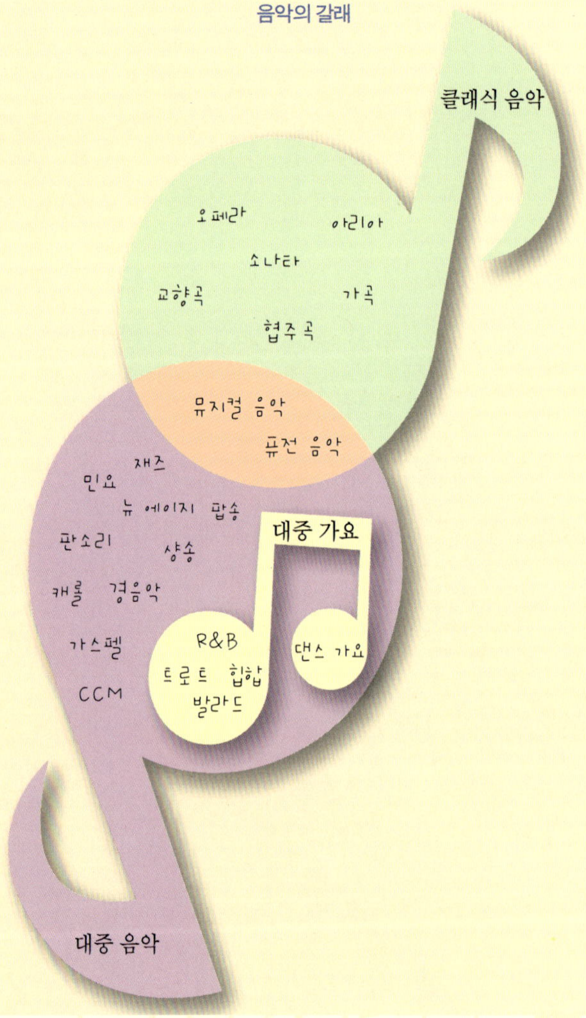
클래식 음악
오페라
아리아
소나타
교향곡
가곡
협주곡
뮤지컬 음악
퓨전 음악
재즈
민요
뉴 에이지
팝송
판소리
샹송
캐롤
경음악
가스펠
CCM
대중 가요
R&B
트로트
힙합
발라드
댄스 가요
대중 음악

가스펠: 미국 흑인들 사이에서 불리는 종교적인 노래로 흑인 영가와 재즈가 혼합되어 이뤄졌으며 강렬한 리듬이 특징이다.

경음악: 재즈, 샹송, 팝송과 같이 대중적으로 사랑받을 만한 곡을 작은 규모의 형식으로 연주하는 곡으로 클래식보다 가볍게 들을 수 있는 음악이다.

뉴 에이지: 자연의 소리를 표현하기 위해 만들어진 음악의 갈래이다. 마음을 편안하게 해주는 음악으로 대체로 가사가 없으며 피아노나 신시사이저 같은 악기를 주로 연주한다.

록: 전기음과 강한 비트로 1960~1970년대의 젊은이를 사로잡던 음악으로 사회적인 반항 의지를 많이 표현하였다.

발라드: 중세 유럽의 시 형식에서 유래한 음악으로 느린 박자와 낭만적이고 감성적인 노랫말을 특징으로 한다. 대중 음악 가운데 감성에 호소하는 노래를 폭넓게 가리킨다.

샹송: 샹송은 프랑스어로 '노래chanson'라는 뜻으로 프랑스어로 불리는 대중 가곡을 가리킨다.

CCM: 현대 기독교인 음악(Contemporary Christian Music)이란 뜻으로 대중 음악의 형식을 취한 기독교인 음악이다.

알앤비(R & B): 리듬 앤 블루스Rhythm & Blues의 줄임말로서 흑인들의 생활 양식에 맞춰 연주된 음악을 충칭한다. 20세기 초에 유행한 블루스가 댄스풍의 음악과 결합된 형식으로 블루스보다 리듬감이 강한 음악이다.

재즈: 미국의 흑인 음악에 클래식, 행진곡 등의 요소가 섞여서 발달한 대중 음악으로 독특한 리듬감과 즉흥 연주로 많은 사람들에게 사랑을 받는 음악이다.

칸초네: 이탈리아의 대중 가곡을 이르는 말이었으나 현재는 이탈리아의 대중적 음악을 의미한다.

트로트: 4분의 2박자 또는 4분의 4박자의 단순한 리듬으로 구성된 음악으로 우리의 감정을 구성지게 표현하고 재미와 흥을 돋운다.

포크: 민요와 소박한 가곡 형식의 음악이 합쳐져 1950년대 말부터 미국 젊은 세대 사이에서 유행한 자작곡 중심의 노래이다.

흑인 영가: 미국의 흑인들이 부르는 종교적인 민요로 흑인 특유의 리듬감과 더불어 찬송가의 영향을 받아 만들어진 음악이다.

힙합: '엉덩이를 흔들다'란 뜻에서 유래된 대중 음악의 한 갈래로 우리가 잘 알고 있는 랩이나 브레이크 댄스와 같은 자유롭고 즉흥적인 음악, 춤, 패션과 같은 문화 현상을 말한다.

02 거꾸로 올라가 보는 대중 가요

이번에는 부모님 세대, 할아버지, 할머니 세대의 대중 가요에 대해서도 알아볼까요? 1980년대에는 록, 포크, 트로트 등의 다양한 음악들이 있었지만 주로 발라드 음악이 인기를 얻었어요. 국민 가수로 불리는 조용필도 1980년대에 큰 활약을 했지요. 1970년대엔 통기타로 대표되는 포크 음악이 유행하였습니다. 이러한 포크 음악은 군사 독재 정권*에서 노래 가사를 통해 사회를 비판하는 내용을 담은 노래들이 많았어요. 대표적인 노래로는 〈아침 이슬〉이 있지요. 아빠, 엄마에게 여쭤 보면 이러한 포크 음악을 들려 주실 거예요. 1960년대엔 트로트 음악과 팝 음악이 유행하였고, 이미자, 패티 김과 같은 여가수들의 활약이 두드러졌어요. 요즘에도 효도 콘서트 안내를 보면 할아버지, 할머니 세대에 좋아했던 가수들이 나와서 주로 트로트를 부르는 것을 볼 수가 있습니다.

*이때에는 사회의 부정적인 부분에 대해 직접적으로 표현하는 자유가 주어지지 않아서 노래 가사를 통해 비유로 사회를 비판하였다.

그렇다면 우리나라의 첫 번째 대중 가요는 무슨 노래일까요? 전문가들

우리나라의 대중 가요가 K-POP이라고 불리며 전 세계에서 사랑을 받고 있어요.

의 의견은 조금씩 다르지만 대체로 1925년 윤심덕의 〈사의 찬미〉를 꼽아요. 일제 강점기에는 일본에서 유행했던 노래들을 우리말로 바꾸어서 부른 노래들이 유행했습니다. 그러다가 1945년 광복을 맞이하면서부터는 서구적인 대중 가요가 널리 불리게 되었어요. 이때에는 다른 나라의 노래를 가사만 바꾸어 불렀지만, 지금은 우리나라의 대중 가요가 한류의 바람을 타고 K-POP으로 불리며 아시아, 미국, 유럽 등 전 세계에서 사랑을 받고 있어요. 인기 아이돌 가수들의 해외 공연이 연일 매진되고 한국 아이돌의 방문이 다른 나라의 주요 뉴스 기사로 나오는 실정이니 한국 가요의 수준과 인기가 얼마나 되는지 알 수 있겠죠?

단지, 이러한 현상이 아쉬운 것은 한류의 관심이 K-POP에만 한정되어 있다는 것입니다.

우리나라의 정서를 담고 있는 트로트 · 포크 음악, 판소리 같은 전통 음악을 또 다른 K-POP으로 발전시켜 보면 어떨까요? 댄스 음악만이 K-POP이 아니라 한국 사람들의 정서와 감동을 전할 수 있는 다양한 장르의 K-POP을 전 세계 사람들에게 들려줄 수 있다면 지금의 한류 열풍이 꾸준히 이어질 수 있을 거예요.

이처럼 문화로서 발전한 대중 가요는 시대의 흐름과 상황에 따라 다양한 우리 삶의 모습을 보여 주고 있습니다.

03 대중 가요의 다양한 장르

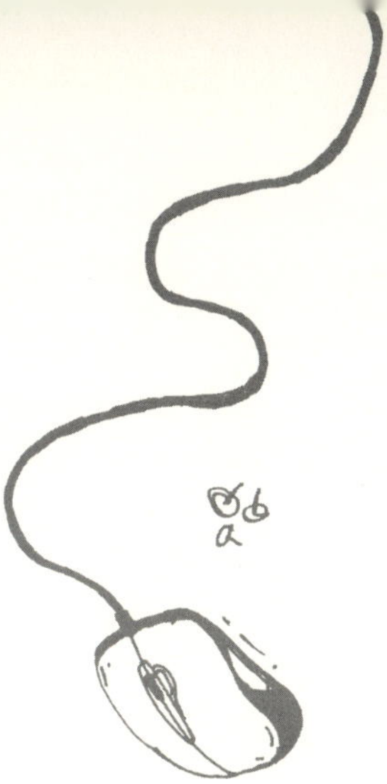

여러분이 즐겨 듣는 댄스 가요 외에도 우리나라에서 많이 불리는 대중 가요의 장르를 크게 나누어 보면 트로트, 발라드, 포크, 록 등이 있어요. 트로트는 4분의 4박자를 기본으로 하며, 강약의 박자를 넣고 독특한 꺾기 창법으로 부르는 것이 특징입니다. 주로 어른들이 즐겁게 들으시는 음악이지요. 고속도로 휴게소에서 트로트 음악을 줄줄이 사탕처럼 이어 부르는 트로트 메들리 테이프를 파는 모습도 종종 볼 수 있을 거예요.

포크 음악은 우리에게 좀 낯설게 느껴지지요? 원래 포크는 작사자, 작곡자가 확실하지 않고 자연스럽게 발생하여 오랫동안 전해 내려온 민속 음악이라는 뜻이랍니다. 하지만 우리나라에서는 1970년대에 통기타와 함께 사회에 대해 저항하는 가사를 붙인 음악을 포크라고 했어요. 포크는 1970년대에 가장 중심을 이루었고 1980년대부터는 서서히 줄어들었어요. 또 간혹 정치적인 집회 등에서 포크 음악이 불려집니다.

발라드 음악은 사랑의 감정을 담아 부드럽고 느리게 부르는 노래입니다. 주로 노래방에서 분위기를 잡을 때 부르는 노래로 청소년들에겐 댄스 음악보다 인기는 덜하지만 꾸준히 사랑을 받고 있는 대중 가요의 한 장르이지요.

록 음악은 전자 기타를 중심으로 키보드, 전자 베이스, 드럼 등과 함께 연주하는 노래이며, 수많은 청중들을 압도하는 강력한 소리가 특징입니다. 록 음악은 가수들의 파격적인 스타일과 의상으로도 유명하지요. 또한 음악을 듣는 사람들 역시 자신이 좋아하는 음악의 세계가 확실하며 마니아*가 많이 존재합니다.

마지막으로 댄스 음악은 율동을 더하거나 춤을 출 수 있도록 리듬에 바탕을 둔 노래입니다. 우리가 좋아하는 대다수의 아이돌 그룹은 댄스 음악을 해요. 노래뿐만 아니라 춤과 함께 퍼포먼스까지 보여주며 우리의 눈을 사로잡지요. 많은 청소년들이 댄스 음악에 열광하는 것도 이 때문이 아닐까요?

*마니아mania란 어떤 한 가지 일에 몰두하며 열정을 쏟는 사람들을 말한다.

우리가 좋아하고 즐겨 듣는 가요가 어떠한 장르에 속해 있는지, 그리고 다른 가요들은 어떠한 장르인지 구분할 수 있게 되었나요? 그동안 잘 듣지 않았던 부모님이 좋아하시는 음악도 한번 들어 봅시다. 그리고 아빠, 엄마, 할아버지, 할머니가 좋아하는 가수와 노래는 무엇인지 함께 들어 보면서 이야기를 나누어 보는 것도 재미있을 거예요. 요즘에는 아이돌 그룹만을 위한 팬클럽이 아니라 트로트 가수들의 중장년층 팬들을 중심으로

한 팬클럽도 생겨나고 있답니다. 음악에 대한 이야기를 나누며 부모님과 우리가 가진 서로 다른 문화를 이해하는 시간을 가지면 좋겠어요. 특히 요즘엔 다양한 음악 경연 프로그램들로 인해 다양한 음악을 듣고 느낄 수 있게 되었지요. 부모님 세대의 가수들이 나와 시간은 많이 흘렀지만 명곡으로 여겨지는 노래를 재해석해 부른다거나 아이돌 가수들이 자신이 좋아하는 명곡을 편곡해 노래를 부르는 모습을 우리는 흔히 볼 수 있게 되었어요. 아이돌 가수들의 댄스 위주의 음악에서 다양한 음악을 듣게 되면서 우리는 더욱 다양하고 아름다운 음악을 느끼고 즐길 수 있게 되었죠. 내가 좋아하는 노래만 최고이고, 다른 사람들이 즐기는 음악은 배척하기보다, 다양한 사람들과 여러 가지 음악을 함께 들으면서 소통하고 대화하는 것은 어떨까요?

04 스타로 거듭나기

울룩
불룩
꺄아~ 짐승돌이당!
사랑해요, 짐승돌!
우와 과연 짐승돌이네요.
여기에서 '돌'은 '아이돌'에서 따온 거야.
꺄악!
스타가 되기 위해선 남들과 달라야 해.
화려한 개인기로 시청자들의 시선을 잡으려 하지.
매직아이쇼!
파하하하하
나도 왕년엔 식스가 아닌 세븐팩이었는데.
불룩

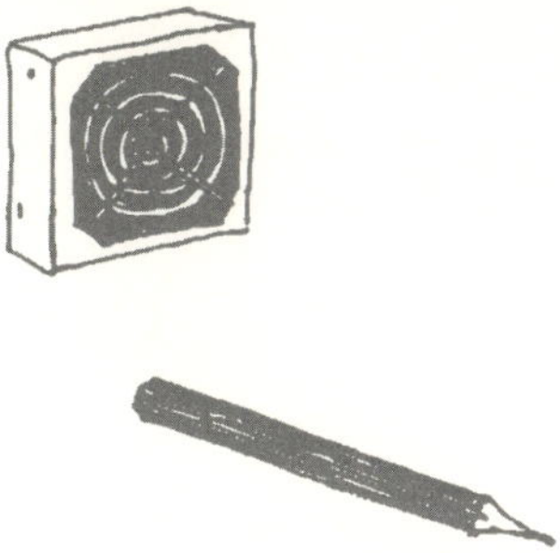

'짐승돌, 개그돌, 명품돌, 성인돌……' 여러분들이 많이 들어본 '돌'이지요. 여기에서 '돌'은 '아이돌'에서 따온 '돌'이랍니다. 현재 대중 문화의 중심이 아이돌이라고 할 정도로 다양한 아이돌 그룹이 등장하고 있으며, 자기 그룹만의 차별을 두기 위해 다양한 '돌'을 만들고 있어요. 수많은 아이돌 중에서 '누가 가장 기억에 남느냐, 그렇지 않느냐'가 '스타가 되느냐, 그렇지 않느냐'로 연결되기 때문이죠. 수많은 경쟁자를 제치고 모든 사람의 기억 속에 선명하게 남아 별처럼 빛나는 스타로 기억되기 위해 오늘도 수많은 연예인들은 화려한 개인기와 마케팅을 펼치며 노력하고 있습니다.

아이돌idol이란 영어로 '우상'이라는 뜻이에요. 주로 청소년에게 큰 인기를 얻고 있는 가수들을 아이돌이라고 부르지요. 아이돌은 스타에 포함되는 개념이고, 스타는 대중 문화의 성격을 특징짓는 가장 중요한 열쇠 중에 하나입니다. 스타가 되는 과정은 우연히 이루어지는 것처럼 보이지만, 사실은 그 속에 엄청난 투자와 치밀한 계획, 철저한 경쟁 논리가 숨어 있습니다. 우리가 텔레비전에서 쉽게 볼 수 있는 스타를 만들기 위해서는 체계적인 교육과 조직적인 매니지먼트, 홍보가 조화롭게 이뤄져야만 합니다.

스타는 어떻게 만들어질까요? 일단 스타는 대중이 좋아할 만한 외모를 가진 사람이어야 해요. 연예 기획사에서는 대중의 좋아할 만한 스타의 모습을 파악해서 그러한 이미지를 가진 멤버들을 모으고 훈련시킵니다. 10대들이 좋아할 만한 곡을 선정하고 인상적인 춤을 개발하며 과감한 패션과 매력적인 화장을 통해 멤버들을 화려하게 포장한 후에 방송에 내놓는 것이죠. 이들은 출연할 수 있는 모든 TV 프로그램을 통해 짧은 기간 안에 가능한 많은 대중 앞에 보이게 됩니다. 그래서 대중들에게 자신을 알리고, 그로 인해 많은 인기를 얻게 되면 기획사들은 엄청난 돈을 벌어들이게 되는 것이지요.

현재 우리나라에서는 예전처럼 음반이 잘 팔리지 않기 때문에 음악만으로 돈을 벌기 힘들어졌어요. 그래서 기획사들은 돈을 버는 방법을 다양하게 바꿔야 했습니다. 과거에는 가수들이 노래 실력으로 승부를 했다면, 지금은 노래 실력보다는 외모와 춤 실력, 개인기까지 지닌 이른바 만능 엔터테이너가 되어야만 살아남을 수 있지요. 그래서 노래 이외에도 드라마나 영화 출연, 예능 프로그램 출연 등으로 활동 영역을 넓혀 가야 인기도 높아지고 돈도 많이 벌게 되는 것입니다. 우리나라 연예계의 경우, TV를 통해 이름을 알리고 인기를 얻으면 다른 분야로 더욱 쉽게 진출할 수 있기 때문에 인기 연예인이 여러 TV 프로그램의 비슷한 시간대에 중복으로 출연하는 모습도 쉽게 볼 수 있지요. 기획사에서도 아이돌 그룹이 잘 되면 개별 멤버가 각기 다른 연예 활동을 할 수가 있어서 솔로 가수보다는 아이돌 그룹을 많이 만들고 있지요. 그렇게 쏟아져 나오는 아이돌 그룹들 사이에서 차별성을 갖고 시청자의 기억에 남기 위해 노출이 심한 의상을 입거나 노이즈noise 마케팅*을 하는 경우도 있답니다.

결국 스타가 되기 위해서는 한 개인의 노력도 필요하지만 스타를 만드는 매니지먼트 회사의 노력이 조화를 이뤄야 합니다. 또한 이렇게 만들어진 스타를 지속적으로 좋아해 줄 사람들이 필요하지요. 한 개인이 스타로 거듭난다는 것, 보통 어려운 일이 아니겠지요?

*노이즈 마케팅이란 소비자들에게 논란을 일으켜 주목을 끌게 하는 마케팅을 말한다. 주로 좋지 않은 내용을 퍼뜨려 소비자의 입에 오르내리게 한다.

05 진정, 너희가 안티를 아느냐?

팬클럽이 많아지는 만큼 안티 팬도 늘어납니다. 원래 안티란 어떤 대상에 대한 적절한 비판을 뜻하고, 안티 팬은 스타에 대해 비판함으로써 그 대상이 긍정적으로 발전할 수 있도록 도와주는 역할을 합니다. 하지만 요즘은 내가 좋아하지 않는 가수나 경쟁 가수에게 상상하기 힘든 악플들로 부적절한 공격을 하기도 합니다.

요즘 안티 팬의 악플을 살펴보면, 과거에 있었던 일을 잘못 전달하기도 하고 일부 오해를 받을 상황을 편집해 나쁜 이미지를 만드는 일도 서슴지 않아요. 게다가 라이벌이나 친한 이성 연예인에 대한 인신공격은 가히 상상을 초월하지요. 상대방의 인격을 무시하는 글은 물론 좋지 못했던 과거까지 인터넷에서 들춰내며 상대방에게 정신적 피해를 줍니다. 이처럼 익명성을 보장받는 인터넷을 이용해서 오프라인에선 절대 할 수 없는 말과 행동을 온라인상에서 아무런 죄책감 없이 하는 것이 큰 문제입니다. 하지만 이보다 더 큰 문제는 이들이 '아니면 말고,' '장난인데 뭐 어때!'라는 식으로 미안한 감정을 전혀 갖지 않는 것이지요.

익명성을 그림으로 표현한 공익 광고 포스터

익명성이란 어떤 행위를 한 사람이 누구인지 드러나지 않는 것이다. 우리가 인터넷을 이용할 때는 우리의 실제 이름이나, 성별, 주소, 아이디 등을 사용하지 않고 닉네임이나 별칭 등은 사용한다. 우리의 개인 정보를 보호할 수 있지만 익명성 뒤에 숨어서 자신의 행동에 대한 책임을 지지 않는 부정적인 영향도 있다.

안티 문화가 합리적이고 적절한 비판을 통해 스타의 발전에 긍정적으로 기여한다면 우리 문화 산업 전반을 풍요롭게 할 수도 있겠지만 특정 대상에 대한 인신공격에만 머문다면 해당 스타뿐만 아니라 연예계, 나아가 문화 산업을 위축시키고 침체시킬 수도 있어요. 아무리 자신이 좋아하는 스타에 대한 애정이 깊다고 하더라도, 그로 인해 또 다른 누군가를 인신공격해서 심한 상처를 주어서는 안 됩니다. 만약 나를 잘 아는 누군가가 나를 인신공격해 억울한 일을 당했다고 생각해 보세요. 스타들 역시 우리와 똑같은 감정을 지닌 사람입니다. 우리는 억울한 일을 당하면 상대방과 직접 대화를 통해 억울함을 풀 수 있지만, 만약 스타들이 억울한 오해를 받고 있다면 자신의 안티들을 한 명 한 명 만나가며 그 오해를 풀기는 어렵지요. 안티가 합리적인 비판으로 긍정적인 활동을 한다면 스타들은 스스로의 부족한 면을 채우려 노력하고 더욱 발전할 거예요. 하지만 안티가 근거 없는 인신공격이나 비난과 욕설 같은 부정적인 활동을 한다면 재능 있는 스타를 더이상 볼 수 없게 될 수도 있음을 기억합시다.

易地思之

바꿀 역　땅 지　생각할 사　갈 지

'역지사지易地思之'는 중국의 사상서인 《맹자孟子》의 '역지즉개연易地則皆然'에서 나온 한자성어예요. 처지나 경우를 바꾼다 해도 하는 것이 서로 같다는 말이지요. 옛날에 하우와 후직, 안회라는 인품이 훌륭하고 어진 사람들이 있었어요. 하우는 물에 빠진 백성이 있으면 자신이 물을 잘못 조절해서 그들을 빠지게 하였다고 여겼어요. 후직은 굶주리는 사람이 있으면 스스로 일을 잘못해서 백성을 굶주리게 하였다고 생각했지요. 안회는 허름한 골목에서 물 한 바가지와 밥 한 그릇으로만 살면서도 항상 바른 길을 행했어요. 이 세 사람은 처지를 바꾸어도 모두 그렇게 했을 것이라고 생각했어요. 이처럼 상대편의 처지나 입장에서 먼저 생각해 보고 이해하라는 뜻으로 나온 말이랍니다.

인터넷 문화가 발달하면서 눈에 보이지 않는 공간에서 쉽게 스타를 비난하고 사실이 아닌 거짓을 올리거나 한번 실수한 것을 부풀려서 더 나쁘게 글을 올리는 사람들이 많아졌어요. 만약 내가 역지사지로 그와 같은 일을 당한다면 어떤 기분이 들까요? 억울하고 분한 생각이 들 거예요. 스타도 마찬가지예요. 스타를 무조건 비난하기 전에 먼저 그들의 처지나 입장에 생각해 보면 어떨까요? 스타도 우리와 같은 사람이랍니다. 스타와 팬이 서로를 존중하는 문화 속에서 더 아름다운 대중 예술이 꽃피울 거예요.

06 스타 역시 우리와 같은 사람!

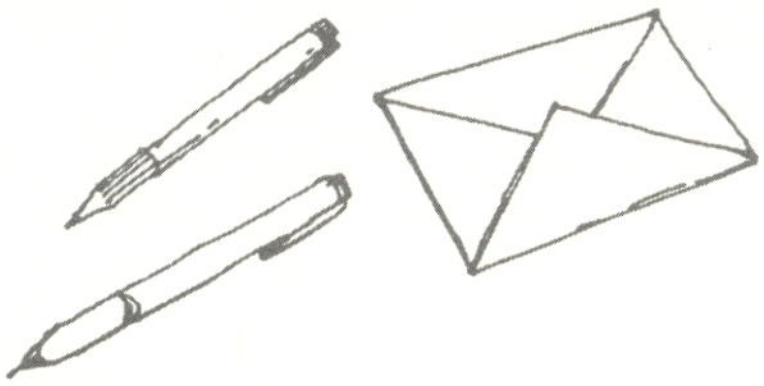

우리는 종종 연예인들의 화려한 모습을 부러워합니다. 하지만 그들이 흘린 땀방울과 눈물은 별로 생각하지 않지요. 유명 아이돌 경우를 보더라도 그들은 어릴 때부터 매일매일 훈련받고 꾸준히 연습해 왔습니다. 아이돌이 되기 위해 수많은 경쟁자를 물리치고 힘겨운 오디션을 통과하여 연예 기획사에 들어왔지만 힘든 연습생 기간을 이겨 내지 못하고 뛰쳐나가는 사람도 상당히 많다고 해요. 결국 10년 가까운 힘든 연습생 시절을 견딜 수 있는 인내와 꾸준한 노력이 필요하지요. 우리는 그러한 끈기와 성실함을 인정하고 박수를 보내야 합니다. 스타도 우리와 똑같은 사람입니다. 스타의 인간적인 모습에 관심을 가지고 이해하고 존중해야 합니다. 좋아하는 가수뿐만 아니라 다른 연예인도 인간적으로 존중해야 해요. 서로 다른 음악을 추구하고 다른 그룹에 속해 있다는 것이 잘못된 것도 틀린 것도 아닙니다. 그들은 있는 그대로 자신의 위치에서 최선을 다하는 사람입니다. 스타들의 화려한 모습뿐만 아니라 그들의 노력과 눈물도 함께 사랑하는 멋진 팬이 되면 어떨까요?

07 음악의 다양성이 사라지고 있다

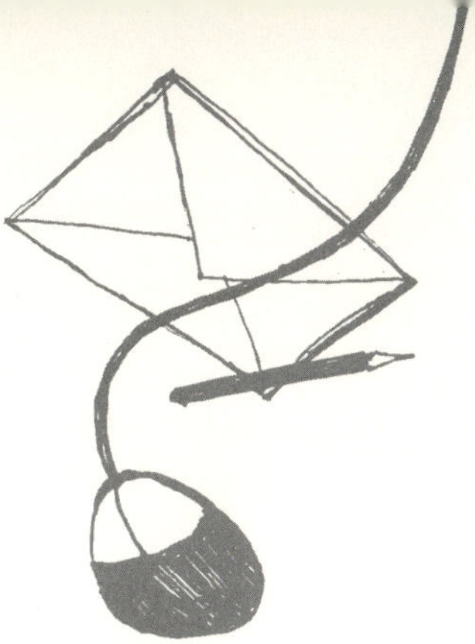

좋아하는 가수의 음반을 사나요, 아니면 음악 파일을 사나요? 우리는 우리가 듣고 있는 음악을 위해 얼마나 지불하고 있나요? 대부분의 학생들은 MP3나 휴대전화와 같이 파일을 재생할 수 있는 휴대용 플레이어를 활용하여 좋아하는 음원을 다운 받아요. 이렇게 하면 자신이 좋아하는 노래나 가수의 음악을 선택하여 들을 수 있으니 좋아하는 곡만 골라 듣는 재미가 있어요. 한두 곡만 다운 받아 듣는 사람이 늘어나다 보니 가수나 제작자들은 열 곡 내외의 음악을 만들어 한 장의 앨범을 만들어 내기보다는 히트곡이 될 만한 몇몇 곡만 발표하는 경우가 많아졌어요. 이런 변화는 우리에게 어떠한 영향을 줄까요?

문화는 다양한 것들이 섞여서 서로 영향을 주고받으며 발전해 갑니다. 음악도 마찬가지입니다. 다양한 음악 장르들이 서로 보완하며 함께 공존해야 합니다. 현재 우리나라는 댄스 음악의 시장 점유율이 80%를 넘고 음반을 구입하는 연령층은 10대가 대부분입니다. 따라서 댄스 음악을 하지 않는 음악인들은 실력 있고 음악성이 높아도 음반 발매의 기회조차 얻기 힘든 경우도 많아요.

현재 공중파 TV의 대중 가요 프로그램은 평일 밤 시간과 주말 오후 시간으로 나뉘어 있어요. 평일 밤의 음악 프로그램에는 다양한 장르의 가수와 음악이 소개되지만 심야에 방송되기 때문에 시청률은 1% 정도밖에 되지 않아요. 주말 음악 프로그램은 주로 아이돌 그룹이 나와서 우리에게 화려한 볼거리를 제공하지요. 황금 시간대에 편성되어 대략 7% 정도의 시청률이 나옵니다. 가요 프로그램의 순위에도 문제가 있어요. 음악을 인기에 기준하여 줄 세우기를 하고, 심지어는 순위 조작을 하기도 합니다. 가요 프로그램의 1위는 이미 거의 정해진 상태나 다름이 없고 그 주인공은 해당 팬클럽의 크기와 극성도에 영향을 받고 있어요. 팬들은 스타의 앨범을 무더기로 구매하고, 음원, 벨소리, 통화 연결음과 같이 스타와 관계된 모든 것을 삽니다. 그리고 가요 프로그램의 순위를 높이기 위해 가요 순위 집계 사이트에서 하루 종일 음악을 듣고, 한 통에 200원 하는 문자 투표도 아끼지 않고 여러 번씩 하지요.

여러 명이 함께 활동하는 아이돌 가수들은 과연 노래를 얼마나 할까요? 워낙 인원이 많다 보니 개인별로 노래하는 시간은 불과 몇 초에 지나지 않는 가수들도 많아요. 어떤 5인조 아이돌 그룹은 함께 노래하는 시간을 제외하면 멤버 개개인별로 부른 시간이 15초에서 최대 32초라고 합니다. 그리고 어떤 그룹은 7명 가운데 3명이 1초, 3초, 4초씩만 노래를 부르지요. 이보다 인원이 더 많아지면 노래할 수 있는 시간은 더욱 줄어들겠죠. 이처럼 한 곡을 많은 멤버들이 나눠 부르다 보니 노래 실력보다는 눈에 보이는 화려함과 퍼포먼스만 강조하게 됩니다. '5초 가수'라는 씁쓸한 별명이 생기기도 했지요.

이처럼 많은 사람들이 즐기는 대중 가요가 점점 듣는 음악보다는 보는 음악에 신경을 쓰다 보니 음악이 점점 획일화되고 있어요. 자신만의 독특한 음악의 세계를 키워 나가며 다양한 영역에서 새로운 시도를 하는 음악인들도 많이 있어요. 이러한 음악인들이 제대로 음악할 수 있는 환경이 만들어진다면 우리나라 가요계는 더욱 풍요로워질 것입니다.

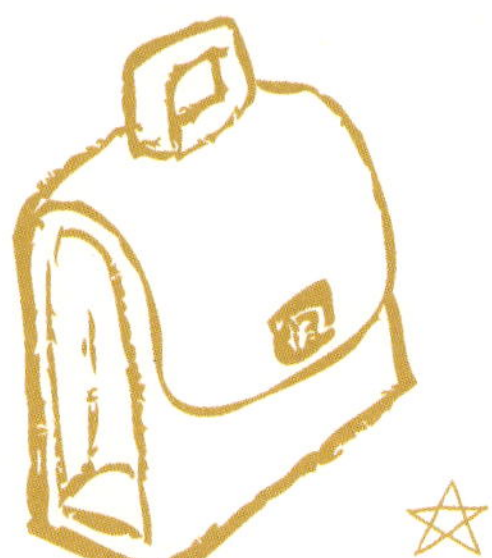

08 대중 가요 100배 즐기기

대중 가요는 시대를 비추는 거울이랍니다. 이전부터 대중 가요는 그 시대가 바라는 모습, 꿈꾸는 이상적인 모습, 아픔 등을 다양한 장르로 노래하곤 했지요. 대중 가요에 비추어진 지금의 시대는 어떠한 모습일까요?

아무리 맛있고 좋은 음식이라도 한 가지만 계속 먹으면 쉽게 질리고 더 나아가 건강을 해치지요. 음악도 마찬가지예요. 우리가 좋아하는 일부 음악에만 열광한다면 다른 음악 장르는 점점 쇠퇴하겠지요? 시간이 흘러 새로운 음악을 듣고 싶을 때 더 이상 우리가 듣고 싶은 다양한 음악을 들을 수가 없게 됩니다. 가수나 제작자들은 음악이 돈을 버는 수단이 아니라 우리의 영혼을 풍요롭게 하기 위한 도구라는 것을 다시 한 번 기억했으면 합니다. 나아가 우리 역시 현명하고 건전한 문화 수용자로서 대중 가요를 올바르게 듣고, 창작에 대한 적절한 값을 치러야 하겠지요. 또한 잘못된 문제들에 대해서 문제 의식을 가지고 함께 고쳐가고자 노력한다면, 우리의 삶과 대중 문화는 한층 더 아름답고 풍요로워질 것입니다.

생각의 날개 달기

1. 다음 설명 중 틀린 내용은 무엇일까요?

❶ 안티란 무조건 스타를 비판하고 악플을 다는 사람들을 말합니다.

❷ 이미 만들어서 발표된 곡과 4마디 이상의 멜로디가 같을 때 표절이라고 합니다.

❸ 스타를 만들어 내는 조직적인 작업과 이로 인해 돈을 벌게 되는 형태를 스타 시스템이라고 합니다.

❹ 대중 가요는 클래식 음악과 대비되는 개념으로 대중들이 쉽게 이해하면서 즐기는 음악을 의미합니다.

❺ 트로트는 4분의 4박자를 기본으로 하며, 강약의 박자를 넣고 독특한 꺾기 창법이 특징입니다.

답은 ❶ 원래의 안티의 뜻은 합리적인 비판을 통해서 스타가 긍정적으로 발전할 수 있도록 도와주는 집단을 말해요. 물론 요즘은 그 의미가 많이 퇴색해서 스타를 무조건 비난하고 악플을 다는 사람들을 흔히 안티라고 하지만, 안티의 본래 의미를 잘 살려서 스타들을 더욱 발전하게 하는 긍정적인 안티도 있답니다.

2. 다음의 암호를 풀어보고, 나온 단어들을 모두 이용하여 우리들의 생각을 적어 봅시다.

ㄱ◀ ㄴ▶ ㄷ◐ ㄹ◆ ㅁ■ ㅂ▼ ㅅ▲

ㅇ● ㅈ♠ ㅊ★ ㅋ◈ ㅌ▤ ㅍ▣ ㅎ♣

ㅏ∫ ㅑ∬ ㅓ∈ ㅕ∋ ㅗ⊆ ㅛ⊇ ㅜ∪ ㅠ∩ ㅡ∧ ㅣ∨

●∫●∨◐⊆◆ ▣∫∨▶◈∧◆◆∈▼ ●∫▶▤∨

▼∫◆∫■♠∨◀♣∫▶ ▣∫∨▶■∪▶♣⊆∫

3. 다음은 1990년대 우리나라 가요계에 큰 영향을 끼친 '서태지와 아이들'의 곡들 중 일부의 가사예요. 가사를 보고 각각의 곡에 담긴 주제가 무엇일지 생각해 볼까요?

가. 발해를 꿈꾸며

진정 나에겐 단 한 가지 소망하고 있는 게 있어
갈려진 땅이 친구들을 언제쯤 볼 수가 있을까
망설일 시간에 우리를 잃어요
한민족인 형제인 우리가 서로를 겨누고 있고
우리가 만든 큰 욕심에 내가 먼저 죽는걸
진정 너는 알고는 있나 전 인류가 살고 죽고
처절한 그날을 잊었던 건 아니었겠지
우리 몸을 반을 가른 채 현실 없이 살아갈 건가
(생략)

나. 교실 이데아

매일 아침 일곱 시 삼십 분까지 우릴 조그만 교실로 몰아넣고 전국 구백만의 아이들의 머리속에 모두 똑같은 것만 집어넣고 있어
막힌 꽉 막힌 사방이 막힌 널 그리고 우릴 덥썩 모두를 먹어 삼킨 이 시꺼먼 교실에서만 내 젊음을 보내기는 너무 아까워 좀더 비싼 너로 만들어 주겠어 네 옆에 앉아 있는 그애보다 더 하나씩 머리를 밟고 올라서도록 해. 좀더 잘난 네가 될 수가 있어 왜 바꾸지 않고 마음을 조이며 젊은 날을 헤매일까 왜 바꾸진 않고 남이 바꾸길 바라고만 있을까 (생략)

다. COME BACK HOME

(생략)
무모한 거품은 날리고 흠~ 주위를 둘러봐 널 기다리고 있어
그래 이젠 그만 됐어 나는 하늘을 날고 싶었어
아직 우린 젊기에 괜찮은 미래가 있기에
자 이제 그 차가운 눈물은 닦고 COME BACK HOME YOU MUST COME BACK HOME 떠나간 마음보다 따뜻한 YOU MUST COME BACK HOME 거칠은 인생 속에 YOU MUST COME BACK HOME 떠나간 마음보다 따뜻한 YOU MUST COME BACK HOME (나를) 완성하겠어
(생략)

라. 시대유감時代遺憾

(생략)
검게 물든 입술 정직한 사람들의 시대는 갔어
숱한 가식 속에 오늘은 아우성을 들을 수 있어
왜 기다려 왔잖아 모든 삶을 포기하는 소리를 이 세상이 모두 미쳐 버릴 일이 벌어질 것 같네
부러져 버린 너의 그런 날개로 너는 얼마나 날아갈 수 있다 생각하나 모두를 뒤집어 새로운 세상이 오기를 바라네
너의 심장은 태워 버리고 너의 그 날카로운 발톱들은 감추고 돌이킬 수 없는 과거와 이 세상이 잘못되어 가고 있는데
(생략)

가. 발해를 꿈꾸며	나. 교실 이데아
다. COME BACK HOME	**라. 시대유감時代遺憾**

4. 내가 좋아하는 가수와 부모님이 좋아하는 가수를 순위 사다리에 쓰고 무엇이 서로 다른지 이야기해 볼까요?

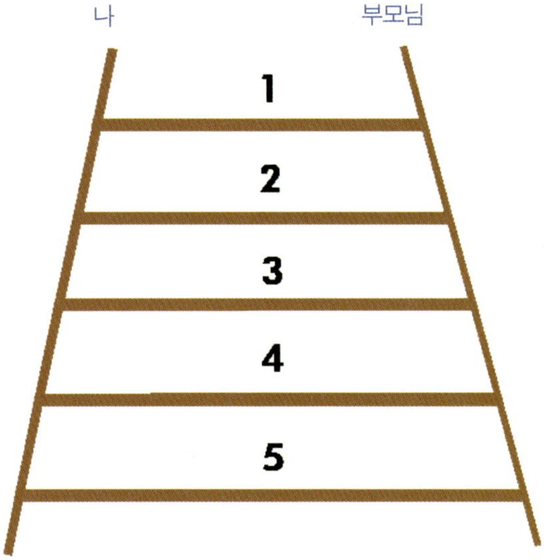

질문 예

(1) 좋아하는 가수가 부른 노래 중에서 특히 어떤 노래를 좋아하나요? 그리고 그 노래를 왜 좋아하나요?

(2) 부모님이 좋아하는 가수가 부른 노래 중에 아는 노래가 있나요? 있다면 부모님께서 그 노래를 왜 좋아한다고 생각하나요?

(3) 순위 사다리에 나와 부모님이 함께 좋아하는 가수가 있나요? 있다면 누구인가요?

(4) 만일 순위 사다리에 나와 부모님이 함께 좋아하는 가수가 없다면 왜 그럴까요?

5. 친구나 부모님과 함께 대중 가요 보드게임을 해볼까요?

게임 방법

1. 게임판의 비어 있는 칸에 친구나 부모님과 함께 대중 가요를 상의해서 적는다.
2. 주사위나 가위(1칸), 바위(2칸), 보(3칸)를 이용해서 앞으로 나아간다.
3. 해당되는 칸에 있는 대중 가요를 부르면 앞으로 1칸, 부르지 못하면 뒤로 1칸을 간다. (노래는 서로 상의해서 길이를 조절하여 부른다.)
4. 지금은 음악 감상 중 코너에서는 주사위를 던져서 짝수가 나오거나 가위바위보에서 이길 때까지 나오지 못한다.
5. 가장 빨리 완주하여 '끝' 지점으로 돌아오는 팀이 승리!!

시작	1920년대 최초의 음반이 발행되었어요!	♬		♬	축! 광복!	♬
♬		♬	ㅠ.ㅠ	1960년대는 트로트와 팝 음악이~	·.·	♬
♬		♬	1970년대 마음껏 노래를 부를 수 없네요.	♬		♬
♬	ㅠ.ㅠ	지금은 음악 감상 중	1980년대 다양한 음악이 어우러졌어요.	♬		♬
♬	표절 문제가 심각하군요	지금은 음악 감상 중	·.·	♬		끝

추천합니다

책

한 권에 담은 세계 음악

클래식, 재즈, 블루스, R & B와 소울, 로큰롤과 록, 힙합 문화와 랩 등 모든 음악 장르에 대한 재미있는 이야기로 구성되어 있다. 파우스토 비탈리아노 지음 | 조성윤 옮김 | 상수리

주머니 속의 대중 음악

재미있게 읽을 수 있는 대중 음악 이야기다. 십대들의 열광부터 음악 비평에 이르기까지 대중 음악을 이끌어 가는 요소들을 하나씩 살펴보고 있다. 음악에 대해 보다 폭넓게 이해하고 대중 음악에 대한 다양한 정보를 얻을 수 있다. 윤호준 지음 | 바람의아이들

방송 프로그램

EBS스페이스 공감

우리가 쉽게 접할 수 없는 다양한 장르의 음악을 들을 수 있다. 음악적 영역을 넘어선 다양한 퍼포먼스와 새로운 사고 방식, 실력 있는 음악가를 만날 수 있다.

지식채널 ⓔ 작곡가 이영훈

기존 대중 음악계에 새로운 장르를 개척하고 시도한 작곡가 이영훈의 이야기를 감동적으로 담고 있다. EBS, 2008. 3. 24.

체험 학습

참소리 축음기 박물관 http://www.edison.kr

강원도 강릉에 위치한 참소리 축음기 박물관은 여러 가지 소리 관련 기기들의 과거와 현재 모습을 볼 수 있는 곳이다. 강원 강릉시 저동 35-1, 36번지 ☎ 033-655-1130~2

5장

카트에 세상 담기

광고

광고의 홍수 속에 살고 있는 우리들은 광고의 다양한 모습들을 살펴보며 광고에 대한 의미와 진실을 고민해 볼 필요가 있다. 인터넷, 인쇄, 영상, 사진, 음악 등 다양한 형태로 우리에게 메시지를 전해 주는 광고는 인터넷과 휴대전화의 발달과 함께 새로운 모습으로 진화하고 있다. 광고는 올바른 소비를 하는 데 정보를 주기도 하고 새로운 유행과 문화를 이끌기도 한다. 또한 바람직한 가치관을 기르고 공익을 위해 힘쓰고 있다. 반면에 우리가 모르는 사이, 광고는 우리의 의식 깊은 곳에서 우리의 소비 습관을 형성하고 새로운 것에 집착하는 욕심을 부추기기도 한다. 이처럼 광고는 우리가 생각지도 못한 모습으로 우리의 삶에 숨어 있다. 과연, 광고가 어떻게 우리의 빈 카트를 가득 채우도록 유혹하고 있는지, 광고에는 어떤 비밀이 숨겨져 있는지 알아보자.

우리는 광고의 바다에서 살고 있어.
Hi
why not?
하지만 무엇이 광고인지 제대로 알지 못하지.
뭔 소리여?
광고
광고
광고
어지러워~
왜 안돼? 돈 팍팍 쓰라고
여러 정보가 나에게 과연 어떤 의미인지?
1+1 세일 너무 좋아하셔.
어이쿠 1+1 세일이네.
또 나의 소비 습관을 되돌아볼 때야.
풍덩~
광고
이제 광고의 바다에서 우리 즐겁게 헤엄쳐 볼까?

01 광고의 탄생

광고의 처음 모습은 어땠을까요?
광고
입으로 직접 전하는 형태였어요.
형태네 소가 그렇게 건강하대유.
그랴~
동네에서 동네로 전해졌죠.
형태네 소!
뭐라고?
형태네?
산업과 미디어는 함께 발전했어요.
형태네 소가?
라디오
형태네 소
KBS
광고는 이처럼 계속 발전하고 있답니다.
인터넷
휴대전화
태블릿 PC

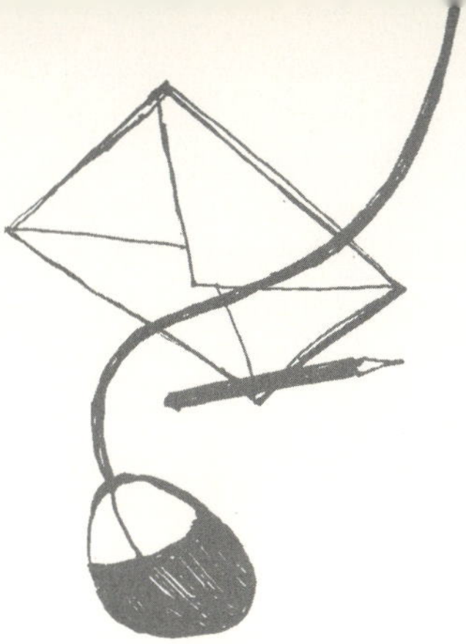

광고의 처음 모습은 어땠을까요? 아마 '아는 사람만 아는' 입소문 형태였을 거예요. 예를 들면 "박 씨네 소는 엄청 건강해서 새끼도 잘 낳고 일도 잘한대"처럼 사람이 사람에게 말로 전하는 형태가 고작이었습니다. 광고가 처음 나타났을 때는 교통 수단이 제대로 발달하지도 못했고 개인적으로 사용할 만큼만 소량 생산했기 때문에 대규모 상업적 거래를 위한 광고는 거의 필요가 없었지요.

산업 혁명*이 일어나면서 기계에서 똑같은 모습의 상품을 대량 생산하게 됩니다. 거기다 전국적으로 연결된 도로망이 갖춰졌어요. 상품을 대량 생산하게 되자 상품을 판매할 곳도 필요해졌죠. 신문이나 텔레비전 같은 미디어가 등장해 많은 사람들에게 광고를 하게 되었어요. 그 후 광고는 눈부시게 발전하였고 다양한 기법으로 사람들의 눈과 귀를 사로잡았어요. 최근 인터넷이나 스마트폰 같은 뉴 미디어와 결합하여 새로운 형태로 탈바꿈하고 있지요.

*18세기 중엽 영국에서 시작된 산업 혁명은 농업 중심의 생활을 공업 중심의 생활로 바꾸었다. 기계의 등장으로 작은 규모의 생산은 점차 줄어들고 공장에서 대량으로 생산하는 공장제 기계 공업으로 전환하게 되었다.

02 광고의 재발견

광고는 두 가지로 나뉘어요.
전
상품 광고
전
공익 광고
상품 광고는 물건을 파는 데 목적이 있어요.
손님께 정말
잘 어울려요.
아
그래요~
공익 광고는 올바른 가치관을
심어주기 위함이죠.
제가
도와드릴게요.
요즘은 상품 광고도 기업의 이미지를
좋게 만들기 위해 노력하지요.
제가
상품 광고
어~
내 일인데
공익 광고
그래서 요즘은 상품 광고와 공익 광고를
구분하기가 어렵지요.
no smoking
우리 강산 푸르게
안전 운전
음주 운전
싫어요!
결국, 광고도 바람직하고 건강한 사회를 위해
노력하고 있답니다.
저도 도와
드릴게요.

WWW

광고는 크게 상품 광고와 공익 광고로 나눌 수 있어요. 상품 광고는 우리가 흔히 보는 광고로 상품을 사람들에게 알리는 것입니다. 상품의 특징이나 정보를 다양하고 기발한 방법으로 소개하지요. 최근에는 제품을 직접 광고하는 것이 아니라 소비자가 기업에 대하여 좋은 이미지를 갖도록 기업 광고를 하기도 합니다. 기업 광고는 광고를 통해 형성된 좋은 이미지로 브랜드*를 친근하게 느끼도록 해 그 기업의 상품이 오랫동안 판매되게 도와주지요.

공익 광고는 건강한 사회 문화 형성을 위해 사회 구성원 모두에게 도움을 주기 위한 광고랍니다. 공익광고협의회의 광고를 보면, 금연, 환경 보호, 교통 안전, 인터넷 문제 등 공적인 주제인 것을 알 수 있어요. 요즘은 공익 광고와 상품 광고를 구분하기 어려운 경우도 있어요. 광고에서 제품을 홍보하기보다는 사회 전반의 좋은 문화를 만드는 데 기여한답니다. 결국 광고는 상품을 알리는 목적에서 출발했지만 살기 좋은 사회를 만들게 도와주고 있어요. 이를 통해 많은 사람들이 광고를 긍정적으로 생각하고 좋아하게 된답니다.

* 브랜드brand는 어떤 상품이나 회사를 나타내는 상표, 표지이다. 숫자, 글자, 글자체, 로고, 색상, 구호를 포함한다.

03 글과 이미지로 전하는 메시지

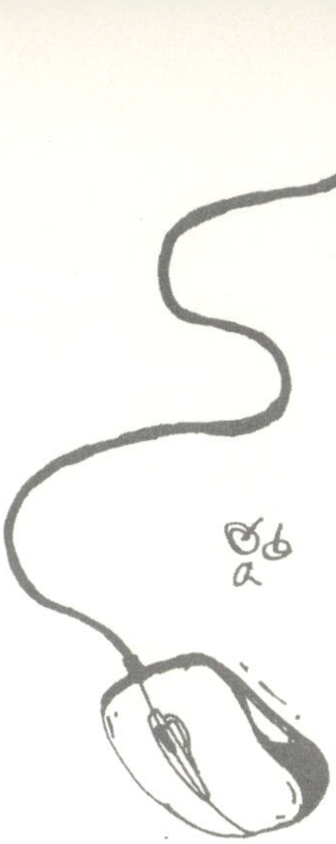

우리는 종이 형태로 광고하는 것들을 자주 볼 수 있어요. 이러한 것을 인쇄 광고라 하는데 판매자는 말하고자 하는 것들을 제한된 종이에 모두 나타내야 하기 때문에 소비자들이 쉽고 빠르게 알아볼 수 있도록 만들어야 하지요. 백문이 불여일견百聞不如一見이라는 말처럼 말이나 글로 설명하기보다는 한 컷의 이미지를 보여 주는 것이 훨씬 효과가 크답니다. 그래서 인쇄 광고에서는 이미지를 주로 사용하고 이미지의 의미를 정확하게 전달하기 위해 글을 같이 사용하고 있어요. 글과 이미지는 표현되는 방식은 다르지만 우리를 설득하는 데 큰 역할을 하고 있지요. 이렇게 글과 이미지는 서로 도우면서 우리에게 더욱 효과적으로 메시지를 전달하고 있습니다. 간혹 광고에서 전하는 이미지와 문구에 마음이 움직여 깊이 생각해 보지 않고 상품을 구매할 경우 종종 난감한 상황을 겪을 수도 있으니 우리의 필요와 목적에 맞게 상품을 구입하고 광고지는 여러 정보 가운데 하나로만 생각하는 것이 바람직하겠죠?

04 영상으로 전하는 메시지

다양한 영상 광고를 볼 수 있어요.

기본틀은 인쇄 광고와 크게 다르지 않아요.

다양한 연속되는 이미지와

음악 · 소리들이 추가로 들어가죠.

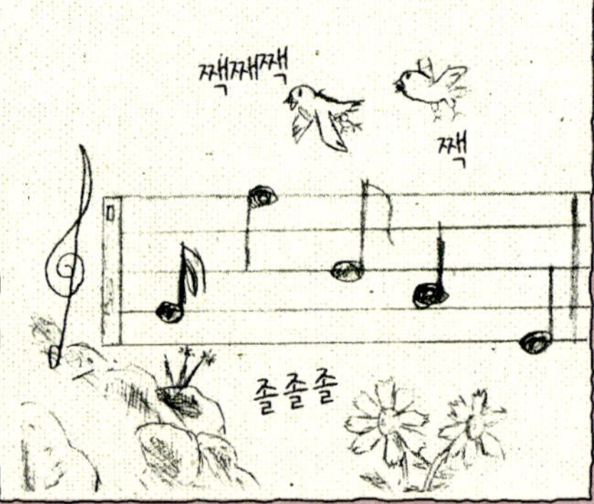

하지만 시간이 제한되어 있죠.

제작자들은 기발하고 재미있는 광고를
만들기 위해 노력하지요.

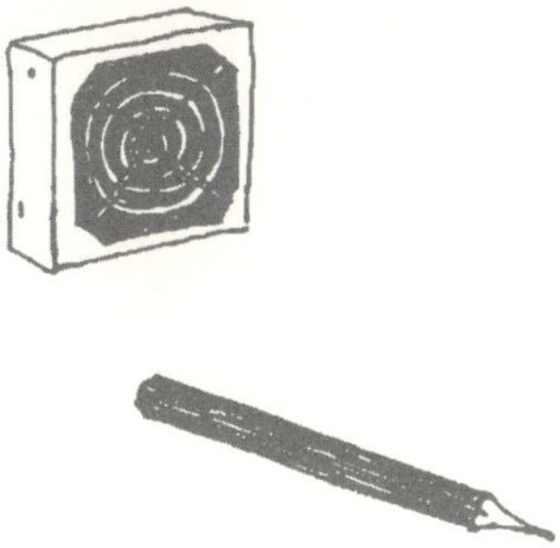

방송에서 볼 수 있는 영상 광고는 메시지를 어떻게 전달할까요? 글과 이미지를 통해 메시지를 전달한다는 점은 크게 다르지 않습니다. 사람의 목소리와 음악의 형태가 추가되었지요. 또 한 컷의 이미지가 다양한 형태로 이어져 보다 더 정확하고 효과적으로 소비자들을 설득할 수 있도록 만들어졌어요. 이렇게 이미지와 소리를 효과적으로 사용하여 우리의 마음을 움직이지요. 하지만 영상 광고는 시간 제한이 있어서 짧은 시간 안에 메시지를 정확히 전달해 소비자의 마음을 움직이느냐에 따라 성공 여부가 달려 있죠. 그래서 짧은 시간 안에 메시지도 전달하면서 마음을 움직일 수 있는 광고를 만들기 위해 노력했어요.

언제부턴가 방송 프로그램보다 더 기발한 광고가 나오고 있어요. 다양한 방법으로 눈과 귀를 즐겁게 하죠. 인기 광고는 시리즈로 제작되거나 다양한 프로그램에서 패러디되기도 했었죠. 친숙한 멜로디를 이용하여 쉽게 따라 부를 수 있도록 음악을 제작하고 이 음악을 가수들이 자신의 앨범에 넣는 등 광고는 다양한 방법으로 소비자들과 만나고 있답니다.

05 인터넷으로 전하는 메시지

마지막으로 인터넷 광고는 어떨까요? 메일을 확인할 때, 재미있는 동영상을 볼 때, 웹서핑이나 인터넷 쇼핑을 할 때도 어디서나 인터넷 광고를 볼 수가 있어요. 인터넷 광고의 장점은 무엇일까요? 우선 인터넷 광고는 그 특성상 다른 미디어보다 제약이 적어요. 저렴한 비용으로 24시간 전 세계를 대상으로 소비자들을 설득할 수 있지요. 또한 시간과 지면의 제한을 받지 않으므로 광고주는 물론 소비자도 원하는 만큼 정보를 얻을 수 있어요. 인터넷 광고는 인쇄 광고와 영상 광고의 형태를 모두 포함하며 순간순간 그 모습을 달리합니다. 또 소비자의 반응을 바로 알 수 있어요. 인쇄 광고나 영상 광고는 얼마나 많은 사람들이 관심을 갖는지 파악하기 쉽지 않지만 인터넷 광고는 방문자 수, 방문 횟수, 자료와 정보를 열람한 횟수, 클릭 수 등 다양한 방식을 통해 광고 효과를 알 수 있어요. 그래서 제품을 원하는 이들이나 개인에 따라 맞춤형으로 광고할 수 있어요. 소비자는 인터넷 광고를 보고 그 자리에서 즉시 구입할 수도 있으니 광고주 입장에서는 완전 소중한 미디어인 것이죠.

06 인터넷은 광고의 바다

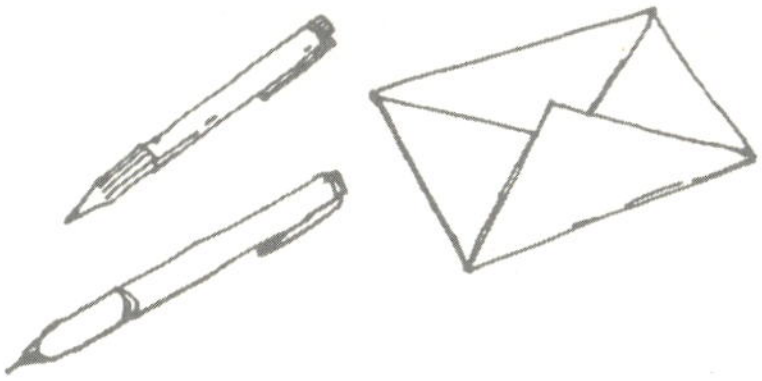

인터넷이 없으면 일상생활이 어려울 정도로 인터넷은 우리 생활에 깊숙이 들어와 있답니다. 여기에 광고가 결합하면서 기존의 형식이나 틀을 넘어서는 시도를 많이 했지요. 특히 인터넷 광고는 인터넷 미디어의 장점을 활용하여 전 세계의 모든 사람들이 인터넷에 접속만 하면 누구나 볼 수 있도록 만들었어요. 그렇다면 우리가 가장 흔하게 볼 수 있는 인터넷 광고는 어떤 모습일까요?

인터넷 광고에도 여러 가지가 있는데, 그중 대표적인 것이 인터넷 창 한쪽에 특정 웹사이트의 이름이나 내용을 부착하여 홍보하는 띠 모양의 배너 광고입니다. 마치 현수막과 비슷하게 생긴 배너 광고는 사용자들에게 보여진 횟수나 일정 기간 동안 배너 광고가 조회된 횟수를 통해 광고의 홍보 효과를 알 수 있어요. 사람들의 관심을 끌고 클릭을 유도하려면 배너 광고 역시 사람들 눈에 잘 띄어야겠죠? 그래서 배너 광고는 단순한 띠 모양으로 시작해 최근에는 동영상을 넣거나 화면이 바뀌는 애니메이션 효과를 내기도 합니다. 요즘은 대화형 배너 광고까지 나오고 있어요. 인터넷 세상에서 광고의 발전은 참으로 무궁무진합니다.

또 다른 인터넷 광고로 스폰서 링크라는 것이 있어요. 인터넷 포털 사이트*를 이용하여 검색을 할 때 스폰서 검색이 상단에 나타나도록 만든 것이지요. 많은 사람들은 인터넷으로 정보를 검색할 때, 처음 페이지 상단에 위치한 사이트나 정보를 신뢰할 수 있는 최신 정보라고 생각하지요. 그 사이트나 정보들은 다른 데에 비해 조회 수나 방문자 수가 많다는 것을 크게 홍보합니다. 그러면 우리는 그 사이트나 정보를 많은 사람들이 이용하고 있다고 생각하고 신뢰하게 되지요. 이런 방식으로 사람들이 점점 더 몰리게 되는 것이죠. 예를 들어 잘 모르는 곳에서 식당을 찾을 때 우리는 손님이 없는 가게보다는 손님이 많은 가게를 찾게 되지 않나요? 손님이 많다면 손님이 없는 가게에 비해 무엇인가 나을 것이라고 생각하기 때문이지요. 그리고 이런 생각들은 더욱 많은 다른 손님들을 부르게 되고 손님이 많은 가게는 계속 손님으로 붐비게 되는 것이지요. 결국, 손님이 많다는 것은 '믿을 만하다'라는 생각을 갖게 하는 보이지 않는 광고인 것이지요.

그래서 많은 업체들은 포털 사이트에 광고비를 지불하며 검색 창 상단에 자리 잡으려 합니다. 이런 광고 업체의 요구를 포털 사이트는 다양한 방법으로 도와주는 것이구요. 사람들의 눈에 가장 먼저 띄는 스폰서 링크는 많은 사람들이 선택하고 이용하는 사이트가 아니라 포털 사이트에 돈을 내고 광고를 하는 사

* 포털 사이트란 인터넷 사용자가 원하는 정보를 얻거나 메일을 확인하는 등 인터넷을 이용하기 위해서 반드시 거쳐야 하는 사이트로서 네이버, 다음, 야후, 구글 등이 대표적이다.

이트입니다.

또한 '팝업 창'이라는 것이 있는데 사이트를 열거나 닫을 때 새로운 작은 창들이 열리면서 광고 글을 보이게 하는 거예요. 최근에는 이러한 팝업 창을 막는 기능도 있지만 셀 수도 없이 많은 블로그나 카페의 광고성 글들을 차단하기란 좀처럼 쉬운 일이 아닙니다. 재미있는 동영상을 보려고 해도 그 앞에 광고를 보아야만 동영상이 실행되기도 합니다. 이러한 광고들은 인터넷을 넘어 다른 미디어에도 영향을 주고 있어요. 요즘 스마트폰에 무료 애플리케이션을 설치하면 자동으로 광고를 보게 만드는 것도 비슷한 사례이지요. 이처럼 광고는 우리의 의지와는 상관없이 우리 주변에 공기처럼 존재하고 있다고 해도 과언이 아닙니다.

07 댓글도 광고다?

왔니?
학교 다녀왔습니다~ 뭐하세요?
인터넷 쇼핑 하시려구요?
옷을 좀 구입하려구.
상품 소개를 읽어 보고 댓글도 읽어 보아요!
하지만 댓글도 광고일 수 있지요.
댓글이 많으면 마치 인기 있는 상품처럼 보일 수 있어요.
바글
사용 후기
바글
바글
이해되셨죠?
조회수가 홍보 수단으로 이용된다 이거지?
그런데 어떡하지! 벌써 주문했는데…
에구…

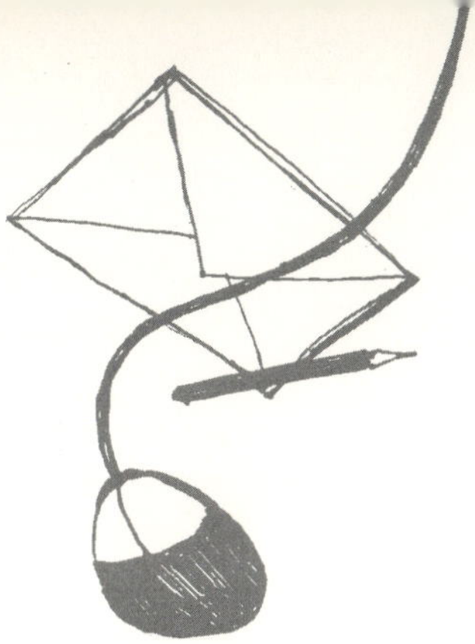

만약 우리가 사고 싶은 물건에 대해 알 수 있는 가장 좋은 방법은 무엇일까요? 그것은 아마도 그 물건을 사용해 본 사람에게 직접 물어 보는 것이지요. 물건을 파는 사람들은 자기네 상품이 '가장 싸고 좋다'라고 광고하기 때문에 다 믿을 수 없습니다.

인터넷이 발달하면서 인터넷 쇼핑이라는 새로운 형태의 쇼핑 문화가 생겼습니다. 사람들은 집에서 쉽고 간편하게 인터넷을 통해 필요한 물건을 구입할 수 있게 되었죠. 하지만 인터넷으로 확인할 수 있는 간단한 상품 소개와 그림만으로는 물건의 정보를 제대로 파악하기가 어려워요. 그래서 사람들은 인터넷을 통해 다른 사람들에게 물건에 대해 물어보고 대답하면서 서로 의견을 나누는 공간을 만들어 냈지요. 그곳에서는 상품평이나 구매 후기라는 댓글* 형식의 글로 서로 정보를 나누고 소통합니다. 그래서 많은 사람들이 물건의 구매를 결정할 때 잊지 않고 확인하는 것이 이러한 댓글이지요.

*댓글이란 인터넷에 오른 다양한 글에 대하여 짤막하게 자신의 생각을 답하여 올리는 글로 리플이라고도 한다. 힘이 되고 도움이 되는 댓글은 선플이라고 하며, 상대방에게 마음의 상처를 주는 악의적인 댓글을 악플이라고 한다.

그런데 혹시 이러한 댓글도 상품의 홍보를 위한 광고일 수 있다고 생각해 본 적 없나요? 예를 들어, 우리가 상품을 사기 위해 검색할 때 주로 제목과 조회 수, 추천 수를 보게 되지요. 조회 수가 상품에 대한 신뢰도를 증명하기 때문이죠. 하지만 이러한 숫자들은 쉽게 조작이 가능하기 때문에 다른 회원들의 신뢰를 높이기 위한 홍보 수단으로 이용될 수 있어요. 또한 현재 많은 인터넷 쇼핑몰에서는 댓글이나 사용 후기를 잘 쓰면 할인해 주기도 하고, 다른 상품이나 포인트를 추가로 주기도 하지요. 댓글이나 사용 후기가 많아지면 많은 사람들이 이용하는 인기 있는 상품으로 보여 믿을 수 있을 것이라는 생각을 갖도록 말이지요. 결국, 손님이 많은 곳에 더 많은 손님이 몰리는 현상은 인터넷 세상에서도 마찬가지인 것이죠. 그래서 남이 써놓은 댓글만 믿고 상품을 구입하였다가 실제 상품과 자신이 생각한 것과 너무 달라서 환불을 하는 경우도 많이 있어요. 그러니 우리가 상품을 살 때 이러한 댓글을 참고하되 상품을 사는 절대적인 기준이 되면 안 되겠지요?

우리가 물건을 살 때 선택의 기준을 제공하는 것은 바로 친구들이죠. 만약, 사야 할 물건에 대해 "그 물건 좋더라"라는 말을 친구의 입을 통해 듣게 된다면 어떨까요? 아마 실제로 물건을 보지는 않았지만 신뢰하게 될 거예요. 친구들이 나를 속일 리 없다는 믿음이 물건에 대한 친구들의 말에도 커다란 신뢰감을 갖게 하니까요. 그래서 우리는 '친구들이 추천하니 나도 쓰면 좋겠지?'라는 생각을 하게 되고 물건을 구매하죠. 하지만 때때로 이런 과정은 잘못된 선택을 하게 만든답니다.

물론 친구들이 나에게 일부러 잘못된 정보를 제공하지는 않았을 거예요. 하지만 같은 제품일지라도 각자에게 필요한 부분은 상황에 따라 달라질 수 있지요. 예를 들어 MP3 플레이어는 영어나 인터넷 강의와 같이 공부를 하기 위해 구입을 하는 친구와 단순히 음악을 들으려고 구입하는 친구에게 필요한 기능이 상당히 다를 테니까요. 무작정 친구들의 말만 듣고 필요하지 않은 기능이 많은 MP3 플레이어를 구입하였다면 어떨까요? 자신에게 필요한 기능이 없어서 불편을 겪거나 자신에게는 필요 없는 기능 때문에 너무 비싸게 사게 될 수도 있어요.

이처럼 우리는 광고의 세상에서 살고 있다 해도 과언이 아니에요. 친구도, 댓글도, 인터넷도 거의 모두가 광고라고 할 수 있답니다. 하지만 광고를 무심하게 지나쳐 버린다면 우리의 소비 생활은 광고의 영향 안에서 이뤄지게 될 거예요. 물론 광고가 나쁜 점만 있는 것은 아니지만 그 안에는 숨겨진 의미가 있다는 것도 늘 생각하고 있어야 합니다. 그래야 광고의 바다에서 잘 헤엄칠 수 있을 테니까요. 광고의 바다에서 헤엄을 칠 때는 꼭 '비판적 사고'라는 물안경을 잊지 말아야겠죠?

08 진실 혹은 거짓?

어느 자동차 회사에서는 실제 자동차뿐만 아니라 어린이를 위한 장난감 자동차도 만들어 팔았어요. 그리고 그 장난감 자동차는 어린이를 위한 것이라며 대대적으로 홍보했죠. 여러 해가 지나 어린이들은 어른이 되었고 장난감으로 가지고 놀던 자동차 대신 실제 자동차를 구입할 나이가 되었어요. 그렇다면 그들은 어떤 차를 샀을까요? 바로 그들이 어렸을 때 가지고 놀던 장난감 자동차 회사의 차였습니다. 이처럼 어떤 광고는 우리에게 바로 물건을 사라고 이야기하지 않아요. 오히려 모르는 사이에 조금씩 우리를 유혹하죠. 그렇기 때문에 생활 속에서 어떠한 형태로 광고가 존재하고 있는지, 과연 그 진실과 거짓은 무엇인지 꼼꼼히 살펴보아야 합니다. 그러기 위해서는 무엇이 옳고 무엇이 그른지 생각할 수 있는 자신만의 기준과 가치관이 필요하지요. 그리고 이러한 기준과 가치관은 하루아침에 만들어지는 것이 아니기 때문에 평소에도 비판적으로 바라보고 생각하는 힘을 키웁시다.

09 쇼핑의 노하우

1+1
유통 기한 때에 다 버렸어.
쓰레기통
엄청 싸네.
끝나기 전에 흡수!
감사합니다 고객님~
39500₩
3시간 후…
반짝 세일
꺄악!
28000
조금 있으면 끝남~
음~ 맛있네… 출출했는데…
시식 코너
우적
우적
come on!
만두
꾸역
꾸역

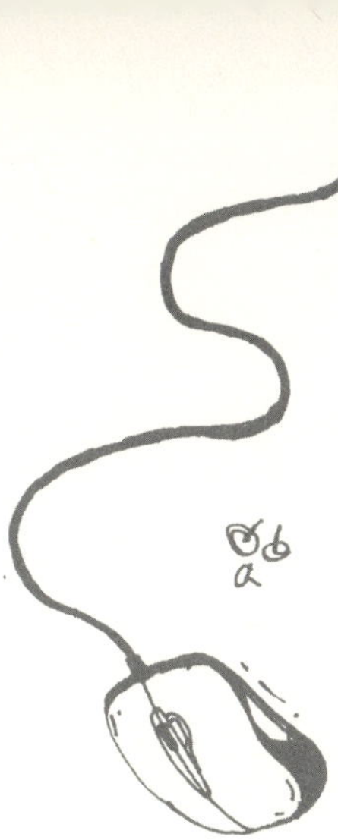

대형 마트에서 우리의 발길을 잡는 것은 무료 시식과 더불어 하나를 사면 하나를 더 준다는 광고들 아닌가요? 우유, 라면, 과자, 소시지, 두부, 과일 등 종류만도 굉장히 많지요. 이러한 물건들을 살 때, 어머니는 가격을 꼼꼼히 비교해 보고 물건을 사시나요? 아니면 공짜로 하나를 더 준다거나 양이 많은 물건을 사시나요? 가정 경제를 생각해야 하는 어머니에게는 한 개를 사면 한 개를 더 준다는 것은 거부하기 어려운 제안일 거예요. 우리는 이런 상품들을 '1+1' 상품이라고 합니다.

'1+1'이라고 광고하는 상품들은 엄청 싼 것 같이 느껴져요. 하나의 가격에 하나를 무료로 준다고 생각하니까요. 하지만 '1+1' 상품들의 실제 가격은 한 개보다는 비싸고 두 개보다는 싼 가격입니다. 아니면 제품의 용량을 조금씩 줄여서 나온 상품을 묶어서 팔기 때문에 상품 한 개의 용량보다는 많지만 두 개의 용량에는 미치지 못하는 것들이 많아요. 물론 '1+1' 상품을 사게 되면 한 개를 사는 것보다 양이 많기는 하지만 실제로 우리가 얻는 것은 약간의 덤인 것이지요.

그리고 자세히 보면 '1+1' 상품들은 '시간'에 따라 상품의 가치가 달라지는 것들이 많아요. 예를 들어, 우유나 두부 같이 유통 기한이 있는 상품은 어떨까요? 우유나 두부와 같은 식품은 유통 기한 내에 음식을 소비하지 못하면 버려야 합니다. 또한 정해진 기간이 지나면 잘 팔리지 않는 상품들은 어떨까요? 우리가 잘 아는 '빼빼로 데이,' '화이트 데이' 등 각종 데이에 팔리는 상품들을 생각해 봅시다. 그날이 아니면 아무 의미가 없고 시기가 지나면 판매량이 확 줄어들기 때문에 판매자들은 팔 수 있을 때 최대한 많이 팔기 위해 노력할 것입니다. 시간이 지나 가치가 떨어지거나 버리기보다는 덤으로 팔더라도 지금 모두 파는 것이 낫다고 생각하지 않을까요? 결국, '1+1'은 지금 아니면 팔기 어려운 것들, 그래서 꼭 지금 팔아야 하는 상품들이 많습니다. 이처럼 이익은 적게 나지만 많이 팔아서 많은 이익을 남기는 '박리다매薄利多賣'의 경제 원칙을 충실히 지키고 있는 것이지요. 그리고 요즘에는 '2+1'이나 '3+1'과 같이 다양한 묶음 행사들도 진행되고 있습니다. 이처럼 '1+1'이라는 행사나 '묶음 판매'가 계속해서 활발하게 진행되는 이유가 무엇인지 고민해 봐야 합니다.

엄마와 함께 장을 보고 나면 가끔 엄마는 허기진 우리에게 맛있는 것을 사주십니다. 그럴 때 우리는 간단히 먹고 집으로 돌아가야 하기 때문에 패스트푸드점을 자주 이용합니다. 혹 그때 장난감을 받기 위해서 세트 메뉴나 행사 메뉴를 주문한 적은 없나요? 아니면 장난감 때문에 먹고 싶은 메뉴를 바꾼 적은 없었나요? 패스트푸드점에서는 어린이들을 위한다는 명

목으로 연중무휴 장난감 이벤트를 하고 있답니다. 그런데 과연 그것이 진짜 어린이들을 위한 것일까요?

잘 생각해 보면 여기에도 패스트푸드점의 마케팅 비밀이 숨어 있었어요. 우선 장난감이 놓이는 위치부터 살펴볼까요? 메뉴를 고르거나 계산을 하기 위해서는 점원이 있는 곳으로 가야겠죠. 엄마가 계산을 하는 사이 어린이들의 눈에 띄는 것이 바로 장난감입니다. 어린이들이 평소에 TV에서 즐겨 보던 캐릭터 장난감을 진열해 놓았으니 얼마나 가지고 싶겠어요. 즉 장난감의 진열 위치는 어른들의 눈높이가 아닌 어린이들의 눈높이에 맞춰 만들어졌다는 것이죠. 또 다른 전략은 시기별로 장난감 캐릭터가 계속 바뀐다는 것과 장난감이 하나가 아니라 모을 수 있는 세트로 구성이 되어 있다는 것이죠. 결국, 패스트푸드점은 지속적으로 물건을 사줄 수 있는 고객을 만드는 것이죠.

생각의 날개 달기

1. 서로 관계 있는 것끼리 바르게 연결해 볼까요?

1. 대형 마트의 카트가 큰 이유	•	•	1. 소비자들이 더 많은 상품을 무계획적으로 구매하게 하려고
2. 자체 브랜드 상품	•	•	2. 소비자가 상품을 싸게 사는 것처럼 느끼게 하려고
3. 1+1으로 상품을 판매하는 이유	•	•	3. 영화나 드라마 등에서 특정 제품을 노출시켜 광고 효과를 노리기 위해
4. 간접 광고	•	•	4. 백화점, 슈퍼마켓 등 대형 소매상이 독자적으로 개발한 브랜드 상품

2. 우리에게 광고는 무엇이고 어떤 의미인지 나타내 보세요.

광고는 [ ] 이다.

광고는 나에게 [ ] 이기 때문이다.

3. 우리들은 지금 현명한 소비를 하고 있나요?

1) 지금 가장 가지고 싶은 물건을 돼지의 배에 모두 그리거나 써주세요.

2) 돼지 배에 있는 것들 중 꼭 필요하지 않은 것들을 지워 주세요. (있으면 좋고 없어도 그렇게 영향을 받지 않는 것들을 지워 주세요.)

3) 남아 있는 물건을 돼지의 배에 모두 그리거나 써주세요.

4) 이처럼 필요하지 않은 소비를 하는 우리 자신에게 따끔한 한마디를 해주세요.

야! 너~~~

4. 재미있는 사진들을 예쁘게 뜨개질해서 멋진 작품을 만들어 볼까요?

[방법] 사진 뜨개질 순서

㉠ 제시된 사진을 보고 이야기를 만들어 봅니다. 전체적인 구성에 대하여 간단히 이야기를 생각하면서 사진의 순서를 이리저리 맞춰 봅니다.

㉡ 주제를 정하는 것이 가장 먼저 할 일입니다. 그러면 이야기를 구성하는 데 보다 수월합니다. 이때 중요한 것은 사진과 글의 내용이 일치하고 사진과 사진이 자연스럽게 연결되어 이야기의 구성력이 탄탄해야 합니다.

㉢ 이야기의 구성이 완성되었으면 가위를 이용해서 오립니다. 그 후 사진의 순서에 맞추어 이야기를 완성시켜 이야기를 보기 쉽게 만들면 됩니다. 만일 컴퓨터실이나 가정에서 사진 뜨개질을 하는 경우에는 파워포인트를 사용하면 보다 쉽게 할 수 있습니다.

①

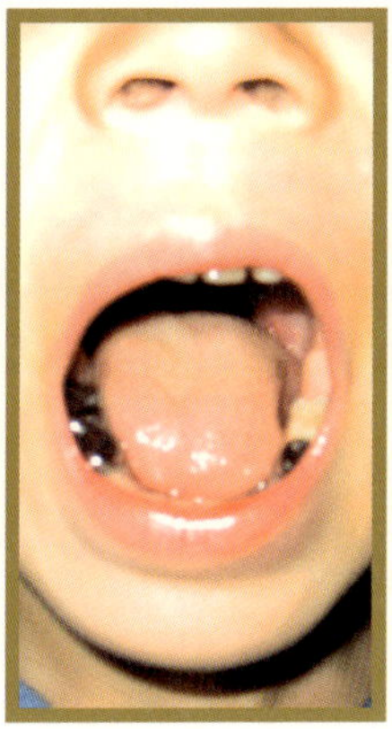

②

③

④

1) 사진을 원하는 순서대로 배열해 봅시다.

(　　　) → (　　　) → (　　　) → (　　　)

2) 다음의 주제를 생각하면서 재미있는 사진 뜨개질을 시작해 볼까요?

주제: 맛있는 쿠키

참고 이런 활동도 있어요! (선생님과 학교에서 해보기)

1. 우리 학급에 맞게 사진 뜨개질 응용하기

사진 뜨개질에서 가장 중요한 것은 관련이 없는 이미지 사이에 연계성을 부여하고 주제를 가진 이야기 줄거리를 일관성 있게 만드는 것입니다. 여기서 더 재미있게 사진 뜨개질을 한다면 이 방법은 어떨까요?

㉠ 학생들을 모둠별로 구성하고 학생 수보다 많은 이미지 카드를 나누어 주고 학생들은 자신이 마음에 드는 사진을 선정합니다. 이때, 모둠별로 똑같은 카드를 주는 것이 좋습니다. 그 이유는 학생들에게 같은 주제와 같은 소재를 가지고 이야기를 해도 말하는 사람과 소재의 등장 순서에 따라서 이야기가 전혀 다르게 전개됨을 보여 주어 학생들 간의 다양성을 인정해 줄 수 있는 좋은 경험이 되기 때문입니다.

㉡ 학생들은 자발적이든 선생님에 의해서든 일련의 순서를 정하고 그 순서에 따라 이미지 카드를 내려놓습니다.

㉢ 선생님은 이야기의 주제나 제목을 학생들에게 제시하고 학생들은 자신이 정한 이미지 카드 순서에 따라 전혀 상관이 없는 앞 이야기와 자신의 이야기를 연결 짓게 합니다.

㉣ 완결된 이야기를 학습지나 빈 종이에 정리하게 합니다. 그리고 다시 한 번 스토리 보드의 내용과 연결이 자연스러운지를 확인하면서 내용 수정하기를 실시합니다. 대개 이 작업에서 보완을 하는 경우가 많습니다.

㉤ 자신이 말한 이야기가 앞에서 친구가 말한 이야기와 잘 이어지는지, 주제와 잘 어울리는지를 확인하고 친구들에게 발표하게 합니다.

[TIP] 또 다른 방법의 사진 뜨개질

① 모둠별로 선생님께서 제시하거나 자신들이 가져온 이미지 카드를 임의의 순서에 따라 일렬로 놓습니다.

② 모둠원들이 순서를 정하여 정렬된 이미지 카드의 순서를 바꾸거나 제외합니다.

③ 선생님께서 정해 주시는 주제나 제목에 따라 사진 뜨개질을 합니다.

④ 완결된 이야기를 학습지나 빈 종이에 정리하게 합니다. 그리고 다시 한 번 스토리 보드의 내용과 연결이 자연스럽게 되는지를 확인하면서 이미지 카드를 첨가하거나 사진의 순서를 바꾸면서 내용 수정을 합니다.

⑤ 자신이 말한 이야기가 앞에서 친구가 말한 이야기와 잘 이어지는지, 주제와 잘 어울리는지를 확인하고 친구들과 발표합니다.

p.198의 1번 정답

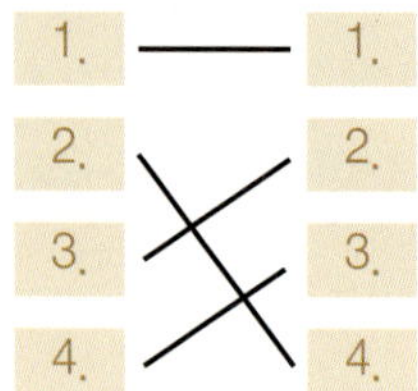

5. 신발에 나만의 상표를 그려 보세요. 상품과 어울리는 창의적이고 기발한 신발 인쇄 광고는 어떤 모습일까요?

나만의 광고지 꾸미기

추천합니다

책

경제 속에 숨은 광고 이야기

텔레비전을 비롯해 곳곳에서 이루어지는 광고가 어린이들의 의식과 행동에 어떤 영향을 주는지 수많은 사례를 들어 생생하게 설명한 경제 교육서이다. 프랑크 코쉠바 글 | 야요 가와루마 그림 | 강수돌 옮김 | 초록개구리

생각이 크는 광고 이야기, 머리가 크는 광고 이야기

광고 속에 숨어 있는 기발한 아이디어를 통해 생각의 힘을 키워 주는 책. 권현선 지음 | 나세진 그림 | 자음과모음

방송 프로그램

지식채널 ⓔ 쇼핑의 법칙

물건 구매 행위의 80퍼센트는 무의식 상태에서 이루어진다. 하지만 우리들이 물건을 구매하고 좋아하는 사실은 항상 누군가에게 분석되고 있다. EBS, 2006. 1. 23.

지식채널 ⓔ 피리 부는 사나이

소비를 부추기는 상업 메시지를 그대로 흡수하는 우리들의 이야기를 다룬다. EBS, 2009. 5. 4.

체험 학습

한국 광고 박물관 http://admuseum.kobaco.co.kr

광고에 대한 책도 볼 수 있고 직접 관람을 통해 광고에 대해 이해할 수도 있다. 서울특별시 송파구 신천동길 10 한국광고문화회관 3층 ☎ 02-2144-0116

한국광고영상박물관 http://www.kacm-museumq.or.kr

우리나라 광고의 역사를 한눈에 알 수 있도록 되어 있다. 경북 경주시 조양동 646-1 ☎ 054-777-2707

사이트

광고정보센터 http://www.adic.co.kr

광고의 역사, 광고의 동향, 광고 관련 문헌, 아카데미 정보와 광고 대전과 같은 다양한 행사가 소개되어 있다.

6장

배터리 아웃
휴대전화

우리 생활 속에서 휴대전화는 공기와 같이 없어서는 안 될 꼭 필요한 도구가 되었다. 휴대전화는 계속해서 발전해 왔으며 우리 생활의 많은 부분을 변화시켰다. 휴대전화는 우리에게 소통의 편리함을 가져다주었지만 주변 사람들과 의미 있는 소통 기회를 빼앗아 갔다. 휴대전화에 전화번호를 저장하면서 가족이나 친구의 번호를 기억하지 않게 되었다. 휴대전화에 문자 메시지가 생기면서 사람들에게 긴 손편지를 쓰지 않게 되었다. 사람들과 좀더 편리하고 쉬운 방법으로 소통하기 위해 만들어 낸 휴대전화, 하지만 과연 그것이 충분히 그 역할을 하고 있는지 생각해 보자.

멋진데~
다녀올게요.
일찍 오너라.
BUS
뭔가 허전한데? 뭐지?
꺅! 휴대전화! 그 중요한 걸…
벌써 온 거니?
휴대전화 놓고 왔어요.
늦었네.
맨날 늦을래?
미안미안…

01 유선 전화부터 스마트폰까지

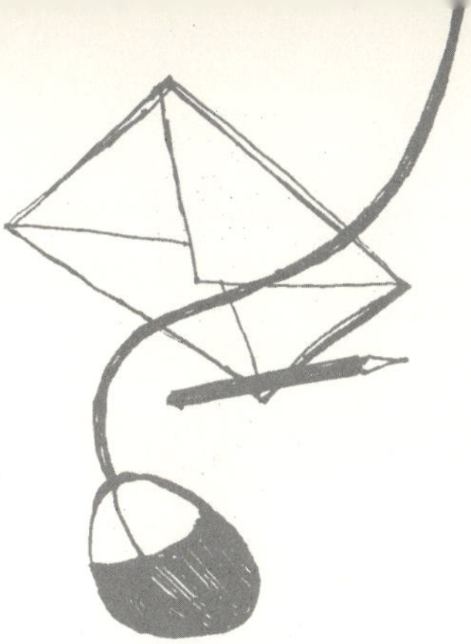

우리나라에 전화기가 처음 들어온 것은 1896년 궁내부*에 자석식 전화기가 설치되면서부터였고, 일반인이 이용할 수 있게 된 것은 1902년 3월에 서울과 인천 간 전화가 개통되면서부터랍니다. 그 후 많은 발전을 거쳐 1990년대 중반에는 무선 호출기*를 많은 사람들이 이용했어요. 지금의 휴대전화에서 문자와 음성 녹음 기능만 있는 것으로, 명함보다 작은 크기여서 어른들은 허리에 차고 다니셨지요. 무선 호출기에 전화번호가 표시되면 근처 공중 전화기로 가서 호출한 사람에게 전화를 했어요. 그 시절의 학생들에게는 무선 호출기가 제일 가지고 싶은 물건이었죠. 그 후 휴대전화가 나왔는데 초기 휴대전화는 벽돌처럼 크기도 크고, 무게도 상당히 무거웠어요. 하지만 이때의 휴대전화는 가격이 수백만 원이나 돼서 아무나 가질 수 없을 정도로 비쌌기 때문에 '부富의 상징'으로 여겨졌답니다.

*궁내부란 조선 말기에 왕실에 관한 여러 업무를 총괄하던 관청을 말한다. 그곳에서는 왕실 업무에 관한 여러 가지 업무를 신속하고 효율적으로 처리해야 했기 때문에 자석식 전화 교환기를 이용했다.

*무선 호출기는 삐삐라고도 불렸다. 휴대전화가 일반화되기 전 서로의 연락처를 남기거나 간단한 음성 메시지를 남길 수 있게 만들어졌다.

자석식 전화기

무선 호출기

1990년대 후반에는 공중전화 옆에서만 통화가 가능한 발신 전용 휴대전화 시티폰을 시작으로 휴대전화가 점차 널리 퍼지게 되었어요. 이때부터 휴대전화의 크기가 작아지고 디자인이 예쁜 휴대전화도 나왔어요. 이후 커다란 이동 통신사들이 생겨나고 휴대전화는 더욱 빨리 발전하게 되었죠. 이동 통신사들은 빠르게 변하는 소비자의 심리를 파악하고 다른 브랜드와 차별을 두기 위해 많은 노력을 했습니다. 휴대전화에 MP3 플레이어, 게임, 카메라, 동영상 촬영 기능에다 인터넷, DMB* 기능까지 추가되었어요. 현재는 그 수준을 넘어 휴대전화로 화상 통화, 멀티 문자, 초고속 인터넷을 이동하면서 사용할 수 있는 스마트폰이 나오게 되었답니다. 휴대전화는 더 이상 문자와 통화만 하는 전화기가 아

*DMB는 이동 통신과 방송이 결합된 새로운 방송 서비스로 휴대전화나 PDA에서 시청할 수 있다. 디지털 멀티미디어 방송이라고도 하며 한국에서 개발한 디지털 영상 및 오디오 방송의 전송 기술이다. 즉 이동하면서 다양한 방송을 볼 수 있는 우리나라에만 있는 기술이다.

휴대전화의 발전

니에요. 언제 어디서든 필요한 정보를 주고, 심심할 때는 재미있게 놀아주며 친구들과 쉽게 연락할 수 있도록 도와주죠. 그렇기 때문에 내 손안에서 새로운 세상이 펼쳐지도록 도와주는 휴대전화를 집에 놓고 다닐 수는 없겠죠?

02 상상 더하기

AM 7:30 조찬회의
AM 9:00 주간보고회
AM 11:00 인터뷰
PM 2:00
오늘 일정은 힘들겠군~
우리 제품을 써주셔서 감사합니다.
땡큐 쏘머치~
유어 웰컴.
무서워잉~
어려운 일은 제가…
피쉬쉭
아 움직였지롱.
심심할 때 저랑 놀아요.
일정
통역
사물
게임
트윗
전화
만약, 휴대전화가 사라진다면 어떻게 될까요?
흑흑

문자, 화상 통화, 증강 현실, 게임, 인터넷, 모바일 뱅킹 등 휴대전화는 여러 가지 기능으로 우리의 생활을 편리하게 하고 있습니다. 과연 휴대전화는 어떻게 발전하게 될까요? 기기 자체도 진화하겠지만, 이 변화가 우리 삶에도 상당한 영향을 미칠 거예요. 예를 들어, 스마트폰은 우리의 일정을 관리하거나 주변 상점이나 공원 등의 위치를 알 수 있도록 도와줍니다. 나아가 외국 사람들과 자유롭게 이야기할 수 있는 통역 어플, 살아 움직이는 3차원 입체 교과서로 스마트폰과 모니터만 있으면 입체 가상 실험이 가능한 어플도 개발되고 있어요. 그리고 많은 소프트웨어 개발자들은 교실에서는 더 이상 종이로 된 학습지를 나누어 줄 필요 없이 가상 공간에서 수업할 수 있는 방법을 고민하고 있어요. 그렇게 된다면 더 이상 종이로 된 책이나 공책도 필요가 없을 거예요. 뿐만 아니라 지금 우리가 다니는 학교의 모습도 많이 바뀌게 될 거예요. 이처럼 휴대전화의 발달은 우리 생활의 많은 부분을 바꾸어 왔으며 앞으로도 계속 변화시킬 거랍니다.

03 스마트폰, 누구냐! 넌?

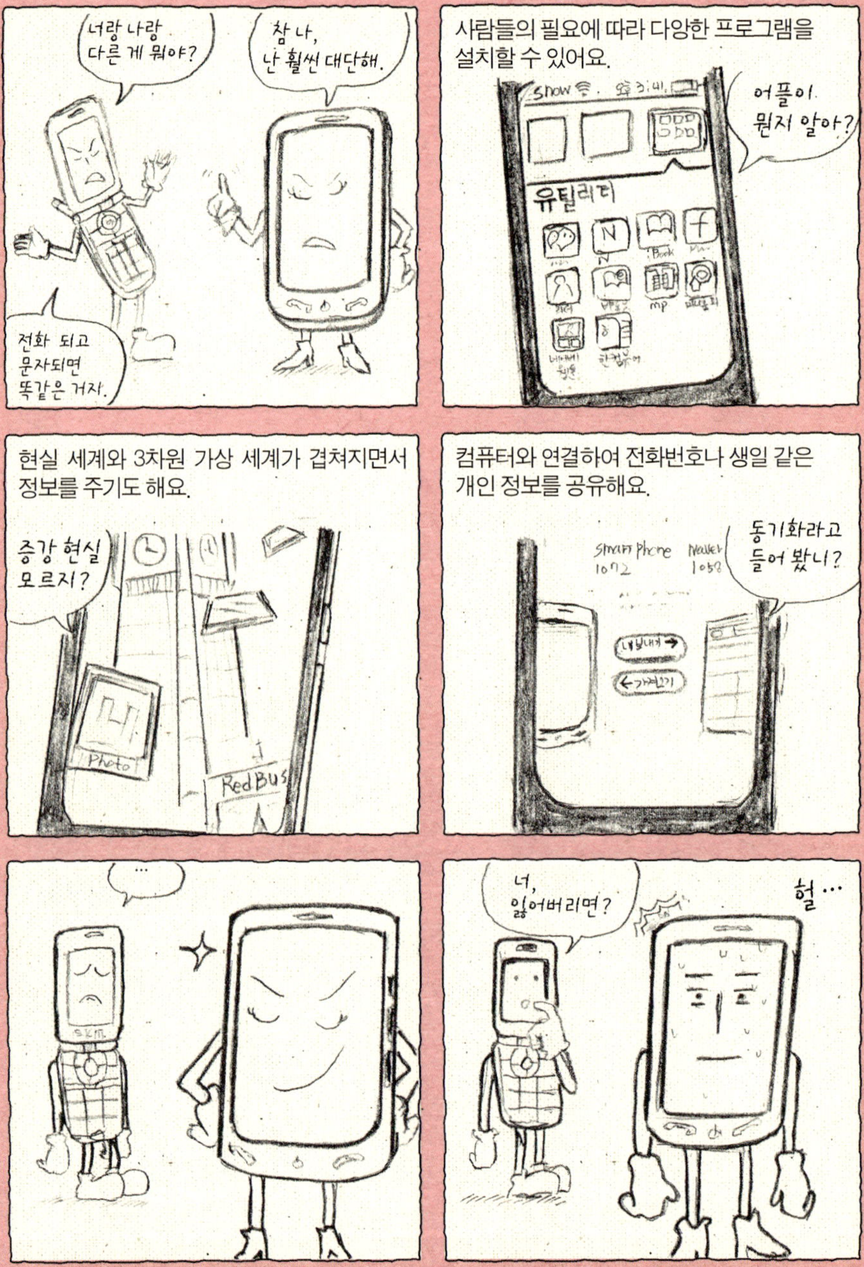
너랑 나랑 다른 게 뭐야?
참 나, 난 훨씬 대단해.
전화 되고 문자되면 똑같은 거지.
사람들의 필요에 따라 다양한 프로그램을 설치할 수 있어요.
어플이 뭔지 알아?
유틸리티
현실 세계와 3차원 가상 세계가 겹쳐지면서 정보를 주기도 해요.
증강 현실 모르지?
Photo
Red Bus
컴퓨터와 연결하여 전화번호나 생일 같은 개인 정보를 공유해요.
동기화라고 들어 봤니?
…
너, 잃어버리면?
헐…

스마트폰이 기존의 휴대전화와 다른 특징은 과연 무엇일까요? 그중 하나는 애플리케이션*이에요. 애플리케이션은 스마트폰을 더욱 효과적으로 이용하기 위해 목적에 따라 달리 만든 프로그램을 말하지요. 예를 들면 게임 프로그램, 위치 찾기 프로그램, 버스나 지하철 시간 검색 프로그램, 메신저나 미니홈피 프로그램, 트위터나 페이스북 등과 같은 프로그램을 통해 좀더 개인의 필요에 맞게 휴대전화를 구성할 수 있답니다.

또 다른 특징은 증강 현실*이란 것입니다. 그 말이 어렵긴 하지만 앞으로 우리가 살아가는 데 꼭 알아야 할 개념이지요. 증강 현실이란 현실 세계에 3차원 가상 물체를 겹쳐 보여 주는 기술을 말해요. 현재 스마트폰 카메라로 주변을 비추면 인근에 있는 주변의 음식점, 병원, 까페, 지하철 위치가 나타나죠. 뿐

*애플리케이션이란 '앱app' 또는 '어플'이라고도 부르기도 하며 자신에게 맞는 애플리케이션은 휴대전화를 최적화하여 사용할 수 있도록 도와준다.

애플리케이션

만 아니라 전화번호와 메뉴, 음식 가격, 할인권 등의 다양한 정보가 입체 영상으로 표기된답니다.

그리고 또 다른 하나는 동기화입니다. 이것은 컴퓨터와 스마트폰을 서로 연결해서 자료를 공유하여 사용할 수 있는 것을 말해요. 전화번호, 사진, 음악, 이메일, 메모, 캘린더 등의 개인 정보들을 선을 연결하지 않고도 컴퓨터와 스마트폰에서 동시에 사용할 수 있습니다. 언제 어디서나 스마트폰과 컴퓨터만 있으면 정보를 저장하고 교환하는 것이 가능하다는 뜻이지요. 스마트폰에는 중요한 개인 정보들이 가득하기 때문에 스마트폰을 잃어버릴 경우, 그것은 단순한 휴대전화를 잃어버리는 것보다 훨씬 더 타격이 커요. 그래서 이런 것들을 방지하기 위해 동기화가 이뤄졌어요. 하지만 인터넷 환경은 해킹이나 정보 유출이 일어날 수 있기 때문에 동기화에 문제가 있을 경우 심각한 개인 정보의 유출로 연결될 수 있죠. 만약 개인 정보나 신상이 인터넷에 유출될 경우, 그 손해나 고통은 말로 하기 어렵답니다.

이처럼 앞으로는 스마트폰을 이용하여 더 많은 정보를 쉽게 주고받을 수 있게 될 거예요. 물론 스마트폰의 많은 정보를 손쉽고 빠르게 얻을 수도 있지만 나의 정보가 다른 사람들에게 쉽고 빠르게 공개될 수도 있다는 점을 주의해야 한답니다. 스마트폰은 지금보다 훨씬 더 다양하고 빠르게 변화할 거예요. 그로 인해 우리의 생활 모습도 많이 변하겠지요. 스마트

*증강 현실이란 현실 세계에 3차원 가상 물체를 겹쳐 보여 주는 기술로 다양한 정보를 동시에 제공한다.

증강 현실

폰이 앞으로 가져올 미래의 우리 모습은 무엇을 생각하든 그 이상이 될 거랍니다.

水漁之交

물수 고기어 갈지 사귈교

'수어지교水魚之交'는 중국의 역사책인 《삼국지三國志》에서 나온 한자성어예요. 유비와 제갈량의 사이가 날이 갈수록 친해지는 것을 관우와 장비가 불평하자, 유비가 그들을 불러 "나에게 제갈량이 있다는 것은 고기가 물을 가진 것과 마찬가지니 다시는 불평을 하지 말도록 하게" 하고 타일렀다고 해요. 이리하여 관우와 장비는 다시는 불평하지 않았다고 하지요. 이처럼 물고기가 물을 떠나 살 수 없듯이 아주 친밀하여 떨어질 수 없는 사이라는 뜻이랍니다.

우리에게 요즘 가장 필요한 것은 무엇일까요? 친구나 부모님께 연락할 때, 거리를 지나가다가 지도를 보고 싶을 때, 버스가 언제 오는지 알고 싶을 때, 심심할 때 등 잠시도 우리의 손을 떠나지 않는 것이 바로 휴대전화예요. 오늘날 휴대전화는 우리에게 이렇듯 아주 친밀한 것이 되었지요. 우리의 문화와 기술을 새로운 모습으로 바꾸는 휴대전화는 앞으로 우리의 삶과 더욱 더 친밀하게 발전할 거예요. 이렇듯 휴대전화가 다른 사람과 우리를 소통하게 해주며 우리의 삶과는 떼려야 뗄 수 없는 소중한 존재가 되고 있어 앞으로 더욱 많은 고민이 필요할 거예요.

04 내 손안에 또 다른 세상

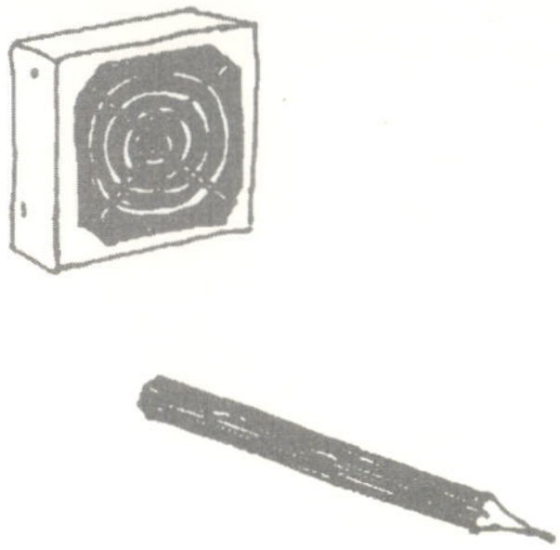

스마트폰은 '기능 좋은 휴대전화'라고 생각을 하는 사람도 있을 거예요. 스마트폰은 휴대전화의 형태를 갖추고 있으며 음성과 데이터 통신, 무선 인터넷 등 개인용 컴퓨터의 기능이 있습니다. 스마트폰을 가지고 있으면 언제, 어디서라도 원하는 정보를 검색할 수 있죠. 또 누군가를 기다리는 지루한 시간 동안 심심하지 않게 도와주기도 하고 틈틈이 인터넷을 검색하여 필요한 정보를 다운 받고 메일을 확인할 수 있답니다. 그런데 그것만으로 손안에서 또 다른 세상이 펼쳐진다고 말할 수 있을까요?

여러분은 혹시 '소셜 네트워크'나 'SNS'*라는 말을 들어 본 적이 있나요? 소셜 네트워크와 SNS는 같은 말이에요. SNS란 social network service의 약자로 온라인상에서 모르는 많은 사람들과 관계를 맺을 수 있도록 도와주는 서비스입니다. 이것은 갑자기 생

*SNS란 공동체를 이루는 일반적인 '사회'를 뜻하는 말인 소셜social과 '연결하다'라는 뜻을 가진 네트워크network가 합쳐서 'social network'란 단어가 만들어졌으며 소셜 네트워크 서비스(SNS: social network service)는 온라인상에서 정보 공유, 인맥 관리, 자기 표현 등을 통해 타인과의 관계를 형성 · 유지 · 관리할 수 있는 서비스를 의미한다. 대표적인 것으로 페이스북과 트위터를 들 수 있다.

겨난 용어나 프로그램이 아니랍니다. 싸이월드나 카페, 블로그 등을 통해 이미 접해 본 서비스지요. 하지만 기존의 서비스들보다 훨씬 새롭고, 기존의 시스템보다 업그레이드되었어요. 즉 1인 미디어 시대에 적합한 서비스가 생겨난 것이지요. 그 대표적인 것이 바로 트위터와 페이스북이랍니다. 트위터twitter는 새가 지저귄다는 뜻의 tweet(트윗)에서 따온 말로 140자로 다양한 친구들과 소통할 수 있는 SNS의 대표적인 사례랍니다. '140자로 무엇을 할 수 있을까?'라고 생각할 수도 있겠지만 짧고 간단한 문구를 이용해 누구나 쉽게 접근할 수 있는 것이지요. 그리고 이것이야말로 스마트폰 시대에 가장 최적화된 서비스라고 할 수 있답니다. 언제 어디서든 손쉽게 접근 가능하다는 스마트폰의 장점을 최대한 살리고 긴 글을 입력하기 불편한 스마트폰의 단점을 최대한 보완했기 때문이죠. 그리고 140자의 제한이 있다고는 해도 '링크'라는 기능이 있기 때문에 사진, 동영상, 홈페이지, 장문의 글들을 다른 사람에게 전달하는 데 아무런 문제가 되지 않아요.

페이스북facebook*은 네이버나 구글과 같은 포털 사이트가 아니랍니다. 단지 하나의 홈페이지에 불과하지요. 그런데 어떻게 유수의 포털 사이트들을 누르고 회원수 세계 1위의 SNS가 될 수 있었을까요? 페이스북은 기본적으로 인맥 사이트라고 할 수 있어요. 즉 친구 만들기가 주목적인 것이죠. 그럼 왜 친구를 만들려고 할까요? 외롭고 심심해서 그럴까요? 물론 아니지요. 그것은 바

* 페이스북은 2011년 2월 초 6억 명 이상의 사용자가 이용 중인 전 세계 최대의 소셜 네트워크 서비스로 전 세계의 사람들이 친구들과 대화하고 정보를 교환할 수 있도록 도와준다.

로 미디어 시대의 특성 때문입니다. 정보의 양이 많아지면 많아질수록 우리가 원하는 정보는 더욱 더 찾기 어려워졌어요. 그래서 접하기 어려운 전문가의 조언보다는 개개인이 전하는 입소문에 더욱 의지하게 되었죠. 만약 내가 묻는 물음에 언제든 신속하고 정확하게 답을 해줄 수 있는 똑똑한 친구 100명이 생긴다면 우리는 정보의 홍수 속에 살아가는 요즘 세상에서 혼란스럽지 않아도 될 테니까요.

우리는 스마트폰을 통해 자신의 소소한 일상을 공유하고 다른 사람과 소통하면서 또 다른 세상을 만나게 되지요. 하지만 일상생활과 관련된 정보나 개인 신상에 대한 정보들이 강력한 인터넷 검색 서비스와 결합할 경우 공개하고 싶지 않은 개인의 사생활이 드러날 수도 있답니다. 그것은 범죄자들에게 유용한 정보를 제공할 수도 있지요. 예를 들어 자신의 주말 휴가 계획을 트위터나 페이스북에 올려놓을 경우, 범죄자들은 위치를 알 수 있는 스마트폰 어플을 이용하여 상대방의 현재 위치를 실시간으로 확인하면서 보다 손쉽고 지능적으로 범죄를 저지르게 될 거예요. 또한 트위터와 페이스북의 장점인 신속성이 문제가 될 수도 있어요. 재미나 장난삼아 쓴 글이나 잘못된 정보가 걷잡을 수 없이 빠른 속도로 퍼지고 되돌릴 수 없는 결과를 초래하기도 한답니다. 내 손안에서 펼쳐지는 또 다른 세상에는 편리하고 좋은 점도 있지만 부정적이고 어두운 모습도 반드시 존재함을 기억합시다.

05 새로운 문화의 장으로

비싼 정보 사용료가 무료가 되면서 더 많은 사람들이 스마트폰의 매력에 빠지게 되었지요. 인터넷이 우리 사회에 영향을 미치는 데 걸린 시간이 15년, 폭풍을 몰고 오는 데 걸린 시간이 10년이에요. 그에 비해 스마트폰은 2년이라는 짧은 시간 동안 폭발적으로 보급되고 있지요. 최근에는 어플족, 스마트족이라는 말들이 생겨나고 있습니다. 스마트폰을 통해 친구들이 실시간으로 정보를 나누고 채팅이나 메신저를 하기 때문이죠. 그로 인해 우리는 수많은 정보를 실시간으로 주고받으며 소통할 수 있게 되었지요. 과거의 인터넷 시대는 수많은 정보 중에서 나에게 가장 필요하고 유용한 정보를 찾아내는 시대라 할 수 있어요. 이에 반해 스마트폰 시대는 수없이 많은 정보를 가진 사람들 중에 나에게 꼭 필요한 사람들과 상황에 맞게 소통하는 시대라고 할 수 있어요. 즉 인터넷 시대에서는 필요한 정보를 얻으려고 했다면 스마트폰 시대는 정보를 가진 사람을 얻으려 노력하는 것이지요.

스마트폰의 발전으로 전에 볼 수 없던 다양한 문화들이 새로 생겨났어요. 스마트폰으로 멀티플레이 게임을 즐기는 사용자들이 등장했고 유료 온라인 게임과 함께 '스마트 폐인'이 등장했지요. 수없이 많은 어플의 홍수 속에서 인터넷 쇼핑 문화도 변화하고 있어요. 예를 들어 A 상품을 살까 말까 고민하다 "이 A 상품 괜찮은가요?"라고 질문을 하면 수많은 사람들이 스마트폰을 통해 즉시 답을 해주지요. 심지어 더 싼 값에 파는 사이트도 쉽게 알려 준답니다. 처음 보는 사람들과 대화가 가능해지고 보다 더 많은 사람들과 서로의 문화를 나누고 소통하려고 노력합니다. 스마트폰을 사용하는 사람들은 점점 더 많아지고 있어요. 전 세계 어디서든 어플을 다운 받을 수 있고 셀 수 없을 만큼 많은 어플들이 생겨나고 있지요. 전 세계는 스마트폰으로 인해 하나로 묶일 것이고 과거에는 경험해 보지 못한 새로운 문화의 장이 펼쳐질 거예요.

스마트폰의 대중화로 상상으로만 여겼던 '손안의 인터넷 세상'이 현실이 되었어요. 우리들은 스마트폰을 이용하여 여러 가지 정보들을 얻을 수 있으며 그와 동시에 친구들과 소통도 하고, 게임도 할 수 있게 되었답니다. 그러나 그것만큼 중요한 것이 수많은 정보들 가운데 정확한 정보를 고르고 사용하는 것이에요. 영화, 뮤직 비디오, 텔레비전 프로그램은 연령 제한을 통해 학생들의 나이와 수준에 맞게 정보를 제공하기 위해 노력하고 있어요.

하지만 휴대전화는 아직 이러한 연령 제한을 할 만한 장치들이 없기 때문에 각종 루머, 과도한 정보 노출, 신뢰성 등 문제가 많은 정보들이 존재하지요. 특히 트위터나 페이스북 등 각종 소셜 네트워크 서비스 이용이 늘면서 우리는 무한한 정보를 접할 수 있게 되었어요. 그러나 그로 인해 한 개인이 확인되지 않은 사실 때문에 공공의 적이 된다든지, 영웅으로 오인받는 경우도 종종 있어요. 그 과정에서 개인들은 엄청난 물질적, 정신적 고통을 받습니다. 우리는 이러한 정보를 무조건 믿고 다른 친구들과 공유할 것이 아니라 믿음이 가는 정확한 정보를 선택해야겠죠. 그리고 선택한 정보를 심사숙고하여 정리한 후 공유하고 나누어야만 그 정보가 '옳다'라고 말할 수 있겠지요.

또한 스마트폰은 우리 생활과 밀접한 많은 정보를 담고 있어요. 특히나 개인 신상 정보에 해당하는 부분은 거의 모두 담기겠죠. 기념일이나 중요한 일정 메모, 무한대로 저장되는 전화번호, 은행이나 금융 업무와 관련된 자료, 간직해야 할 사진 등 많은 자료들이 휴대전화 하나에 저장이 가능하답니다. 만약 누군가 휴대전화를 가져가거나 개인의 부주의로 인해 휴대전화를 잃어버리게 된다면 그것은 단순히 전화기를 잃어버리는 것과는 차원이 다르겠죠. 또한 스마트폰의 보안이 확실하게 안 되기 때문에 개인 정보를 누군가 쉽게 도용할 가능성도 높습니다. 정보의 공유와 소통으로 인해 우리의 사생활이 대부분 노출되고 누군가는 우리의 일거수일투족을 계속 관찰할 거예요. 우리 삶이 편리해지는 만큼 개인 정보 유출이나 해킹에 대해서도 대비해야 합니다.

06 휴대전화의 달콤한 유혹

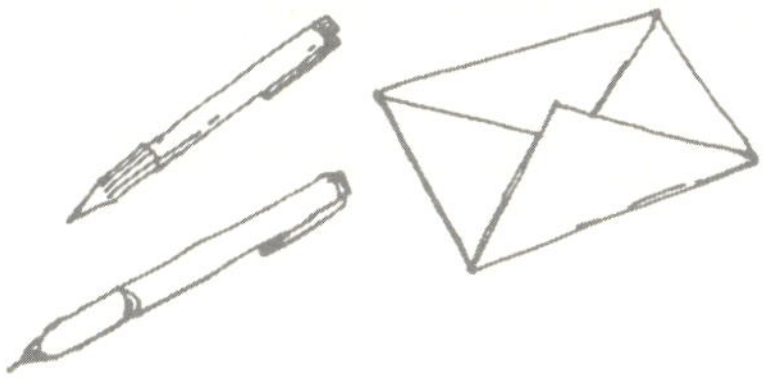

휴대전화의 발전으로 인해 우리의 생활이 많이 바뀌고 있어요. 전에는 디지털카메라, 캠코더, 노트북, PMP 등을 가지고 다녀야만 할 수 있던 일들을 이제는 휴대전화 하나만 있으면 사진, 동영상, 화상 전화, 영화, 텔레비전, 인터넷까지 다 할 수 있어요. 게다가 최신형에 디자인도 예쁘고 유명 연예인이 광고를 하면 어떨까요? 만약 이러한 휴대전화를 공짜로 나눠 준다면 과연 우리는 그 유혹에서 쉽게 벗어날 수 있을까요?

실제로 우리는 휴대전화가 공짜라는 광고를 길이나 인터넷 등에서 쉽게 볼 수 있어요. 그 말을 믿고 대리점으로 가면 점원이 친절하게 휴대전화의 기능과 디자인에 대해 설명을 해준답니다. 그리고 우리는 마음에 드는 휴대전화를 선택하고 가입 신청서를 작성하게 되지요. 이때 우리는 반드시 약정 할인이라는 것을 받아야 합니다. 그래야 보조금을 받을 수 있고 좀더 싸게 휴대전화를 살 수 있으니까요.

하지만 여기엔 언제나 조건이 붙습니다. 그것은 2년여 동안 기기 교체나 통신사 변경 등을 할 수 없고, 구입한 휴대전화를 사용해야 할인을 해 준다는 것이지요. 물론 어떤 친구들은 최신형 휴대전화를 사용하는데 그 정도는 참을 수 있다고 말하기도 해요. 하지만 약정 기간 2년은 생각보다 긴 시간입니다. 만약 약정 기간 중간에 휴대전화를 분실하거나 고장이 났을 때는 어떻게 해야 할까요? 그럴 때는 유행이 한참 지난 휴대전화를 통신사에서 빌려서 사용할 수 있겠지요. 하지만 대부분의 학생들은 새로운 상품으로 기기 변경을 하고 싶겠죠? 그러기 위해선 남아 있는 약정 기간 동안의 할인 금액을 추가로 통신사에 내야 하죠. 사실 2년이라는 시간은 하루가 다르게 신제품이 나오는 전자 · 통신 업계에서는 20년과 같은 시간입니다. 여러분은 2년 전에 어떤 휴대전화가 나왔었는지 기억하시나요? 전자 · 통신 분야에서는 6개월만 지나도 시대에 많이 뒤쳐진 것처럼 느껴지지요. 그러면 자연히 약정 기간인 2년 안에 휴대전화를 바꾸게 되고 그것에 대한 위약금을 통신사에 지불해야 한답니다. 왜 이동 통신사들이 약정 기간을 2년으로 했는지, 그리고 이것이 무엇을 의미하는지 곰곰이 생각해 봐야 해요.

과거 휴대전화는 통화가 잘 되고 문자 보내기만 쉬우면 소비자들이 만족했어요. 휴대전화에 다양한 기능들이 추가되자 소비자들은 더 이상 잘 걸리는 전화에만 만족할 수 없게 되었습니다. 휴대전화 제조사(삼성, LG, 팬택, 모토로라 등)는 소비자들이 원하는 새로운 기능들을 계속 추가했어요. 그리고 이동 통신사(SKT, KT, LG)에서는 차별화된 서비스로 소비자를 끌어들이기 위해 열심히 노력했지요. 가입자가 많을수록 휴대전화 사용량도 늘어나서 자연스럽게 많은 돈을 벌 수 있게 되니까요. 그래서 이동 통신사들은 가입자 수를 늘리기 위해 비슷한 기능의 휴대전화를 보다 더 효과적으로 홍보해야 했답니다.

그래서 이동 통신사들은 휴대전화를 하나의 전자 기기가 아니라 유행과 문화를 이끄는 아이콘으로 만들기 위해 노력했지요. 인기 가수나 탤런트 같은 스타들이 방송을 통해 직접적, 간접적으로 휴대전화를 홍보합니다. 대중 문화를 이끄는 10~20대들은 이런 홍보나 광고를 굉장히 민감하게 받아들이죠. 인기 연예인을 통한 광고는 청소년들에게 그들의 우상과 같은 것을 쓰고 함께 호흡한다고 믿게 합니다. 그래서 청소년들이 만족감과 동질감을 느끼도록 도와주지요. 하지만 그 속을 잘 살펴볼 필요가 있어요. 인기 스타를 광고 모델로 쓰기 위해서는 비싼 모델료를 주어야 합니다. 그 비용은 이동 통신사가 부담하는 것처럼 보이지만 사실은 소비자들이 내는 휴대전화 요금에 보이지 않게 들어 있습니다. 만약 우리가 이 사실을 모른다면 통신사들이 원하는 대로 생각하고 구매하게 될 거예요. 디자인이나 광고보다는 필요와 기능을 생각하여 휴대전화를 사는 현명한 소비자가 됩시다.

07 휴대전화 나비 효과

중국에서 나비가 날갯짓을 해요.
CHINA
펄럭
그러면 미국에서 태풍이 일어난대요.
help me!
USA
그것을 나비 효과라 부른답니다.
나 대단하지?
나비 효과
조그만 변화로 인해
결과에서 아주 커다란
변화가 일어나는
현상을 말해요.
근데 그게 우리랑 무슨 상관이야?
그러게~
휴대전화를 잘 이용한다면
010-4
살기 좋은 환경을 만들 수 있다구요.

07

혹시 '콜라주'*를 미술 시간에 해본 적이 있나요? 아무런 연관이 없어 보이는 여러 가지 재료가 서로 조화를 이뤄 아름다운 하나의 작품을 만들지요. 휴대전화와 우리의 자연 환경 역시도 '콜라주'라고 볼 수 있습니다. '휴대전화와 자연 환경이 어울릴 수 있을까?'라는 생각이 들겠지만, 우리가 잘 이용한다면 휴대전화를 쓰면서도 자연 환경을 보호하는 것이 가능합니다. 물론 휴대전화를 잘 사용한다고 해서 곧바로 환경이 정화되고 아름다운 자연으로 되돌아가는 것은 아니지만요.

많은 학생들은 유행에 맞추어 휴대전화를 자주 바꿉니다. 휴대전화에는 많은 부품*들이 들어 있는데 그러한 부품들을 얻기 위해서 자연 환경을 부득이하게 훼손하죠. 휴대전화를 만들기 위한 원료를 얻는 것

*콜라주의 원래 의미는 '풀칠,' '바르기' 등이다, 화면에 인쇄물, 천, 쇠붙이, 나무 조각, 모래, 나뭇잎 등 여러 가지를 붙여서 구성하는 회화 기법 또는 그러한 기법에 의해 제작되는 회화를 가리킨다.

콜라주 작품의 예

부터 자동차나 비행기와 같은 운반 수단의 연료까지 직접 · 간접적으로 환경에 좋지 않은 영향을 미치고 있습니다. 그러면 우리가 환경을 보호하기 위해 실천할 수 있는 방법들은 무엇이 있을까요? 휴대전화를 자주 바꾸지 않고 오래 사용하는 것만으로도 환경을 보호할 수 있어요. 그만큼 자원을 덜 쓸 수 있으니까요. 그리고 사용하지 않는 휴대전화를 우체국이나 주민센터 등에 보내서 오래된 휴대전화기를 모으는 방법도 있지요. 이렇게 모은 휴대전화는 다른 나라에 수출하기도 하고 휴대전화 안의 자원을 모아 다시 재활용하기도 한답니다. 이처럼 우리가 할 수 있는 것들을 실천에 옮겨 보면 어떨까요?

신문 기사에도 나왔었지만 이동 통신사나 휴대전화 제조업체에서 해주어야 할 일도 있어요.* 지금은 휴대전화 충전기 모양이 모두 제각각입니다. 그래서 휴대전화를 충전하는데 불편한 점이 있어요. 게다가 더 큰 문제는 충전기의 폐기물들이 우리의 환경을 심하게 오염시킨다는 사실이에요. 휴대전화를 다른 제조사의 것으로 바꾸었을 때, 충전기의 모양이 다르기 때문에 기존에 사용하던 충전기를 다시 사용할 수가 없습니다. 그래서 기존에 사용하던 휴대전화의 부품들을 모두 버릴 수밖에 없고 엄청난 양의 휴대전화 폐기물이 쏟아져 나오

* 휴대전화 한 대에서 금 0.02g, 은 0.14g, 니켈 0.27g, 텅스텐 0.39g 등을 추출할 수 있다고 한다. 연간 폐휴대전화가 1000만 대 이상 나오는데 여기서만 무려 300kg 이상의 금을 얻을 수 있다.

* 글로벌 통신업체 모임인 GSM협회(GSMA)는 삼성전자, LG전자, 노키아, 모토로라, 소니에릭슨 등 굴지의 휴대전화 업체들이 2012년까지 범용 충전기를 채택키로 합의했다. [……] 미국 AT&T, 영국 보다폰, 프랑스 오랑쥐, 독일 T모바일 등 주요 이동 통신사들도 충전기 통일 계획에 동참했다. 범용 충전기가 개발되면 소비자 부담과 불필요한 폐기물이 크게 줄어들 것으로 예상된다. GSMA측은 남아도는 충전기가 5만1000t에 달하는 현 상황이 범용 충전기 개발을 통해 종식될 것으로 예상했다(《국민일보》, 2010. 8. 6).

게 되죠. 물론 이동 통신사와 제조업체는 휴대전화의 충전기 규격을 통일하면 자원 낭비를 막을 수 있고 환경을 보호할 수 있다는 것을 알고 있지요. 하지만 자기 회사의 고유한 기능과 특성을 살린 휴대전화의 충전기를 굳이 바꿀 필요를 느끼지 못했답니다. 그래서 많은 소비자와 시민 단체, 환경 단체들이 휴대전화 충전기의 공용화를 계속적으로 요구했어요. 이러한 소비자의 노력이 결실을 맺어 2012년까지 모든 휴대전화에 사용할 수 있는 충전기를 만든다고 하니 반가운 소식이 아닐 수 없네요.

또한 휴대전화가 계속 발전하면 스마트폰 자체로 공책이나 책의 역할을 대신해서 더 이상 나무를 베어 종이를 만들지 않아도 될 거예요. 우리 생활에서 환경 보호를 실천하게 도와주는 어플들로 녹색 환경을 지킬 수도 있겠죠. 나아가 스마트폰에서 실현되는 입체 가상 실험을 통해 인류가 자연과 함께 살아갈 수 있는 다양한 방법이 나올 거예요. 이처럼 휴대전화를 잘 사용하는 것만으로도 우리가 살아가는 환경을 지킬 수 있다니 참 신기하지 않나요?

08 나만의 세상으로

네가 참 궁금하다는 말 대신…
많이 그리울 거라는 말 대신…
좋은 친구가 되어 주겠다는 말 대신…
J.S PARK
13
우리는 하나라는 말 대신…
사람의 손은 들리지 않는 이야기를 합니다.
손으로 우리의 마음을 이야기해 볼까요?
사랑해
좋아해
최고야!

우리들은 휴대전화를 게임기로 많이 이용합니다. 특히 스마트폰의 보급으로 인해 휴대전화를 성능 좋은 게임기, 또는 간편한 컴퓨터로 여기는 사람들도 있어요. 이처럼 휴대전화로 상대방과 문자와 통화만 하는 시대는 끝나고 여가와 오락, 소통이나 정보 공유를 위한 도구로 사용하는 시대가 되었지요. 하지만 기술이 발전하면 할수록 친구들이나 가족과 얼굴을 보고 대화하기보다는 휴대전화가 보여 주는 세상만 들여다보는 잘못을 범하기도 한답니다. 친구들과 문자를 보내거나 온라인 채팅을 자주 하지만 실제로 만나지 않거나 전 세계의 많은 사람들과는 소통하고 이야기하지만 가족이나 가까운 사람들과는 점점 대화하는 시간이 줄어들고 있지는 않나요? 손안에서 펼쳐지는 가상의 세계도 중요하지만 현실 세계에서 우리와 함께 웃고 울면서 삶을 나누는 주변 사람들 역시 중요합니다. 휴대전화가 주변 사람들과 진정으로 소통하는 도구가 될 때 손안에 인터넷 세상도 즐겁고 행복해질 것입니다.

생각의 날개 달기

1. 휴대전화와 관련된 글을 읽어 보고 빈칸에 어울리는 낱말을 채워 봅시다.

가입자 수가 4300만 명을 넘어 전 국민의 88% 이상이 (   )를 사용하고 있다. 특히 거의 대부분 (   )이 휴대전화를 사용하고 있을 뿐 아니라 친구들과 하루에도 몇십 건씩 전화 통화와 (   )를 주고받는 일은 흔한 일상이다. 하지만 휴대전화 사용이 일상화된 만큼 그로 인한 (   )도 만만치 않다. 휴대전화 사용이 빈번한 청소년에게 나타날 수 있는 질환은 두통, 수면 장애, 손목터널증후군 등 다양하다.

휴대전화를 장시간 사용할 경우 (   )이 생길 수도 있다. 실제로 지난해 영국, 미국, 독일 등에서 휴대전화의 (   )가 뇌의 스트레스 시스템을 작동시켜 두통을 초래하고 수면까지 방해한다는 연구 결과가 나왔다. 이 실험에서는 (   )의 전자파와 같은 파장과 주파수 강도에 노출된 실험 참가자들 중 절반은 두통이나 인지 능력 저하 등을 호소하며 '전자파 민감' 증상을 보였다. 그래서 휴대전화를 사용할 경우 (   )에 너무 가까이 대지 않고 5~10cm 정도 떨어져서 (   )를 하도록 권장하고 있다.

—〈뉴시스〉, 2008. 2. 13

2. 우리 서로 문자로 말해요.

우리는 문자를 통해 웃기도 하고, 울기도 합니다. 오늘 아파서 결석한 나의 절친 ○○에게 이모티콘과 특수 문자를 활용하여 힘이 나는 문자를 보내 볼까요?

3. 다음 만화 속의 말풍선에 어울리는 말을 채워 봅시다.

세상에 공짜는 없습니다. 다만 우리가 모를 뿐……

________________생각 END.

4. 지금, 충전하고 있나요?

휴대전화를 사용할 때 반드시 필요한 것이 충전입니다. 휴대전화에 수많은 기능들이 있어도 배터리에 충전이 되어 있지 않으면 아무것도 할 수 없습니다. 우리도 마찬가지죠. 학교와 학원, 과도한 공부와 숙제에 허덕이면서 사는 우리의 마음도 잠시 충전시켜 보면 어떨까요? 이제부터 우리가 가진 모든 전자 기기의 전원을 다 끄고 우리의 삶을 충전할 수 있는 방법을 생각해 봅시다.

나를 충전하는 10가지 방법	
1	
2	
3	
4	
5	
6	
7	
8	
9	
10	

p.238의 1번 정답

휴대전화, 청소년, 문자, 부작용, 두통, 전자파, 휴대전화, 귀, 통화, 잠자리, 숙면, 휴대전화, 문자, 문자, 밤, 예방, 때, 장소, 습관

추천합니다

책

전화의 역사

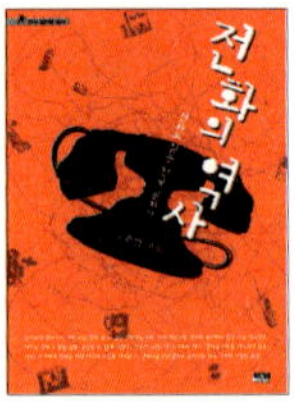

이 책은 '전화'라는 근대적 도구를 통해 한국 사회가 어떻게 변화해 왔는지 읽어 낸다.
강준만 지음 | 인물과사상사

핸드폰 악동

휴대전화를 바르게 사용하여 사람들과 더불어 놀고 즐기는 방법과 자세를 배우고, 휴대전화 때문에 발생하는 여러 가지 문제점들을 슬기롭게 극복하는 방법을 알 수 있다. 정우택 글 | 서하늘 그림 | 맹앤맹

방송 프로그램

지식채널 ⓔ 의문의 실종

벌통의 벌떼가 돌아오지 않고 있다. 이 현상을 휴대전화 전자파와 연관 지어 생각해 본다. EBS, 2009. 4. 20.

지식채널 ⓔ "잘 들립니까?" "네, 잘 들립니다"

1882년 조선에 처음 들어와 수많은 사람들을 이어준 전화는 남과 북을 연결하기도 했다. EBS, 2008. 12. 8.

체험 학습

삼성 딜라이트

최신 인터넷 기술을 바탕으로 한 모든 미디어와 기기들을 전시하였으며, 직접 체험할 수 있는 공간이 있다. 서울 서초구 서초2동 1320-10 삼성전자 빌딩 ☎ 02-2255-2277

7장

나만 모르는 이야기 뉴스

세상에 일어나는 모든 사건이 뉴스가 될 수 있을까? 뉴스는 과연 누가 만들까? 뉴스를 만들고 제작하는 사람들의 24시간을 통해 뉴스가 만들어지는 과정을 정확히 이해할 수 있다. 하지만 인터넷과 텔레비전, 신문 등 미디어마다 뉴스가 다르기 때문에 우린 어떤 뉴스를 믿어야 할지 결정은 언제나 우리의 몫이다. 또한 객관적인 뉴스는 존재할 수 있을까? 뉴스를 만드는 기자는 모든 사건을 직접 경험한 사람이 아니기 때문에 결국 취재를 통해 알게 된 내용만 기사화할 뿐이다. 그렇다면 기자는 발생한 사건에 대한 모든 내용을 완벽히 알 수 있을까? 기자가 빠뜨린 내용이나 지나친 내용이 무엇인지 생각해 보고, 현명한 시청자가 되기 위해 뉴스의 숨겨진 진실에 대해 알아보자.

시끌벅적
꼭 1번 뽑아!
히히~
다음은 1번 후보자가 소견 발표를 하겠습니다.
철푸덕
어이쿠 저런!
이크!
엉?
헐 재 봐봐..
어머 어머
제… 제가 전교 회장이 되면…
웅성 웅성
웅성 웅성
괜찮나?
큭큭
걔 얼굴 웃기다.
학교 다녀왔습니다~
엄마~ 재미있는 뉴스가 있어요!
응? 뭔데?
으악!
그게 정말 뉴스 맞아?
이러쿵 저러쿵

01 사건과 뉴스

자~간다
OK!
퍽!
장난이 종종 싸움으로 발전하기도 해요.
퍽!
이건 어떠냐?
너희 둘 다
잘못한 거지?
네…
우리 아들
무슨 일 있었어?
이러쿵
저러쿵
정말?
엄마는 나 못믿어?
믿기는 하지만
…

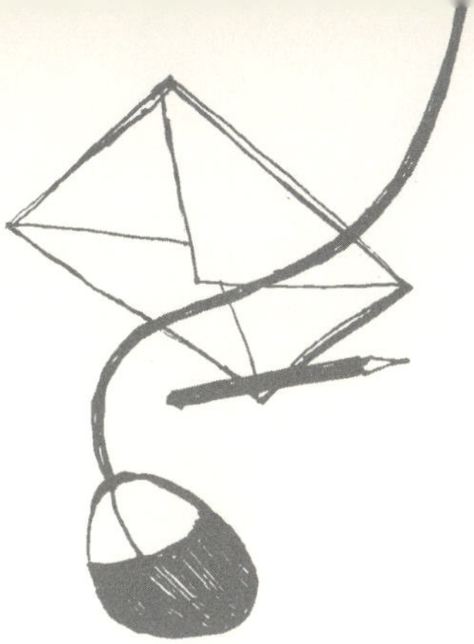

뉴스란 많은 사람들에게 중요하거나 흥미로운 사건에 대해 시기적절하게 전해 주는 것을 말해요. 다양한 사건들이 우리 주변에서 일어나지만 그 모든 것들이 뉴스가 되지는 않지요. 엄밀히 말해서 사회적으로 널리 믿을 수 있는 매스 미디어, 예를 들어 신문, 텔레비전, 인터넷 등과 같은 대중적인 미디어를 통해서 전달된 것이 아니라면 뉴스라고 할 수 없답니다. 그런데 만약 우리 주변의 소소한 사건을 신문기자에게 전해 준다면 어떻게 될까요?

기사 내용을 넘겨받은 기자는 이 사건이 뉴스로서 가치가 있는지 평가하고 선택을 해요. 만약 한 학생이 학생 회장 소견 발표를 하러 가다가 넘어졌어요. 이 사건이 뉴스가 될 가치가 있다고 생각하는 사람은 이런 일이 일어난 학교의 학생들이거나 이 선거와 관련 있는 사람들일 거예요. 하지만 이러한 사건을 중요치 않다고 생각하거나 아예 관심 없는 사람도 있을 수 있지요. 이 사건이 뉴스로서 가치가 있다고 판단하는 기자는 이 사건을 기사화하여 뉴스 보도를 할 것이고 이 사건이 뉴스로서 가치가 없다고 생각하는 기자는 이 사건을 기사화하지 않을 겁니다. 이러한 선택 과정을 게이트 키핑gate keeping*이라고 한답니다. 게이트 키핑 과정이 꼭 기자에게만 이루어지는 것은 아니에요.

게이트 키핑은 우리에게도 자주 나타난답니다. 그것도 매일매일이요. 여러분은 아침에 등교해서 점심 먹고 하교할 때까지 다양한 사건을 겪게 됩니다. 예를 들어, 선생님께 혼이 났다거나, 친구들과 싸웠다거나, 숙제를 잘해서 선생님께 칭찬을 받는 등 다양한 일이 시시각각 일어나지요. 하지만 우리는 이러한 모든 일을 다 어머니께 이야기하지는 않아요. 학교에서 가장 재미있었거나 인상 깊었던 일을 중심으로 스스로 가치 있다고 여겨지는 이야기만을 걸러내서 어머니께 전하지요. 이처럼 학교에서 일어나는 모든 일들을 사건이라고 한다면 그것을 선택해서 전하는 것을 뉴스라 할 수 있지요. 이것이 바로 사건과 뉴스의 차이랍니다. 물론 기자가 사건을 기사화하였더라도 작성된 기사를 읽기 쉽게 배치하는 편집 과정에서 삭제될 수도 있고, 뉴스를 발행하는 결정권자(편집국장, 사주)에 의해서 삭제될 수도 있어요. 똑같은 사건이라도 그것을 보는 사람의 관점에 따라 뉴스가 다르게 만들어질 수 있답니다.

텔레비전을 통해서 전하는 뉴스는 방송사마다 특색 있게 그날 일어난 사건들을 다양한 영상과 함께 집중적으로 다룹니다. 하지만 방송은 시간의 제약을

*게이트 키핑이란 뉴스를 내보내는 과정에서 기자나 편집자와 같은 사람들에 의해 뉴스가 버려지거나 선택되는 과정을 의미한다. 메시지가 우리에게 도달하기 위해서는 많은 문gate을 통과해야만 하는데 이 과정에서 반드시 어떤 메시지는 선택되고 어떤 메시지는 버려지는 것이다.

많이 받기 때문에 시청자에게 충분한 정보를 제공하지 못하는 경우가 많답니다. 그래서 중요한 사건이나 현상, 인물에 관해서는 따로 깊이 있게 보도하기도 하지요. 그리고 그날 발생한 중요한 사건이나 이슈를 가장 간략하고 쉽게 압축해서 시청자에게 전달하는 간추린 뉴스, 사건에 대해 전문가가 의견을 덧붙여 우리가 알기 쉽도록 도와주는 해설 · 논평, 사건을 시간의 흐름이나 주제에 맞게 다양한 방면에서 접근한 심층 취재물, 24시간 뉴스 프로그램에 이르기까지 그 종류는 매우 다양합니다.

인터넷의 발달로 시시각각 전 세계에서 일어난 일들을 인터넷 뉴스를 통해 빠르게 알 수 있어요. 특히 우리나라는 약 3500만 명이 넘는 사람들이 인터넷을 사용하고 있답니다. 다양한 미디어들이 인터넷 사이트를 만들어서 뉴스를 전달하지요. 포털 사이트의 뉴스 게시판과 각종 언론사 사이트를 연결해 보다 더 신속하게 뉴스를 전달하고 여론을 형성하기 위해 노력합니다. 한 기사가 수많은 뉴스들 중에서 독자에게 선택받고 읽히기 위해서는 독자들의 호기심과 관심을 끌어야 합니다. 최근에는 스마트폰이 일반화되면서 모바일 뉴스 서비스를 통해 뉴스를 접할 수 있어요. 특히 트위터나 페이스북, 다양한 뉴스 관련 애플리케이션으로 우리는 전 세계의 소식을 접할 수 있게 되었습니다. 이렇게 뉴스는 시대와 미디어의 변화에 따라 계속해서 새로운 방식으로 발전하고 있어요.

02 뉴스 24시

화산이 터졌다!
그 후 지역의 통신원들이 신문사와 방송국에 사건의 내용을 전달하지요.
CNN
뭐? 정말?
터졌다니까!
KOR
다양한 내용을 토대로 뉴스의 방향을 정하는 회의를 하지요.
편집장
정치부
경제부
국제부
문화부
사회부
부족한 내용을 보충하고 취재 및 정리 작업을 해요.
어떻게 된 겁니까?
제가 보기에는…
기사에 대해 교열 작업을 진행해요.
틀린 것 없는지 잘 확인해 봐.
이 부분을 수정해야 겠습니다.
0월0일
일본 후지산 터져..
국제부에서는
그렇게 정리되고 완성된 기사를 우리는 가정에서 보는 것이죠.
아빠! 일본에서 화산이 터졌대요!
그러게 말이다.
000

사람들에게 흥미와 관심을 끌 만한 사건이 벌어진 취재 현장에서는 뉴스 통신사*의 통신원들이 다양한 방법으로 수집한 정보를 신문사와 방송국에 전합니다. 신문사는 이러한 독자적인 통신망을 통해 필요한 뉴스를 공급받아요. 그리고 편집국의 다양한 부서, 예를 들어 정치부, 경제부, 사회부, 문화부, 국제부 등에 소속된 현장 취재 기자들이 보내 온 전송 기사들을 정리하면서 전화 보충 취재 등을 통해 취재 정리 작업을 해요. 그 후 뉴스를 생생하게 취재할 기자들을 현장에 보내는 한편, 편집국장의 지휘 아래 뉴스의 방향을 정한답니다. 회의 동안 다양한 기사를 점검하고 중요한 뉴스에 대한 의견을 교환하지요. 편집 회의가 끝나는 대로 편집부 기자들이 완성된 기사들을 놓고 기사의 크기와 위치를 규정하는 레이아웃을 설정해요. 편집부 기자는 최후의 기자이며 최초의 독자인 것이지요. 이렇게 넘겨진 기사들은 교열*부에서 기사의 오자나 누

*뉴스 통신사란 독자적인 취재 조직을 가지고 수집한 뉴스를 신문사와 방송국에 제공하는 기관을 말한다. 즉 세계의 여러 나라에서 일어나는 다양한 뉴스를 신문, 잡지, 방송 등에 공급하는 기관이다.

*교열이란 틀린 글자를 수정하는 것을 말하는데 글자만 수정하는 교정과는 달리 문장과 글 전체를 수정하는 것을 뜻한다. 취재 기자가 취재한 내용을 신문에 내기 위해서는 반드시 교열 기자의 손을 거쳐야 한다.

락자가 있는 부분을 수정하여 교정을 보는 교열 작업을 진행합니다. 그 후 인쇄의 기본 틀을 제작하는 작업 라인에 넘겨지고 광고를 편집하고 색상을 조절해서 인쇄를 하지요. 그리고 포장, 운송, 배달 과정을 거쳐 각 가정에서 신문을 받아 보게 되는 것이랍니다. 방송사에서는 앵커, 편집국장, 각 부서의 부장, 기자들이 그날의 신문과 통신 기사들을 참고하여 뉴스 기사를 선택합니다. 보도국 전체가 토론을 하고 뉴스의 길이까지 정확히 계산해서 뉴스를 제작한답니다. 이때, 시청자들이 보다 잘 이해할 수 있도록 기자와 카메라맨들은 사건 현장을 취재하거나 인터뷰를 하는 등의 다양한 영상들을 제작하지요. 그 후 편집부에서 편집 기자와 영상 편집 전문가가 필요한 영상을 골라 편집하여 방송에 적합한 형태로 만들어요. 마지막으로 기자는 영상에 덧붙일 기사를 쓰고 녹음을 하고, 다른 사람들은 영상에 소리를 입히거나 자막을 넣어 누구나 쉽게 알아볼 수 있는 뉴스를 제작합니다. 다시 한 번 편집 회의를 열어 방송에 나갈 최종 뉴스를 결정하고 앵커는 완성된 기사와 영상을 시청자가 더 쉽게 알아들을 수 있게 전하는 것이지요.

그리고 우리가 이렇게 다양한 기사를 볼 수 있도록 도와주는 사람을 기자라고 해요. 기자는 전문 분야에 따라 다양하게 나눌 수 있답니다. 정치 전문 기자는 정부의 활동과 우리나라뿐만 아니라 전 세계에서 일어나는 정치적 문제와 사건에 대해 알리지요. 경제 전문 기자는 경제의 흐름이나 경제 활동에 대한 정보를 주고, 사회부 기자는 실업과 주택, 가난, 교육, 건강 등과 같은 우리의 생활과 관련 있는 정보들을 제공합니다. 법률 전문 기자는 다양한 사건에 대한 재판 과정과 판결 내용을 알려주고, 문화 전문 기자는 질 높은 문화 생활을 할 수 있도록 책, 음반, 공연, 전시회와 같은 정보를 주지요. 그리고 스포츠 전문 기자는 국내외의 다양한 스포츠 경기나 선수들에 대한 정보를 제공하여 우리가 스포츠를 더욱 재미있게 즐길 수 있도록 도와준답니다.

또한 하는 일에 따라 기자를 나눌 수도 있어요. 취재 기자는 기사에 대해 아이디어를 짜고 사건 현장에서 다양한 정보를 얻거나 사실 여부를 확인하여 기사를 작성하지요. 또한 프리랜서 기자는 취재 기자와 비슷한 역할을 하지만 혼자서 일하고 신문사가 요청할 때마다 기사를 전달하며, 조사 기자는 취재 기자가 기사를 쓰기 위해 도움이 되는 다양한 관점의 정확한 자료를 제공합니다. 사진 기자는 기사의 내용을 더욱 확실하게 전달하기 위해 기사의 내용을 압축할 수 있는 사진을 제공하여 독자의 이해를 높이고, 교열 기자는 취재 기자가 쓴 기사를 읽어 보고 문장이나 글자가 틀렸거나 전체적인 문맥이 틀린 것을 고치는 역할을 해요. 주재 기자는 해외에 머물면서 그 나라에서 발생하는 사건에 대한 정보를 제공하고, 미술 기자는 기사에 어울리는 이미지를 찾아 독자들에게 제공함으로써 기사에 대한 독자의 이해를 높일 수 있도록 도와줍니다.

03 뉴스가 보여 주는 세상

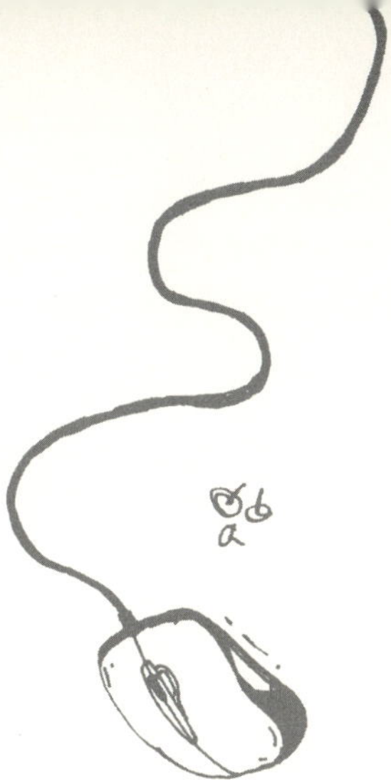

뉴스를 보고 들으면 세상에서 벌어지는 다양한 일들에 대해 이해할 수 있어요. 또 전 세계에서 일어나는 중요한 일들에 대해 의견을 가질 수 있습니다. 예컨대 환경 문제나 기아 문제, 전쟁 문제와 같은, 우리 주변에서는 잘 일어나지 않지만 전 세계적인 도움과 인식이 필요한 문제에 대해 관심을 갖게 되는 것이지요. 하지만 세상에 일어나는 모든 사건이 뉴스로 만들어지는 것은 아닙니다. 그중에서 뉴스를 만드는 이들이 뉴스로서 가치가 있다고 판단하는 것을 뉴스로 만드는 것이죠. 사건이 뉴스로 만들어지는 과정에는 기자의 생각과 판단이 중요한 역할을 한답니다. 뉴스 제작자의 의도도 중요해요. 뉴스 제작자가 우리에게 알려주고 싶어 하는 메시지가 무엇인지, 어떻게 하면 뉴스를 제대로 이해하며 시청할 수 있을지 관심을 가질 필요가 있답니다.

04 누구의 말을 믿어야 할까?

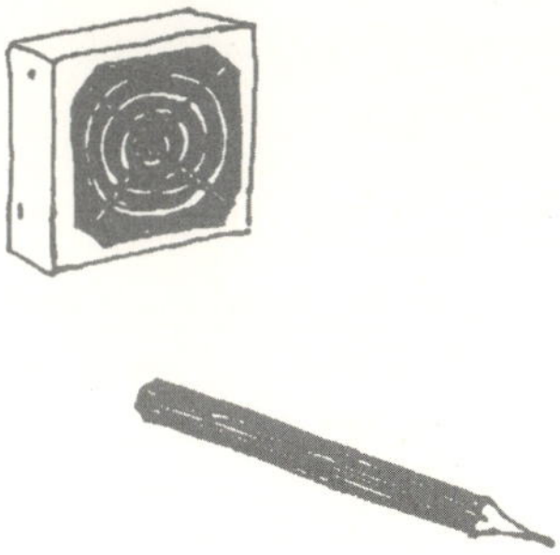

도현이는 오늘 씩씩거리며 집에 들어왔어요. 그 이유는 오늘 학교 포스터에 실린 자신의 사진 때문입니다. 도현이를 비롯해 전교 어린이 회장 선거에 출마한 친구들의 사진이 모두 학교 포스터에 실렸는데, 글쎄 도현이가 잠시 찡그린 얼굴 표정을 하고 있는 사진이 포스터에 실렸기 때문이지요. 반면에 도현이의 경쟁자인 새미는 환하게 웃고 있는 사진이 포스터에 실려 있었어요. 도현이는 이 포스터를 만든 사람들이 원망스러웠고 혹시나 다른 친구들이 자신에 대해 오해하지는 않을까 걱정이 되었어요. 이처럼 우리의 어떤 행동이 정확히 전달되지 않고 한쪽 면만 강조되어 전달되면 어떨까요? 그리고 그러한 오해의 소지가 있는 이야기나 사진들이 다른 사람들에게 전해지고 있다면 어떤 기분이 들까요? 실제로 이런 사진들은 우리 주변에서 쉽게 볼 수 있답니다. 집으로 배달되는 종이 신문에도, 인터넷 신문에도 글자와 더불어 사진이 함께 실려요. 여기에서 사진은 신문의 내용을 자세히 읽지 않은 사람에게도 신문의 의미를 압축하여 전달하는 역할을 한답니다. 우리는 신문 첫 표지의 사진만 보고도 오늘의 주요 뉴스가 무엇인지 짐작해 볼 수 있지요. 또한 사진은 우리에게 발생한 사건에 대한 객관적인 정보를 전달하는 역할도 해요. 그렇기 때문에 사진 속 인물의 표정과 주변 상황은 우리에게 한쪽으로 치우친 이미지를 심어 줄 수도 있답니다.

만약 같은 후보의 사진이라고 하더라도 후보자가 웃는 표정으로 여러 사람에게 환영받는 사진과 후보자는 웃고 있지만 주변 사람들은 냉소적으로 외면하는 사진이 있다고 합시다. 그렇다면 호감과 지지를 받고 있다고 생각되는 사진은 어떤 사진일까요? 또한 후보자가 소견 발표를 하기 위해 단상에 올라가다가 넘어진 사건을 봅시다. 후보자가 단상에 올라가다 넘어진 후에도 웃고 있는 사진과 넘어진 후에 당황하고 찡그리고 있는 사진이 실린다면 어떨까요? 우리는 똑같은 후보에 대해서도 다른 평가를 내릴 것입니다.

사진 기자는 현장에서 많은 장면의 사진을 찍는답니다. 하지만 그중에서 사용되는 사진은 기자가 선택한 단 한 장의 사진이에요. 사진 기자는 기사 내용에 어울리는 사진을 선택할 때, 대상을 있는 그대로 보여 주는 것 같지만 실제로는 자신의 의도에 따라 사진을 선택합니다. 사진 기자가 독자들에게 보여 주고 싶은 사진을 선택하는 것이지요. 결국, 기자나 뉴스 제작자가 선택한 사진은 우리가 사진 속 인물이나 상황을 인식하는 데 영향을 미쳐서 제작자들의 의도대로 사진 속 인물에 대한 편향된 이미지를 가질 수도 있어요. 특히 사진 속 인물의 표정과 자세는 그 인물의 이미지

형성에 많은 영향을 끼친답니다. 사진 선택에는 기자의 시각이 들어 있어요. 특히 많은 사람들이 접하는 미디어의 사진은 신문사가 전달하고자 하는 주장을 좀더 잘 전달하고 타인을 설득하기 위해 의도적으로 선택한 것이지요. 따라서 우리가 이러한 숨겨진 의미를 염두에 두지 않고 사진을 본다면 내 의지와는 상관없이 기자가 의도한 대로 기자의 생각과 관점을 그대로 수용하게 될 거예요.

05 동상이몽同床異夢

같은 자리에서 자면서 다른 꿈을 꾼다

화재 현장에서 기자가 그 당시 현장에 있었던 사람들과 인터뷰를 했어요. 한 사람은 소방관들이 고생을 한 모습에 대해 칭찬하는 인터뷰를 했고, 다른 한 사람은 늦장 부리는 소방관들 때문에 고생한 인터뷰를 했어요. 하지만 두 사람 모두 같은 화재 현장, 같은 건물에서 구조된 사람이었답니다. 그런데 왜 서로 화재 현장을 다르게 설명하고 있을까요? 혹시 누군가가 거짓말을 하고 있는 걸까요?

우선, 이들이 화재 현장과 소방관에 대해 다르게 이야기하고 있는 이유는 그들이 살고 있는 집의 위치를 보면 알 수 있어요. 첫 번째 사람은 도로 앞으로 창문이 나있는 집에 살고 있습니다. 그의 집에서는 소방차가 오는 모습과 소방관들이 자신의 집에 들어오기 위해 애쓰고 있는 모습이 다 보여요. 그래서 불길을 헤치고 자신을 구하려고 애쓰는 소방관의 모습에 무척 고마움을 느끼게 되죠. 반면 두 번째 사람은 도로 옆으로 창문이 나있는 집에 살고 있답니다. 그 집에서는 소방차가 몇 대나 왔는지, 소방관이 자신을 구하기 위해 뛰어오고 있는지 잘 보이지 않아요. 단지 사이렌 소리

를 통해 추측할 뿐이지요. 그래서 크게 소리를 질러도 빨리 자신을 구하러 오지 않자 소방관이 늦장을 부리고 있다고 생각한 것이랍니다.

그런데 만약 화재 현장에서 한쪽의 입장만 인터뷰했다면 기사의 내용은 어떻게 달라질까요? 아마 소방관에 대한 긍정적인 기억과 생각을 가진 기자는 소방관들이 고생했다는 내용을 들으면 사실이라고 생각하며 고개를 끄덕일 거예요. 하지만 소방관에 대한 부정적인 경험과 기억을 가진 기자는 소방관들이 늦장을 부려서 고생했다는 이야기를 들으면 그것이 사실이라고 믿을 거예요. 그리고 그것을 기사로 쓰겠죠.

우리는 기자의 관점에서 쓰인 기사나 방송을 보면서 세상의 모습을 배워 갑니다. 세상에서 일어나는 모든 일들을 직접 겪고 배울 수 없기 때문이죠. 결국, 우리가 알고 있는 많은 지식들은 현장에 있었던 사람이게 전해 듣거나, 텔레비전, 라디오, 뉴스, 신문과 같은 매스 미디어를 통해 전해진 이야기에서 시작된 것이지요. 물론 이런 이야기들은 사실을 토대로 만들어집니다. 이렇게 전해진 이야기들은 우리 사고의 방향을 결정해요. 만일 정치인들의 모습이 계속해서 부정적으로 그려진다면 우리들은 정치인들을 나쁜 사람이라고 여기게 돼요. 그리고 실제로 정치인을 만났을 때 그 사람의 성품이나 자질과 상관없이 정치인에 대한 부정적인 생각을 가지게 되겠죠. 사람들은 새로운 사건이나 사실을 접할 때, 자신이 기존에 알고 있는 것과 비슷한 정보를 더 잘 수용하는 경향이 있기 때문이에요. 그래서 사람들은 자신이 믿는 대로 정보를 이해하고 받아들이려고 합니다. 결국, 같은 화재 현장에 있었더라도 자신이 평소에 가진 생각과 상황에 따라 사실을 다르게 이해할 수 있다는 것이지요.

06 뉴스로 본 세상

저 근처에는 어디가 좋아?
아마도…
음…
거긴…
GAME WORD
학교 옆에 게임월드가 있어!
떡볶이 정돈 먹어야지.
떡볶이
어묵
닭꼬치
비내리는 호남선
노래방은 가야…
누구 말이 맞는 거야?
내 말이 맞다니까!
GAME WORD
노래방
좋아하는 것만 보이는구나!

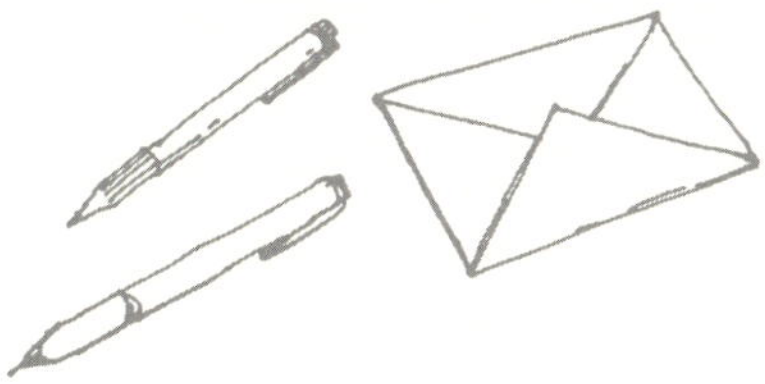

우리는 세상에서 벌어지는 모든 일들을 다 직접 볼 수 없어요. 그래서 미디어가 전해 주는 이야기를 통해 세상에 대한 정보를 수집하고, 세상에 대한 기준을 만들어 세상을 이해하죠. 하지만 이렇게 미디어가 준 정보는 다른 사람들이 선택해서 제공하는 정보랍니다. 뉴스에서 볼 수 있는 사진 한 장, 기사 한 줄에는 뉴스를 만드는 사람들이 우리에게 전달하고 싶은 메시지가 모두 담겨 있답니다. 그에 따라 우리의 인식과 생각이 달라질 수도 있지요. 왜냐하면 우리는 원하는 대로 세상을 보고자 하는 경향이 있기 때문이죠. 이러한 경향은 우리가 무엇을 보고 듣느냐에 영향을 끼치고 우리의 생각과 태도를 다르게도 만들어요. 같은 반 친구들과 똑같은 길거리를 걸을 때도 모두 보고 들은 것이 다르죠. PC방 가기를 좋아하는 사람은 PC방 간판이 눈에 띌 것이고, 액세서리 쇼핑에 관심이 많은 사람은 쇼핑몰 간판만 눈에 띌 거예요. 이것은 뉴스 제작자도 마찬가지예요. 같은 사건임에도 생각하는 바가 다를 수 있습니다.

즉 뉴스 제작자에 따라 뉴스의 내용도 달라질 수 있다는 것이죠. 앞의 화재 사건의 경우, 뉴스 제작자가 화재로 인한 재산 피해에 관심이 있다면 화재로 인한 재산 피해와 인명 피해에 관련하여 접근할 것이고, 소방관의 복지에 관심이 있었다면 열악한 화재 현장에서 고생하는 소방관의 모습을 드러내는 방향으로 뉴스가 전개될 것입니다. 또한 평소 화재 예방을 위한 소방법 정비에 관심이 있었다면 화재로 인해 드러난 소방법의 문제점에 대해 뉴스가 만들어지겠죠. 결국, 하나의 화재 사건이지만 뉴스 제작자의 기준과 전문 분야에 따라 여러 가지 기사를 작성할 수 있답니다. 만약 우리가 뉴스에 대한 아무런 판단 없이 다른 사람들의 눈으로 바라본 세상 속에서 살아간다면 과연 어떻게 될까요? 어쩌면 우리는 정보를 제공하는 사람들의 아바타가 될지도 몰라요. 다른 사람들로부터 전해들은 이야기를 세상을 이해하는 하나의 의견으로 받아들일 것인지, 아니면 그들의 의도한 방향으로 생각할 것인지, 곰곰이 생각해 보아야 할 것입니다.

斷 章 取 義

끊을단 글장 가질취 옳을의

'단장취의斷章取義'는 중국 춘추春秋 시대 관리들이 회의에서 자신의 의견을 나타내려고 《시경詩經》 가운데 한 구절을 사용하였는데, 작품 전체가 아니라 문장의 일부분을 빌려와 품은 생각을 드러낸 데에서 나온 말이에요. 진晋나라와 노魯나라를 비롯한 연합군들이 진秦나라를 쳐들어가는데 진晋나라 대부 숙향이 노나라 경대부 숙손표에게 강을 건너야 할지 건너지 말아야 할지를 물어보자, 숙손표는 《시경》의 한 구절을 사용하여 물이 깊거나 얕더라도 강을 건너오라는 뜻을 표현했다고 해요. 이렇게 자기 의견을 나타내려고 다른 사람의 글에서 한 구절을 따와 글의 전체 뜻과는 상관없이 풀이하는 것을 뜻하는 의미랍니다.

사고 싶은 물건이 있을 때, 여러분은 부모님께 어떻게 말해서 부모님이 그것을 사주시도록 하나요? 혹시 여러분이 사고 싶은 진짜 이유를 밝히기보다 그것이 공부하는 데 얼마나 필요한지를 과도하게 강조한 적은 없나요? '단장취의'란 전체의 뜻과는 상관없이 자기가 필요한 부분만을 사용하여 마음대로 해석하고 이용한다는 의미예요. 아마 여러분도 부모님과 친구들에게 자신에게 유리한 부분만 골라서 이야기한 경우가 있을 거예요. 여러분이 매일 접하는 정보도 정보를 제공하는 사람들의 입장에 따라 만들진 정보랍니다. 따라서 우리가 책을 읽을 때나 미디어를 볼 때, 내용을 전달하는 사람이 무슨 목적으로 그러한 이야기를 전달하는지 그 의도를 알아차려야 한답니다. 전달받은 내용에 마냥 고개만 끄덕일 경우, 우리는 이미 그들에게 낚인 것이랍니다.

07 내 눈으로 세상 보기

또 절도 사건이…
세상이 왜 이리 흉흉할까…
세상은… 무서운 곳이에요.
다음 소식은…
그래도 살기 좋은 세상이지…
살기 좋다구요?
뭐가 맞는 건지…
긍정적인 모습도 부정적인 모습도 모두 우리 사회의 모습이란다.
그럼 전 어떻게 해요?
자신만의 기준으로 세상을 봐야 해.
기준
그래서 좋은 것은 권장하고 나쁜 것은 고쳐 가는 태도가 필요해요.
서울역

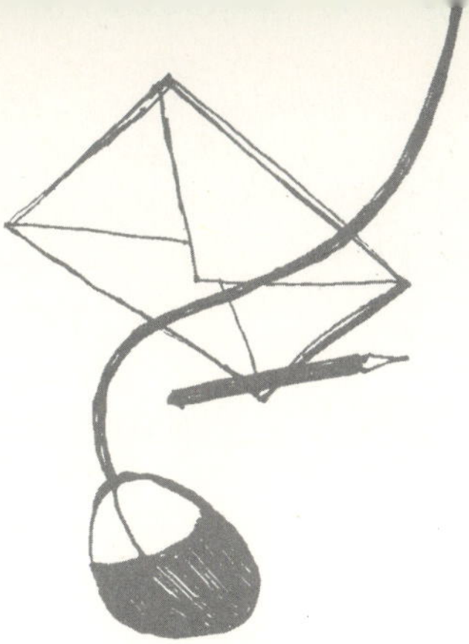

우리가 뉴스를 접하는 것은 기자가 작성한 기사와 다양한 정보에서부터 독자 또는 시청자가 의미를 구성하는 과정으로 이루어져요. 그래서 독자나 시청자가 주어진 뉴스로부터 스스로의 의미를 구성하지 못한다면 그 뉴스는 의미 있다고 말할 수 없어요. 즉 뉴스는 많은 사람들에게 의미와 정보를 제공하는 자료라 할 수 있지요. 그래서 뉴스에서 말하고자 하는 것을 정확하게 파악하는 것이 중요하답니다.

가령, 흉악 범죄 사건이 기사화되었다고 할 때 우리는 이것을 어떻게 바라봐야 할까요? '세상은 흉흉하고 살 만한 곳이 못 된다'라고 보아야 할 것인가, 아니면 '세상엔 이런 저런 일들이 존재하니 조심하면서 잘 살아야겠다'라고 보아야 할 것인가는 우리의 몫이에요. 요즘 뉴스는 사람들의 시선을 끌기 위해 자극적이고 질서에 어긋나는 내용을 많이 다루고 있답니다. 결국 다양한 뉴스 속에서 제대로 된 세상을 보기 위해서는 스스로 의미를 재구성할 줄 알아야겠죠. 주변에서 일어나는 것들에 관심을 가질 뿐만 아니라 세상을 바라보는 폭넓은 안목이 반드시 필요하답니다.

08 객관적인 뉴스가 존재할까요?

객관이란 말의 의미는 무엇일까요? '객관'이란 자기와의 관계에서 벗어나 제삼자의 입장에서 사물을 보거나 생각하는 것을 뜻합니다. 과연 우리의 말과 글이 객관적일 수 있을까요? 우리가 다른 사람들에게 하는 모든 말과 글에는 전하고자 하는 생각과 마음이 담겨 있습니다. 전하고자 하는 메시지가 없다면 굳이 말과 글을 사용할 필요가 없겠지요. 결국, 생각과 마음이 담겨 있지 않은 말과 글은 존재하기 어렵답니다. 그렇다면 기자의 관점에서 우리에게 세상의 여러 가지 사건과 메시지를 전해 주는 뉴스가 객관적일 수 있을까요?

만약 어젯밤에 비가 내린 사실을 전달하는 뉴스에서 '20mm나' 혹은, '20mm밖에'로 달리 표현하였다면 어떤 것이 객관적인 보도일까요? 20mm의 비로 인해 집에 물이 차는 등 피해를 입은 사람은 '20mm나 되는'에 대해 고개를 끄덕일 거예요. 하지만, 모내기를 위해 비를 기다리고 있는 농부는 '20mm밖에'의 보도를 객관적인 보도라고 생각할 수 있어요. 이렇듯 완벽하게 객관적인 뉴스란 존재할 수 없답니다. 어떤 사람에게는 공정하고 객관적인 뉴스가 다른 사람에게는 불공정하고 주관적으로 느껴질 수 있지요. 모두들 자신의 위치와 상황에 따라 이야기를 전달하기 때문이에요. 이런 객관적인 보도에 대한 모호성 때문에 신문이나 방송에서 추가 보도나 정정 보도를 하는 것이랍니다.

기자가 뉴스를 만들기 위해서는 우선 제보를 받고 취재를 해야겠죠? 그런데 기자가 세상에서 일어나는 일을 모두 알 수는 없기 때문에, 기자도 취재원으로부터 제보*를 받거나 관련 기관에서 제공하는 보도 자료를 보고 정보를 알게 됩니다. 이러한 제보가 사실인지 확인하기 위해서 기자는 사건 현장으로 달려갑니다. 하지만 사건이 이미 벌어지고 난 후에 현장으로 달려가는 것이기 때문에 기자가 가서 눈으로 확인할 수 있는 것은 많지 않지요. 따라서 현장에 있었던 사람들을 인터뷰하거나, 전문가의 이야기를 통해 일어났던 사건을 객관적으로 확인하고 추측하여 재구성하게 됩니다. 그런데 현장에 있었던 사람들의 이야기가 모두 다르면 어떻게 하죠? 예를 들어, 교통사고 현장에서 피해자와 가해자의 이야기가 모두 다르면 누구의 이야기를 믿어야 하는 거죠? 두 사람의 이야기를 모두 뉴스에 실어 준다면 누구 이야기를 먼저 전달해 주어야 할까요? 두 사람의 이야기를 모두 똑같은 분량으로 실어야 주어야 하나요? 실제로 기자는 객관적인 보도를 위해 다양한 설명이 가능한 뉴스의 경우 여러 사람의 이야기를 들어 보고 다양한 입장을 고루 실어 주

*제보란 기자에게 사건과 관련 있는 사람들의 증언이나 다양한 정보를 제공하는 것을 말한다.

려고 노력합니다. 하지만 제한된 지면이나 방송 시간 때문에 사건에서 중요한 인물이라고 생각하는 사람이나 뉴스의 흐름과 어울리는 사람의 이야기를 주로 실어 줄 때도 있습니다.

때로는 누구에게 전해 들었는지 확실히 밝히지 않고 전달하는 경우도 있어요. 또 실제로 검증이 되지 않은 이야기를 업계 종사자들이 제공한 보도 자료만 보고 전달하는 경우도 있습니다. 만약 이러한 정보만 믿고 투자를 하거나 사업에 뛰어든다면 낭패를 볼 수도 있지요. 물론 전문가의 이야기나 통계 자료를 활용하는 경우도 있어요. 하지만 이때, 실제 그 정보가 모든 사람에게 적용할 수 있는 일반화된 이야기인지, 믿을 만한 통계 자료인지를 확인해 보아야 하겠죠. 세상에서 일어나는 모든 일들을 공정하고 객관적으로 표현할 수는 없어요. 그렇다 하더라도 공신력 있는 뉴스를 만드는 기자라면 최대한 공정하고 객관적인 뉴스를 만들기 위해 노력해야 해요. 그래야 우리가 뉴스를 신뢰하고 믿을 수 있을 테니까요.

09 뉴스의 진실 찾기

오!
초등 성취도 평가 폐지
방학은 6개월
낚였다.
사실상 불가능
공부 안하고 100점 맞는 법
공부 안하고 100점을? 앗싸~
광고잖아.
공부 안하고 성적 올리는 XX학교
월 12만 원
놀면서 공부해요~
뉴스는 믿을 수가 없어! 안 봐!
씩
씩
News Net
재미있는 뉴스만 찾으니 그렇지!
뉴스는 전 세계 일들뿐 아니라 숨겨진 진실을 찾는 것이 매력이야.
News
아!

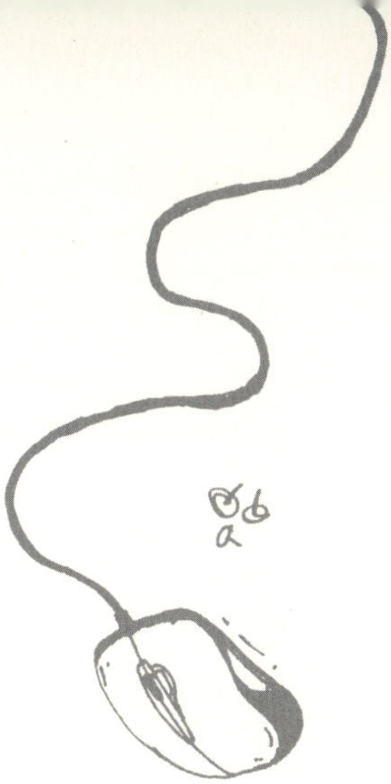

09

친구에게 온 메일을 확인하기 위해 포털 사이트에 접속하는 순간 제일 먼저 보이는 뉴스 헤드라인*을 본 적이 있죠? 메일만 확인하려고 했는데, 헤드라인을 보고 궁금증을 참지 못해 여러 기사들을 보느라 시간을 낭비한 적이 있을 거예요. 또 헤드라인만 보고 클릭했다가 자신이 생각했던 내용의 뉴스가 아닌 경우도 종종 있지요. 왜 이런 일이 일어날까요? 그것은 헤드라인이 꼭 기사의 내용을 요약하거나 대표하는 것은 아니기 때문이에요. 오히려 독자들의 관심과 흥미를 끌기 위한 목적의 헤드라인이 더 많아지고 있답니다. 독자들은 헤드라인을 통해 정보를 선택하기 때문에 독자들의 시선을 끌기 위해 자극적이거나 과장된 헤드라인을 쓰는 것이지요. 그래서 비슷한 주제와 내용을 담고 있어도 헤드라인이 다른 경우가 많지요. 또한 같은 사건을 다루었어도 헤드라인을 어떻게 뽑느냐에 따라 독자들은 기사의 내용보다 헤드라인의 정보를 그대로 받아들

*헤드라인이란 신문, 잡지 등의 기사에 다는 제목을 말한다. 독자들이 관심을 갖고 신문의 내용을 읽도록 호소력 있게 간결하고 함축적으로 쓴다.

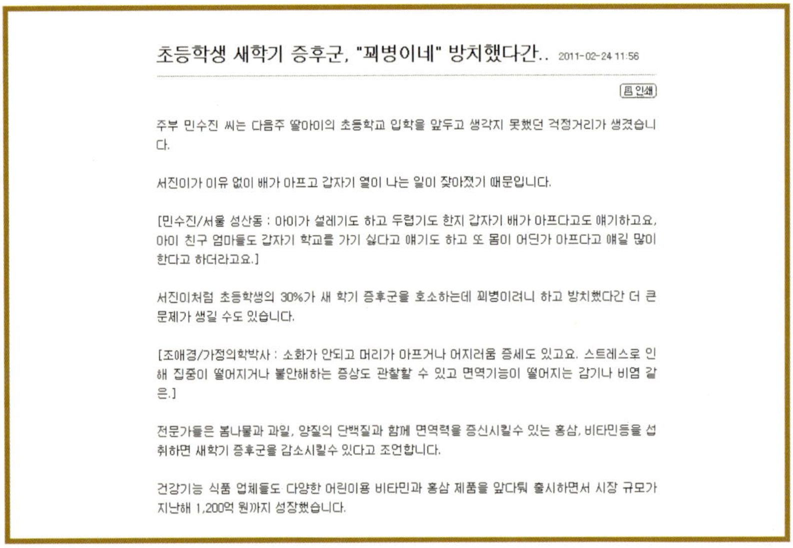

초등학생 새학기 증후군, "꾀병이네" 방치했다간.. 2011-02-24 11:56

인쇄

주부 민수진 씨는 다음주 딸아이의 초등학교 입학을 앞두고 생각지 못했던 걱정거리가 생겼습니다.

서진이가 이유 없이 배가 아프고 갑자기 열이 나는 일이 잦아졌기 때문입니다.

[민수진/서울 성산동 : 아이가 설레기도 하고 두렵기도 한지 갑자기 배가 아프다고도 얘기하고요, 아이 친구 엄마들도 갑자기 학교를 가기 싫다고 얘기도 하고 또 몸이 어딘가 아프다고 얘길 많이 한다고 하더라고요.]

서진이처럼 초등학생의 30%가 새 학기 증후군을 호소하는데 꾀병이려니 하고 방치했다간 더 큰 문제가 생길 수도 있습니다.

[조애경/가정의학박사 : 소화가 안되고 머리가 아프거나 어지러움 증세도 있고요. 스트레스로 인해 집중이 떨어지거나 불안해하는 증상도 관찰할 수 있고 면역기능이 떨어지는 감기나 비염 같은.]

전문가들은 봄나물과 과일, 양질의 단백질과 함께 면역력을 증신시킬수 있는 홍삼, 비타민등을 섭취하면 새학기 증후군을 감소시킬수 있다고 조언합니다.

건강기능 식품 업체들도 다양한 어린이용 비타민과 홍삼 제품을 앞다퉈 출시하면서 시장 규모가 지난해 1,200억 원까지 성장했습니다.

헤드라인만으로 기사의 내용을 파악할 수 없는 경우도 있다.

이는 경향도 있습니다.

또한 인터넷 뉴스 중에서는 신문사에서 전문 기자가 직접 기사를 써서 제공하는 뉴스뿐만 아니라 일반 인터넷 이용자들이 기자가 되어 직접 기사를 작성하는 뉴스도 있어요. 이러한 인터넷 언론은 뉴스의 제공자가 일반인까지 확대되었고, 제도권 언론의 기자들이 다루지 못하는 새로운 관점의 뉴스와 일반인들의 소소한 이야기를 다룬다는 점에서 많은 의의를 가지고 있답니다. 하지만 이러한 인터넷 언론들 또한 매스 미디어의 뉴스들처럼 주의해서 봐야 해요. 특히 시민 기자가 왜 그 기사를 쓰게 되었는지, 그리고 시민 기자가 사건을 바라보는 관점이 무엇인지에 대해 생각해 보면서 읽는 태도가 필요합니다.

하지만 뉴스에서 제공하는 정보들이 객관적이지 않을 수 있다고 해서 우리가 볼 수 있는 텔레비전 뉴스, 신문, 인터넷 뉴스와 같은 다양한 뉴스들을 믿지 말아야 할까요? 그건 아니에요. 뉴스는 우리가 실제로 겪지 못하는 사실을 우리에게 전해 주고 있어요. 그래서 세계 곳곳에서 일어나는 다양한 사건과 정보를 알 수 있도록 도와준답니다. 우리는 뉴스를 볼 때 두 가지만 기억하면 됩니다. 앞에서 말했듯이 뉴스는 뉴스 제작자의 이해관계에 따라 그들의 진실을 전달하는 도구입니다. 그러므로 우리는 그들의 이야기를 모두 진실이라고 믿는 실수를 범해서는 안 됩니다. 또한 같은 정보라도 미디어의 종류와 특징에 따라 우리에게 들려주는 이야기가 달라질 수 있어요. 그렇기 때문에 이러한 정보가 만들어지고, 전달되는 과정을 이해하며 다양한 통로를 통해 사실 관계를 파악하려고 노력해야 합니다. 친구들과 부모님, 선생님과 함께 사건과 뉴스에 대해 대화를 나누어 보고 자신이 생각하는 사건에 대한 진실이 무엇인지 생각해 보세요. 이렇게 다른 사람들과 의견을 나누며 상호작용을 하다 보면 자신이 가진 세계와 지식이 더 깊고 넓어짐을 느낄 수 있을 거예요. 기자가 의도한 이야기가 아닌, 여러분이 알아낸 뉴스의 진실. 생각만 해도 재미있지 않나요?

생각의 날개 달기

1. '게이트 키핑'은 기자나 뉴스 편집자만 하는 것은 아니에요. 여러분도 학교에서 일어난 사건을 부모님께 전달할 때, 여러분에게 불리한 사건은 이야기하지 않고 유리한 사건만을 전달한 적이 있지 않나요? 여러분이 '게이트 키핑'을 하여 부모님께 사건을 전달한 경험을 적어 봅시다.

2. 빈칸에 들어갈 알맞은 내용을 상상하여 적어 봅시다.

거북이가 들려주는 '토끼의 간' 이야기

내가 첫 번째 토끼를 만난 곳은 억새꽃이 만발한 산 중턱쯤이었어. 토끼는 커다란 귀를 나무에 기대고 쉬고 있는 중이었지. 난 용왕님의 위중한 병에 토끼의 간이 필요하다는 이야기를 듣고 사흘 내내 토끼를 찾아다녔었어. 우리 용왕님의 병으로 인해 용궁의 모든 동물들은 늘 걱정 속에 살아야 했어. 너희들도 어머니, 아버지가 편찮으시면 얼마나 걱정되고 힘든지 그 마음을 알 거야. 용왕님은 우리에게 어머니, 아버지와 같은 존재야. 나는 용왕님을 꼭 살리고 싶었지. 그런데 눈앞에 우리 용왕님을 살릴 수 있는 '토끼'가 딱 보이는 거야. 나는 토끼를 설득해서 용궁까지 데리고 가려고 마음먹었어. 그래서 토끼에게 우리 용왕님이 얼마나 위중한지를 설명하고 나와 함께 용궁으로 가자고 이야기했어. 우리 용궁에는 간 이식을 잘하는 유명한 의사가 있다는 것도 이야기했지. 간은 조금 떼어내도 다시 크게 자랄 수 있다는 이야기도 덧붙였어. 그러나 토끼는 의심이 많아서 내 말을 믿지 않았어. 나를 이상하다는 듯 쳐다보고 멀리 도망가고 말았지. 나는 나를 믿지 않는 토끼가 야속했어. 토끼가 아픈 사람을 위해 자신이 가지고 있는 간 정도는 나누어 줄 수 있지 않을까 생각했지. 그 후로 나는 나흘이나 토끼를 다시 찾아 헤맸지. 그리고 거기에서 토끼를 만나게 되었던 거야.

그래서 나는 토끼에게

그리고 토끼는 용궁에 다녀온 후 신문 기자에게 전화를 걸어 자신이 겪은 일을 이야기해 주었지. 그런데 신문 기자는 용궁에 와서 나에게 사실을 물어보거나, 전화를 걸어 사실을 확인을 해보지도 않고 그냥 신문 기사로 써버린 거야. 그 후 경찰서에서 나에게 전화가 왔지. 다른 사람들도 나에게 전화를 해서 내가 토끼를 속였다고 비난했어. 사실 난 토끼를 속인 게 아니라 ______________________________

____.

3. 다음 헤드라인과 글의 내용이 잘 어울리나요?

토끼, 드디어 결승점 도착! ◀ 헤드라인

토끼와의 마라톤 경기를 위해 한 달 전부터 꾸준히 운동을 한 거북이 선수는 토끼 선수보다 한 시간이나 먼저 경기장에 도착하여 몸을 풀었습니다. 토끼와 거북이가 출발점에 출발 신호를 기다리는 순간에도 토끼는 여유로운 모습을 보이는 한편 거북이는 신발끈을 여러 번 다시 동여매고 긴장하는 듯 보였습니다. 경기 중에도 거북이는 물도 마시지 않고 열심히 앞만 보며 달리는 모습을 보이는 한편 토끼는 중간중간 놓인 물과 비스킷까지 먹으며 여유롭게 달렸습니다. 예상대로 토끼는 경기 중 나무 그늘이 보이자 잠시 쉬었다 가는 모습을 볼 수 있었습니다. 거북이가 4시간에 걸친 긴 마라톤 결승점에 도착하는 순간, 토끼는 여전히 나무 밑에서 편히 쉬고 있는 모습을 보였습니다. 거북이의 우승을 축하하는 환호성 소리에도 토끼는 여전히 나무 밑에서 자고 있는 듯 보였습니다. 밤 11시가 될 무렵 그제야 토끼는 눈을 뜨고 허겁지겁 결승점으로 뛰어갔습니다.

만약 위에 제시한 헤드라인과 글의 내용이 어울리지 않는다면 이유를 말해 봅시다.

글을 읽고 헤드라인을 다시 만든다면 어떻게 만들 수 있을까요?

4. 다음 뉴스에서 기자가 직접 관찰한 것이라고 생각되는 것에는 빨간색을, 간접 관찰한 것이라고 생각되는 내용에는 파란색으로 줄을 쳐보세요.

오늘 왕궁에서 열린 자선 파티에서는 신데렐라와 팥쥐, 콩쥐, 백설공주를 비롯한 약 100여 명의 유명 인사들이 참석하였습니다. 소장품을 팔아 자선 기금을 마련하는 이번 파티에서 신데렐라는 500년 동안 간직해 오던 빗자루를, 팥쥐는 콩쥐를 때렸을 때 사용했을 것으로 추정하는 몽둥이를, 콩쥐는 밑 빠진 독을 내놓았습니다. 대다수의 시민들이 이번에는 꼭 볼 수 있을 거라 기대했던 백설공주의 사과는 이번 자선 파티에서 보이지 않았습니다. 관계자들은 백설공주가 딸의 오랜 병으로 이미 사과를 다른 사람에게 팔았을 것이라는 이야기를 조심스럽게 전했습니다. 이번 자선 파티에서 모금된 수익금의 일부는 소년소녀 가장을 위해 사용될 예정이며, 앞으로 정기적으로 이러한 자선 파티를 개최할 것이라고 밝혔습니다.

추천합니다

책 student

미디어 함께 만들어요!

어린이의 눈높이에 맞춘 미디어의 구체적이고 실제적인 이야기를 담은 책. 프랑수아 드 기베르 외 지음 | 권지현 옮김 | 대교출판

세상을 바라보는 힘 – 미디어 이야기

미디어가 무엇인지, 미디어는 어떻게 발전해 왔는지, 미디어의 힘이 얼마나 큰지, 황색 언론은 무엇인지를 알 수 있으며, 다양한 사실들을 역사 속의 예를 들어 자세히 이야기한다. 우미아 지음 | 아이세움

방송 프로그램 student

지식채널 ⓔ 뉴스 1부 – 무엇이 뉴스가 되는가?

뉴스로 만들어지는 사실도 있지만 뉴스가 되지 못하는 진실도 있다. 과연 어떤 사건들이 뉴스가 되는지를 알 수 있다. EBS, 2006. 3. 20.

지식채널 ⓔ 뉴스 2부 – 뉴스 쇼

5 · 31 지방 선거를 앞두고 언론 보도와 선거 후보자, 그리고 편파 보도 등을 '쇼' 형식을 빌려 말한다. 쇼를 만드는 사람들을 중앙 언론사라고 하며 쇼의 원칙을 예로 들어 뉴스가 어떻게 제작되는지 말해 준다. EBS, 2006. 5. 15.

체험 학습 student parents

신문박물관 http://www.presseum.or.kr

우리나라에서 처음 만들어진 〈한성순보〉에서, 최초의 한글 신문 〈독립신문〉, 2050년 가상 신문까지 과거부터 미래까지의 신문을 한눈에 볼 수 있다. 서울특별시 종로구 세종로 139 ☎ 02-2020-1830

8장

공짜 패키지 이벤트

온라인 게임

게임을 좋아하는 사람이라면 캐릭터의 레벨업을 위해 밤새 온라인 게임에 몰두하기도 하고 희귀한 아이템을 사기 위해 부모님을 졸라 본 적이 있을 것이다. 텔레비전처럼 정해진 프로그램이 끝나면 더 이상 아무것도 볼 수 없는 것과는 달리 온라인 게임은 끝나는 시간이 정해져 있지 않고 자신이 원하면 언제 어디서든 접속하고 즐길 수 있다. 과연 온라인 게임은 누가, 왜 만들었는지, 과연 온라인 게임은 공짜가 맞는지 고민해 보자. 여가 시간을 즐기기 위해 시작한 온라인 게임, 과연 우리는 온라인 게임과 함께 편히 쉬고 있는 것일까? 아니면 우리를 더욱 힘들게 하는 것일까? 마음 편히 쉴 수 있는 우리들만의 공간, 온라인 놀이터에 대한 진실과 재미있게 즐기기 위해 지켜야 할 규칙들은 무엇이 있는지 알아보자.

게임을 만들기 위해서는 엄청난 돈과 인력이 필요하지요.
X1000
3년
100000
이번에는 성공을…
Open 베타 서비스
무료
와~아
OONet
플레이어의 관심과 흥미를 얻지 못하면 곧 망하게 되지요.
노력
Bye
Bye
그래서 도저히 빠져나올 수 없게 재미있는 게임을 만들지요.
퀭~
타닥
타닥
플레이어들이 재미있어 할 요소를 적재적소에 배치하고 있어요.
ㅎㅎㅎㅎ
게임의 매력에 대해 알아볼까요?
나를 거부할 수 있겠어?
아니~

01 온라인 게임의 매력, 레벨업

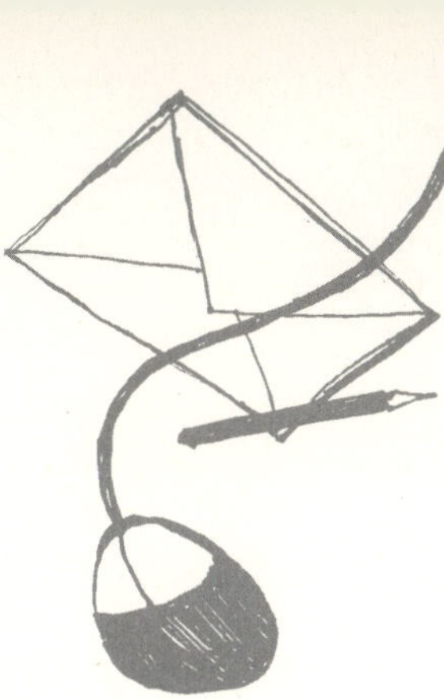

게임의 첫 번째 매력은 레벨업level-up이에요. 레벨업이란 캐릭터의 힘이나 스피드, 레벨 등을 올리는 것을 말합니다. 게임을 통해 자신이 키우는 캐릭터의 성장을 지켜보면서 현실 세계에서 하지 못했던 자기 성장과 자기 발전을 대리만족하는 것이죠. 학교와 학원에서는 열심히 노력하고 공부를 했는데도 성적이 잘 안 나와서 좌절하는 경우가 있지만 온라인 게임 세상에서는 자신이 투자한 시간과 노력만큼의 결과가 반드시 있기 때문에 공부에 많은 좌절을 맛본 학생들이 게임에 더욱 열중하기도 해요. 또한 레벨이 높아지면 높아질수록 다른 캐릭터들의 관심과 부러움을 동시에 받을 수 있죠. 평소 내성적이고 조용한 성격으로 다른 친구들 앞에 잘 서지 못하는 친구가 인터넷 게임 세상에서는 전혀 다른 모습으로 변하는 것도 이러한 이유에서랍니다. 이처럼 온라인 게임은 다른 사람들의 관심과 스스로 무엇인가를 했다는 성취감을 동시에 선물하지요. 결국, 누군가에게 관심 받고 싶고 성취감을 느끼고 싶은 인간의 원초적인 감정을 온라인 게임이 가상 세계에서 실현시켜 주는 것입니다.

02 아이템의 매력

많은 온라인 게임들은 몬스터를 쓰러뜨리면서 랩업과 아이템을 얻죠.
오늘은 무슨 아이템을 구할 수 있을까?
라이트닝!
쿠
쿡
죽은 몬스터는 무작위로 아이템을 떨어뜨리죠.
반짝
태양의 신
내가 이런 아이템을…
태양의 신
좋은 아이템은 많은 사람의 부러움을 사죠.
태양의 신
초등학교 4학년
와
새로운 아이템을 언제 또 주울지 모르기에 게임을 멈출 수 없어요.
오늘도 멋진 아이템
…

WWW

게임의 두 번째 매력은 우연성을 근거로 한 아이템 획득이에요. 몹mob*을 열심히 죽이면 각 몹마다 다른 아이템들을 떨어뜨리는데 그중에 가끔은 아주 희귀한 아이템을 떨어뜨리죠. 그러면 그 순간은 복권을 맞은 것처럼 기쁜 마음이 든답니다. 다른 사람들은 이렇게 희귀한 아이템을 얻은 것을 부러워하고 보여 달라거나 팔라고도 하지요. 그러면 다른 플레이어들도 저런 것을 주울 수 있지 않을까 하는 마음에 더욱 많은 시간과 노력을 들여서 게임을 하게 되고 아이템을 주운 플레이어 역시 다른 아이템을 얻기 위해서 게임에 몰입하게 됩니다. 온라인 게임은 한번 빠지면 헤어나오기 어려운 도박의 원리를 매우 효과적으로 이용하고 있어요. 또한 온라인 게임사들은 희귀 아이템을 많은 플레이어들이 볼 수 있는 게시판에 전시해 놓고 소수의 플레이어들만 그 아이템을 획득할 수 있게 하여 다수의 플레이어들이 부러워하고 욕심이 나도록 유혹하고 있습니다.

*몹이란 군중이나 무리를 일컫는 말. 온라인상의 게임에서는 캐릭터를 육성하기 위해서 레벨을 높이는 과정에서 죽여야 하는 적이나 상대(괴물이나 몬스터)와 같은 모든 것들을 '몹'이라고 한다.

03 이벤트의 유혹

레벨이 왜 이리 안 올라?
경험치
10%
LV 4
이번 주말은 게임이다!
주말 이벤트
아이템 무료
레벨 up!
오늘의 경험치
평일 4시간
4% 올랐습니다
주말 2시간
50% 올랐습니다
우리는 쉽게 이벤트의 유혹을 뿌리칠 수 없지요.
이벤트
와~와
학생들이 쉬는 기간 동안 이벤트는 더욱 다양하고 화려하죠.
설맞이
레벨 x 2up!
엄청난 이벤트
오늘 PC방 가자.
레벨 좀 올리자구!
명절은 내년에도 오지만 이벤트는 두 번 다시 오지 않기에 최선을 다하죠.
새해 복 많이 받으세요.
오냐.
렙업~

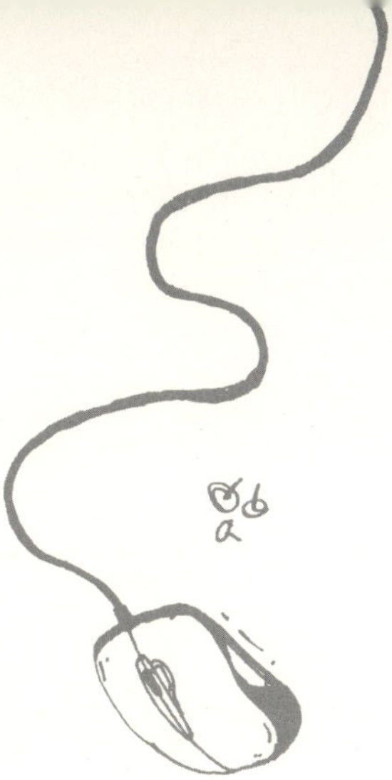

세 번째 매력은 갖가지 이벤트예요. 온라인 게임을 즐기는 상당수 플레이어가 청소년입니다. 요즘 청소년은 학원이나 학교 생활이 바쁘기 때문에 청소년이 더 많은 시간을 게임에 투자하게 만들기 위해 게임사들은 획기적인 방법을 만들어야 했어요. 쉽게 뿌리칠 수 없는 유혹의 손길을 말이죠. 그것이 매력적인 이벤트입니다. 이벤트란 평소 게임을 할 때보다 훨씬 더 높은 레벨과 포인트를 주거나 특정 아이템을 사용하도록 하는 것을 말해요. 평일에 2시간 동안 게임을 하면 레벨 2와 포인트 10000점을 얻을 수 있다면, 공휴일에는 다양한 아이템을 추가로 지급하고 레벨과 포인트를 2배 더 얻을 수 있는 이벤트를 실시한다면 그 유혹을 뿌리치기 힘들겠죠. 학교나 학원에서 많은 시간을 보내야 하는 평일보다는 주말이나 공휴일같이 청소년이 상대적으로 시간이 많을 때 이벤트를 실시합니다. 그래서 명절이나 연휴가 길 때에 학생들을 유혹하는 이벤트가 주로 몰립니다. 오랫동안 못 본 가족은 언제든 다시 볼 수 있지만 지금 놓친 이벤트는 두 번 다시 돌아오지 않으니까요.

04 커뮤니티의 힘

길드나 클랜과 같은 온라인 단체에 가입을 하기도 해요.
클렌가입
방장
인원 53명
활동
채팅방.
게시판
Help!
태양의신 보고 돈있나?
우린 강력한 동료를 얻게 되죠.
LV81
LV1
LV80
난 옛날의 내가 아냐.
많은 도움도 받을 수 있지요.
이걸 주지.
필요한거 없어?
감사~
누군가에게 불이익을 당하고 오면…
왜 그래?
누가?
우리 길드원이 당했다!
전쟁이다!
전투! 준비!
이런 소속감이나 존재감 역시 온라인 게임의 매력 중 하나지요.
우리는 피보다 더 진한 게임으로 맺어진 사이다.

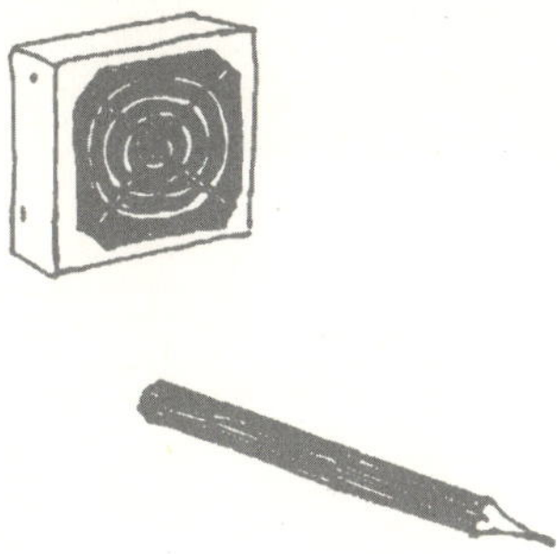

네 번째 매력은 게임 안에서 길드나 클럽 가입을 통해 강력한 소속감을 느끼게 되는 것입니다. 길드, 클랜, 혈맹 등은 이름만 다를 뿐 모두 자신이 하는 게임에 관심이 있는 독특한 취향이나 성향을 가진 사람들의 모임을 의미합니다. 게임을 잘하려면 소속 단체와 연결망이 있어야 정보 교환도 가능하고 레벨 올리기도 더 쉽지요. 내가 레벨이 낮아서 누군가에게 불리한 일을 당했을 때 같은 소속의 레벨이 높은 팀원들이 복수해 준다면 그만큼 고마운 일도 없겠죠? 또한 현실 세계에서는 말 못할 고민들을 가상의 세계에서는 마음 편히 말할 수 있는 친구들도 생기게 되지요. 대부분의 플레이어들이 카페와 동호회에서 주로 활동하며 강력한 소속감을 느끼는 것도 이런 이유 때문입니다. 간혹 청소년들이 자발적으로 게임을 중단하지 못하는 이유가 강력한 길드나 동호회 때문인 경우도 있습니다. 청소년들 사이에 배반과 배신은 용서가 안 되니까요. 또한 게임상에서 누렸던 소속감이나 존재감을 꾸준히 가지고 싶어하기 때문에 게임을 중단하지 못하는 경우도 있답니다.

05 나를 사로잡는 화려한 효과

마지막으로 화려한 그래픽과 강렬한 음향 효과가 있어요. 게임을 하려면 화려한 그래픽이 구현되는 시스템과 사운드 카드가 PC에 있어야 합니다. 그래야 실제와 유사하게 느끼며 게임을 할 수 있어요. 플레이어들은 강력하고 지속적인 자극을 추구합니다. 발달된 미디어를 일찍부터 접해 온 청소년은 기성세대와는 다른 미디어 감수성이 발달했어요. 어른들에게는 현란한 플래시와 자극적인 화면을 어지럽게 느끼지 않고 음성과 이미지를 동시에 수용하며 영상을 제어하는 능력이 발달했어요. 온라인 게임은 강력한 자극을 제공하고 장시간 각성을 유지하도록 고안되었죠. 특히 온라인 게임은 쌍방향 관계에서 실시간으로 플레이해야 하므로 정신과 신체가 긴장된 상태를 유지한답니다. 플레이어들은 고도로 집중한 상태로 게임을 하게 되고 정신은 각성하게 되어 신체가 피로한 줄도 모르고 계속 플레이를 하게 되지요. 그러다 몸에 무리가 오고 심지어 죽음을 초래*할 수도 있답니다.

* 실제로 지난 2002년 4일 동안 PC방에서 게임을 하던 한 남성(24)이 사망했다. 장시간 동안 한자리에 앉아 있으면 혈액 순환에 장애가 와 다리에 피가 굳고, 피가 굳은 덩어리가 혈관을 타고 이동하다 폐의 동맥을 막아 사망할 수도 있다.

06 온라인 게임과 광고의 만남

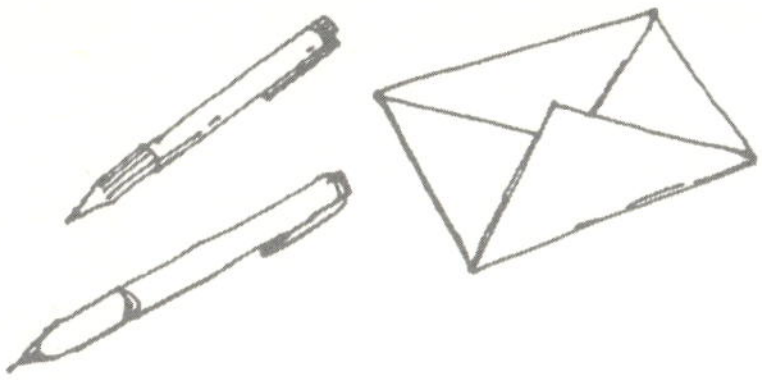

온라인 게임 회사들이 이익을 내는 다른 방법은 다양한 상품들의 광고를 해주는 거예요. 예를 들어서 게임 홈페이지나 게임 내의 여러 곳에 배너를 설치하여 상품을 광고하는 것이죠. 캐릭터를 육성하거나 다양한 정보를 알기 위해 홈페이지에 방문할 때 게임과 상관없는 상품이나 회사 광고가 뜨는 것이 그 이유입니다. 또한 게임을 할 때도 게임 속에 게임과 관련이 없는 음료나 과자 등의 광고가 배경이나 아이템 속에 보이도록 간접 광고를 해요. 게임사와 상품 제조사가 제휴를 맺고 상품을 직접 홍보하는 방법도 있어요. 게임에서 광고하는 음료나 과자 등을 실제로 사 먹으면 게임의 아이템이나 경험치를 추가로 얻을 수 있는 보너스 쿠폰을 제공하는 것이랍니다. 그러면 상품 제조사는 게임 플레이어들에게 직접 광고해 상품 판매량을 증가시키는 효과를 볼 수 있어요. 상품 제조사는 다양하게 홍보할 수 있어서 좋고 게임사에서는 광고 수익을 올릴 수 있어서 좋겠지요. 게임사와 광고주가 서로의 이익을 위해 다양한 방법으로 광고하는 사이 우리는 온라인 게임에 빠지게 된답니다.

07 최고의 선물은 문화상품권

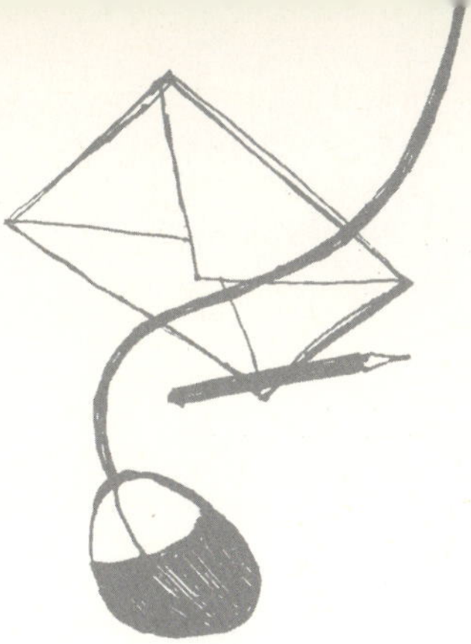

온라인 게임사가 이익을 얻는 또 다른 방법은 학생들의 경제력에 직접 의존하는 방법이에요. 예를 들어 죽이기 어려웠던 몹을 유료 아이템을 사용해 쉽게 죽일 수 있다고 광고하면 많은 플레이어들이 그 아이템을 사려고 하겠죠. 게임사가 직접 돈을 받고 아이템을 팔기 어렵기 때문에 게이머들이 게임 캐시*를 사서 유료 아이템으로 바꾸는 방식을 이용합니다. 게임 캐시를 구매할 때는 부모님의 신용카드나 휴대전화의 소액 결제 서비스로도 가능하지만, 문화상품권으로 하는 것이 편합니다. 신용카드나 소액 결제 서비스는 부모님의 신상정보뿐만 아니라 인증서와 인증 번호 등 개인 정보가 필요한데 그 과정이 매우 번거로워요. 반면 문화상품권은 별도의 본인 확인 없이도 뒷면의 시리얼 번호를 입력하면 쉽고 간편하게 게임 캐시로 바꿀 수 있지요. 그래서 온라인 게임을 하는 친구들이 가장 좋아하는 선물이 문화상품권이 되었습니다.

*게임 캐시는 게임상에서 현금처럼 사용할 수 있는 돈을 의미하며 실제 현금으로 게임사의 화폐를 단위 기준에 맞게 사는 것이다. 게임사에서는 현금 소액 결제를 통해서 아이템을 구매하기보다는 게임 캐시를 사도록 한 후에 아이템으로 교환하도록 하는 방식을 사용한다.

08 게임 월드에 공짜는 없다

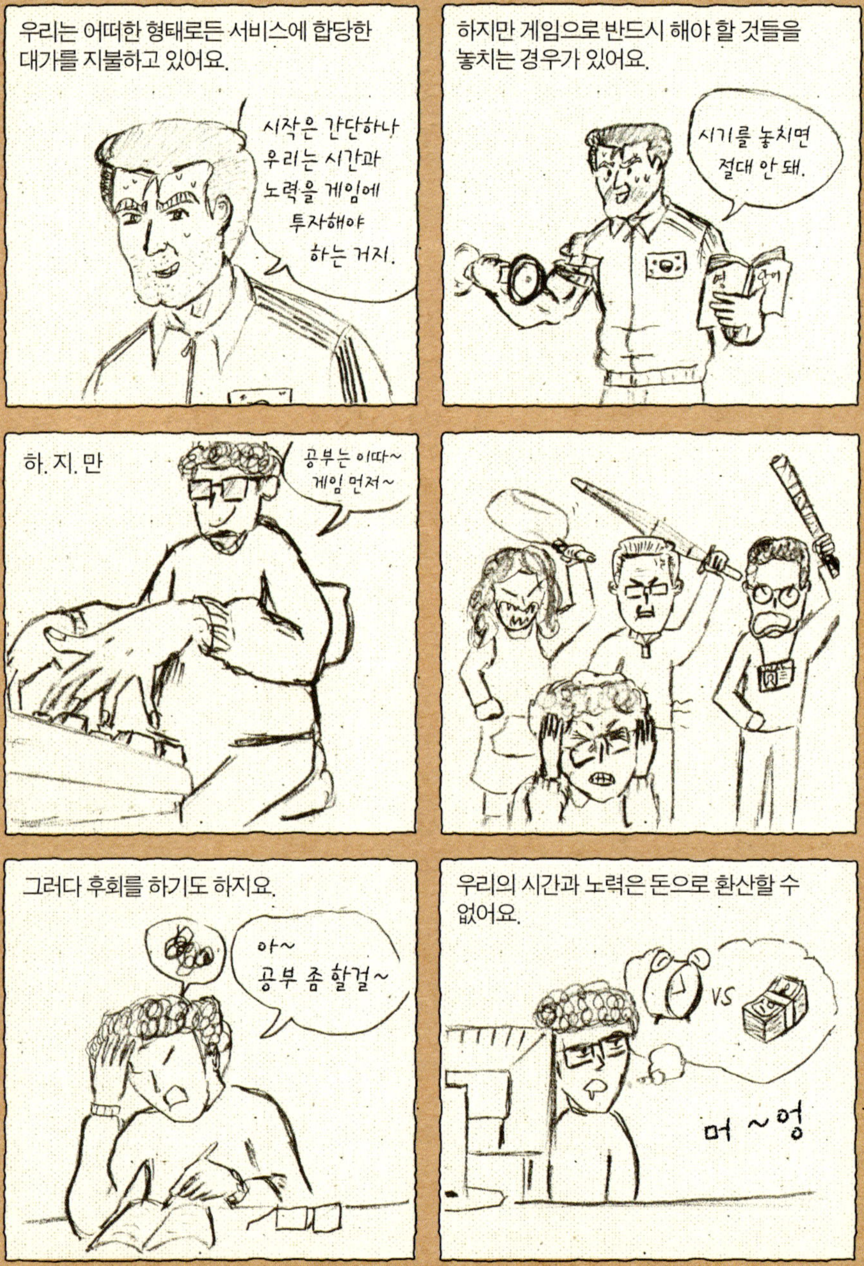

게임을 할 때 우리는 일정한 돈을 게임사에 지불하고 있어요. 물론 "이것은 얼마예요"라고 직접 이야기하지도 않고 눈에 보이지도 않아요. 하지만 우리는 어떠한 형태로든 게임 서비스에 합당한 대가를 치르고 있어요. 비록 시작은 집에 있는 컴퓨터를 가지고 간단하게 시작하지만 시간이 흐를수록 우리는 더욱 많은 시간과 노력을 게임에 투자해야 하기 때문이죠. 보다 빠르고 쉬운 레벨업을 위해서는 유료 아이템을 사거나 다양한 이벤트를 위해 게임 캐시를 사는 등 금전적인 부분을 해결해야 합니다. 그 과정에서 우리는 바로 지금 우리가 반드시 해야 할 일들을 지나치거나 신체적 · 정신적인 성장을 놓치기도 합니다. 만일 게임을 하느라 중요한 것들을 놓쳐 버린다면 게임하는 동안 보낸 시간보다 훨씬 더 많은 시간과 노력을 놓친 것들을 회복하기 위해 투자해야 할 거예요. 이미 지나간 여러분의 시간과 노력은 돈으로도 환산할 수 없다는 사실을 꼭 기억합시다.

09 반가워! 게임 세상!

집중!
공부 다 했어요.
좀 쉬렴.
열심히 공부한 후에는 반드시 쉬어야 하는데 이것을 여가 시간이라 해요.
여가 시간에 우리가 가장 많이 하는 것이 무엇일까요?
TV가 최고!
1위는 게임, 2위는 TV, 3위는 영화로 조사되었죠.
28
27
26
25
24
23
22
21
20
GAME
TV
MOVIE
학생들의 여가 시간의 대부분은 집에서 이루어지겠죠?
앗싸~
레벨업!

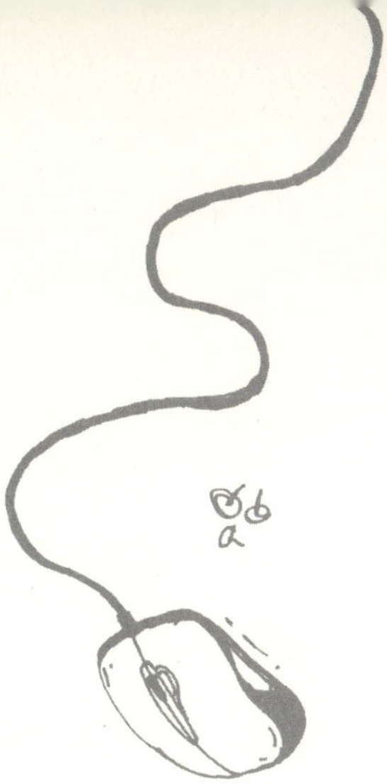

사람들은 집중해서 공부를 하거나 일을 하고 나면 일정 시간 반드시 쉬어야 해요. 이런 시간을 여가 시간이라고 합니다. 이 시간 동안은 아무것도 안 하고 편안히 쉬면서 재충전의 시간을 가져요. 또는 즐거움과 행복감을 줄 수 있는 놀이를 하며 여가를 즐기기도 합니다. 청소년들의 여가 활동 중 1순위는 게임을 하는 것으로 약 40%로 가장 높게 나타났으며 음악 감상이 약 17%로 2위, 그다음이 TV 시청으로 약 15%로 나타났어요.* 초등학생들의 여가 활동으로 게임을 선호하는 비율은 42.9%로 다른 연령대에 비해 상대적으로 높았답니다. 다양한 미디어가 등장하면서 학생들의 놀이 문화는 점점 바뀌게 되었어요. 전자 기기의 발달로 몸을 이용하는 놀이에서 손과 눈을 이용하는 게임으로 바뀌게 된 것이죠. 과거에는 친구들과 어울려 놀면서 사회적 관계와 소통 방법을 배우고 오감을 활용하는 놀이를 통해 즐기고 성장했답니다. 여러분은 어떤 놀이를 하고 있나요?

*〈2009 대한민국 게임 백서〉에 수록된 내용으로 연령별로 여가 시간을 어떻게 보내는지 조사한 통계이다.

10 우리가 노는 세상을 지키자

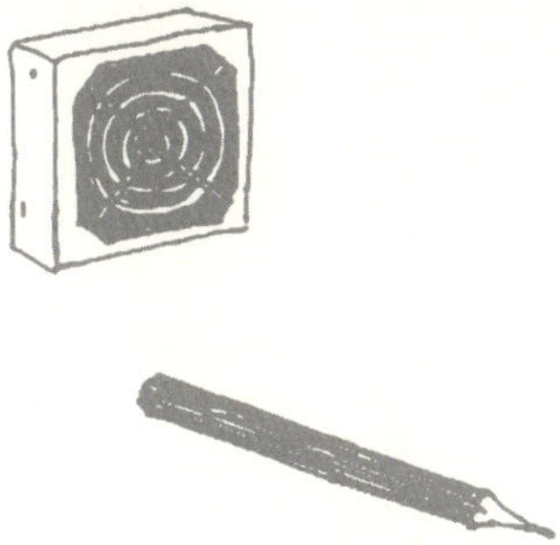

친구들과 술래잡기나 피구, 축구를 하면서 놀고 싶으면 놀이터나 운동장으로 나가서 미리 놀고 있던 친구들에게는 양해를 구하고 같이 뛰어놀면 됩니다. 하지만 온라인 놀이터로 들어가려면 어떻게 해야 할까요? 우선 게임을 시작하려면 회원 가입을 해야 합니다. 회원 가입을 하면 계정이 생기는데 계정이란 온라인 게임상의 주민 등록 번호라고 생각하면 돼요. 또한 게임에 가입할 때는 주민 등록증을 발급받기 위한 절차로 자신의 주민 번호를 기입하거나 14세 미만은 부모님의 동의를 받아 게임에 가입을 해야만 합니다. 온라인 게임에서 계정이 있다는 것은 어느 누구도 중복되지 않는 고유한 존재라는 것을 의미해요. 그렇기에 모든 게임 플레이어*는 단 하나의 계정을 가지고 있고 거기에는 이름과 같은 아이디와 자신만의 암호인 비밀번호를 스스로 정하게 되죠. 그러면 온라인 세상에서 자신을 대신할 또 다른 분신인 캐릭

*게임 플레이어는 게임을 하는 사람을 일컫는 말로 게이머gamer, 게임 유저user, 게임 플레이어player라고도 한다. 이는 부르는 사람에 따라 달라지지만 똑같은 의미로 사용된다. 즉 게임과 게임을 하는 사람이 지속적으로 서로 영향을 주고 받으면서 상호 작용interaction을 하는 과정에서 생겨난 말이다.

터를 부여받게 됩니다. 게임에 따라 플레이어는 1~10개 정도의 캐릭터를 가질 수 있고, 캐릭터에 자신이 좋아하는 이름을 부여하죠. 이때 캐릭터의 이름은 아이디와는 다른 별명이나 별칭과 같다고 생각하면 된답니다. 그러나 캐릭터의 이름은 자신의 고유한 성별이나 성향, 성품 등을 다른 사람들이 판단하는 기준이 되기 때문에 처음에 아무렇게나 짓지 말고 잘 정해야 해요. 캐릭터 이름*을 잘못 지으면 범죄나 놀림의 타깃이 될 수도 있어요. 이처럼 온라인 놀이터에서 놀기 위해서는 많은 절차와 주의가 필요하답니다.

부모님 시대에 남학생들은 운동장에서 친구들과 축구나 오자미 등 활동적인 놀이를 즐겼어요. 또한 여학생들은 고무줄놀이나 술래잡기 등을 했답니다. 그때는 친구들과 어울리며 대부분의 시간을 뛰어놀았던 그 공간이 놀이터였어요. 하지만 요즘은 학원이나 과외 때문에 하루 종일 바쁘게 다니느라 친구들끼리 함께 시간을 맞추어 노는 것이 어려워졌어요. 그렇다면 지금 우리들의 놀이터는 과연 어디일까요?

그곳은 아마도 인터넷이 연결해 주는 가상 공간일 거예요. 많은 학생들이 인터넷 세상에서 자신을 찾아가고 그곳에서 여가 생활을 보내고 있습니다. 물론 그렇게 여가 생활을 보내는 것이 나쁜 것만은 아닙니다. 중요한 것은 우리가 얼마나 가상의 세계에서 룰을 잘 지켜 가며 놀고 있느냐는 사실이지요. 서

* 아이디를 정할 때는 자신의 성별을 잘 알 수 없도록 중성적인 아이디로 정하는 것이 좋다. 특히 여학생들의 경우 여성적인 성향이 강한 아이디를 사용할 경우, 불건전한 성인들에게 범죄의 표적이 될 수 있으니 각별히 주의해야 한다.

로 얼굴을 마주 보고 대화하며 놀 때는 상대방에게 결례가 되거나 기분이 나쁠 수 있는 행동은 스스로 자제하지요. 다른 친구들과 함께 즐겁기 위해 노력하고 그 놀이터 안에서의 룰을 지키면서 재미있게 놀아요. 하지만 요즘은 상대방의 얼굴과 이름, 성별도 모르는 익명의 놀이터에서 놀기 때문에 자신의 즐거움만을 추구하기도 합니다. 아무렇지도 않게 상대방을 비난하는 욕설 섞인 악성 댓글을 달고, 불법적인 행동을 저지르기도 하지요. 이러한 공간에서 과연 우리는 즐겁게 놀 수 있을까요?

11 우리만의 놀이터를 위하여

11

우리들의 공간은 우리 스스로가 지켜 내야 해요. 인터넷 세상의 놀이터도 마찬가지이죠. 아울러 그 놀이터의 주인이 우리라는 사실을 잊지 말아야 합니다. 만약 우리들의 놀이터에 누군가 쓰레기를 버리거나 공간을 훼손한다면 어쩌겠어요? 어차피 더러워졌으니까, 하는 심정으로 우리들의 놀이터를 포기해야 할까요, 아니면 우리가 먼저 놀이터를 다시 깨끗하고 놀기 좋은 공간으로 만들어야 할까요? 이는 우리 스스로가 결정하고 행동해야겠죠. 인터넷 놀이터도 마찬가지입니다. 비록 지금은 욕설과 비난이 난무하는 가상 세계라 할지라도 나부터 솔선수범하여 건강한 댓글을 달고 올바른 온라인 게임 예절을 지켜야 해요. 그러면 우리는 인터넷 세상에서도 훨씬 더 아름답고 깨끗한 놀이터에서 친구들과 즐거운 시간을 보낼 수 있을 것입니다.

생각의 날개 달기

1. 온라인 게임에 대한 가로세로 낱말 퍼즐을 풀어 볼까요?

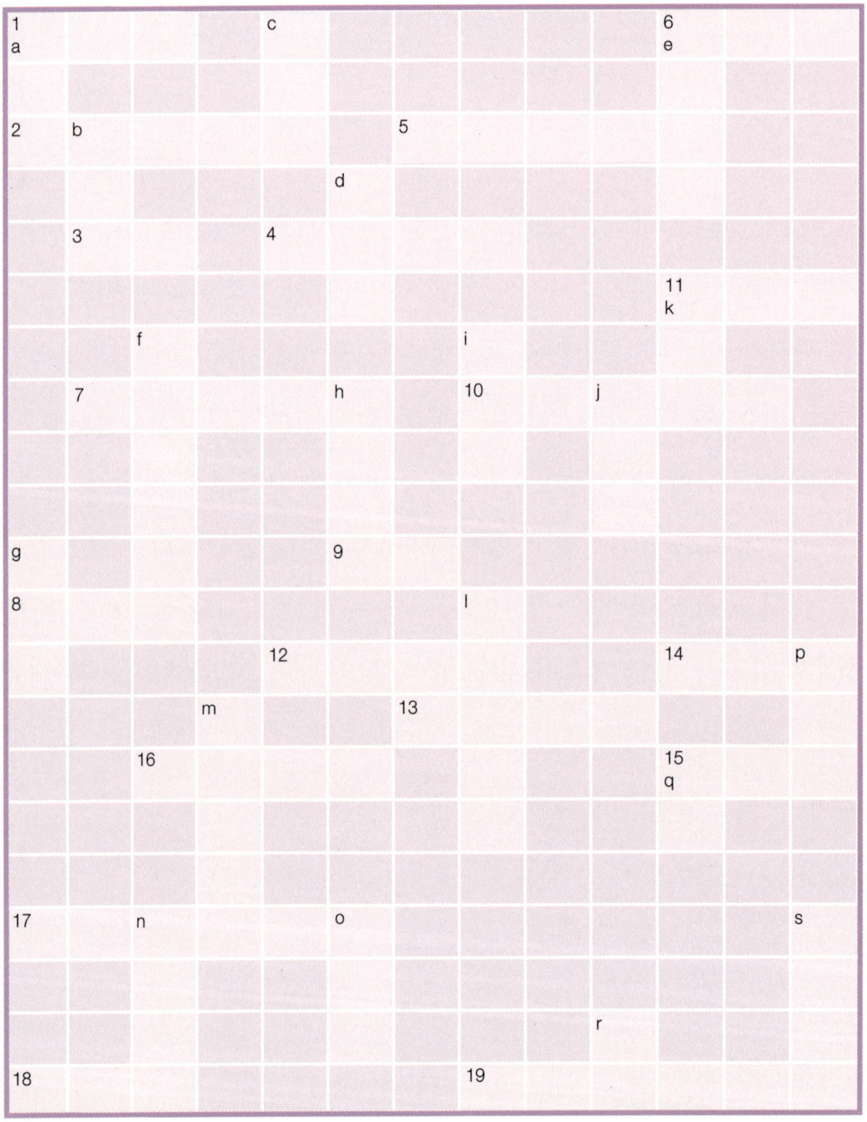

가로 열쇠

1) 자동차 게임이라고도 한다. 카트라이더는 대표적인 ○○○게임.

2) 캐릭터의 레벨이나 아이템 옵션을 한 단계 높이는 과정.

3) 〈토이 스토리〉를 만든 회사로 3차원 컴퓨터 그래픽 기술을 가진 대표적 애니메이션 제작사.

4) 얼굴 표정을 뜻하는 문자로 감정과 아이콘을 합쳐서 만든 인터넷 신조어.

5) 게임 대회에 출전을 하며, 게임을 직업으로 하는 사람들.

6) 게임을 만들고 서비스하는 회사를 말한다. 대표적인 ○○○로는 넥슨, 넷마블, 피망 등이 있다.

7) 게임의 정식 버전이 출시되기 전에 프로그램상의 오류를 점검하고 사용자들의 다양한 반응을 얻기 위해 공개하는 미리 보기 형식의 서비스.

8) 가끔씩 아이템의 가격을 내리거나 레벨업을 쉽게 할 수 있도록 하는 플레이어를 위한 행사.

9) 스크린(화면) 숏(찍는다)의 줄임말로 모니터에 보이는 화면을 찍어서 파일로 저장하거나 인쇄하는 것.

10) 한번 얻으면 기간 제한 없이 언제 어디서는 쓸 수 있는 무기 또는 갑옷을 ○○○○○이라 한다.

11) 부모님 몰래 가는 우리들의 비밀 장소로 500~1000원만 내면 1시간 동안 자유롭게 컴퓨터를 할 수 있는 곳.

12) 친구들과 전화와 메시지를 주고받을 수 있는 도구로 거의 모든 학생들이 들고 다니며 캐시 결제가 가능.

13) 아이디와 비밀번호, 주소와 전화번호와 같이 개인 정보를 나타내는 말로 요즘 강력한 인터넷 검색 서비스로 인해 우리의 ○○○○가 노출되어 많은 문제를 유발한다.

14) 100만 볼트의 전기를 발사하는 주인공과 변신을 하는 몬스터들의 여행을 재미있게 그린 만화.

15) 온라인 게임에서 자신을 대신하는 것으로 아바타와 비슷한 의미를 가진 것.

16) 인터넷 사이트에서 휴대전화를 통해 인증 번호를 받고 돈을 지불하는 것.

17) 우리나라 초등학생들이 가장 좋아하는 롤플레잉 게임으로 전사, 마법사, 도적, 궁수 등 다양한 직업을 가진 캐릭터를 육성하며 모험을 하는 온라인 게임.

18) 메시지를 담는 그릇이라고도 하며 우리의 생각과 느낌을 전하기 위해 사용하는 모든 도구.

19) 우리의 주민 등록 번호, 주소, 전화번호 등을 안전하게 지키는 것을 의미하며 ○○○○○○를 위해 우리는 방화벽이나 암호를 사용하기도 한다.

세로 열쇠

a) 몬스터를 많이 잡아서 경험치가 오르면 힘이나 스피드가 오르면서 다음 단계로 넘어가는 과정으로 "○○○을 축하합니다" 라는 말이 나온다.

b) 전자 기기를 이용한 모든 게임에는 ○○○이 들어가는데 최근에는 엄청난 화질을 자랑하는 게임들이 넘쳐나고 있고 이러한 ○○○은 게임을 넘어 영화에까지 등장하고 있다.

c) 게이머가 플레이를 할 때 좀더 실감나고 재미있게 만들어 주는 요소로 총의 발사 소리나 배경 음악, 캐릭터의 음성 등이 여기에 포함된다.

d) 기억 장치를 일컫는 말로 컴퓨터 시스템에 항상 필요한 바이오스 등과 같이 특별한 프로그램이나 데이터를 유지하기 위해 사용되며 ○○○의 성능이 좋을수록 게임을 잘 할 수 있다.

e) 게임에서 사용할 수 있는 돈을 의미하며 몬스터를 잡거나 미션을 수행하면 준다. 게임 내의 다양한 아이템이나 무기를 살 수 있다.

f) 대표적인 전략 시뮬레이션 게임 중의 하나로 세 종족이 서로 다른 무기와 전략으로 싸우는 게임. 다수의 프로게이머들을 배출하고 E-Sports를 이끌고 있다.

g) 시소나 그네, 미끄럼틀이 있어서 어린이들이 맘껏 뛰어노는 공간.

h) 우리가 일상생활에서 자주 쓰는 말로, 약이 오른다거나, 화가 난다거나, 못 볼 것을 보았을 때 '○○○○ 받는다'고 한다.

i) 게시판이나 컴퓨터 게임 등에서 컴퓨터 시스템을 전반적으로 다루는 사람을 의미한다. 사용자들과의 창구 역할을 하며 시스템상의 문제를 고치거나 문제를 일으키는 사용자에게 제재를 가하기도 한다.

j) 게임에 접속하기 위해 반드시 필요한 것으로 인터넷에서 이용자의 신분을 증명할 수 있는 이름을 뜻하며 문자나 숫자의 조합으로 이루어진다.

k) Player-Kill의 줄임말로 온라인 게임상에서 플레이어들 간의 공격이 가능할 경우, 서로 싸워서 상대방 캐릭터를 죽이는 행위다. 요즘에는 현피(현실 ○○○) 사건이 문제가 되기도 한다.

l) 원래는 책을 사서 읽거나 영화나 음악, 공연을 관람할 때 돈처럼 쓸 수 있는 상품권이었는데, 요즘은 주로 학생들이 게임 캐시를 사는 데 사용한다.

m) 게임사에 서비스에 대한 비용을 지불할 때 플레이어가 사용하는 방법으로 일정 기간을 정해 놓고 그 시간에 해당하는 금액을 선불이나 후불로 지불하는 것.

n) 게임을 하는 사람을 뜻하는 말로 유저USER라고도 함.

o) 우리나라의 대표적인 MMORPG 게임으로 유료 게임임에도 불구하고 회원 수가 많고 중독성이 강하다. 게임 중독자를 양산하고 게임 머니를 현금으로 파는 등 부정적인 영향이 부각되기도 하였다.

p) 몹이라고도 한다. 플레이어의 캐릭터가 싸워야 할 상대로 ○○○를 많이 잡을수록 레벨업이 빠르고 아이템을 많이 획득할 수 있다.

q) 한글로 번역하면 현금을 의미하는 말로 아바타를 구입할 수 있을 뿐만 아니라 아이템이나 스킬, 공격속도나 능력치까지도 ○○만 있다면 살 수 있다.

r) 게임 서비스를 이용할 때 자신의 캐릭터에 대한 고유한 사용 권한을 얻을 수 있는 아이디와 비밀번호를 일컫는 것으로 온라인 게임을 하기 위해서 반드시 있어야 하는 것.

s) 게임에 접속하기 위해 아이디와 함께 반드시 필요한 것이다. 문을 열고 들어가기 위해 필요한 열쇠와 같은 것으로 문자나 숫자의 조합으로 이루어진다.

2. 부모님 시대의 놀이와 우리 시대의 놀이에 대해 알아봅시다.

부모님 세대의 대표적인 놀이	우리 세대의 대표적인 놀이

3. 맞아 맞아 BEST 3

온라인 게임을 오래하기 위해 어떤 거짓말까지 해본 적이 있나요?

1

2

3

온라인 게임을 못하게 할 때 부모님의 뻔한 거짓말은 무엇인가요?

1

2

3

온라인 게임 중독을 피하는 나만의 노하우는 무엇인가요?

1

2

3

4. 우리 스스로 게임을 만들고 즐기는 방법을 찾아볼까요?

1) 게임의 줄거리는 어떻게 되나요?

2) 다음 말판에 어울리는 캐릭터를 만들어 볼까요?

3) 중간중간 게임을 더욱 재미있게 만들 수 있는 아이템을 만들어 볼까요?

4) 쉽고 간단하게 즐길 수 있는 게임의 규칙을 만들어 볼까요?

5) 그 외 게임을 만들 때 주의 깊게 살펴야 할 점은 무엇인가요?

6) 위의 내용을 정리하여 아래 게임판에 만들어 볼까요?

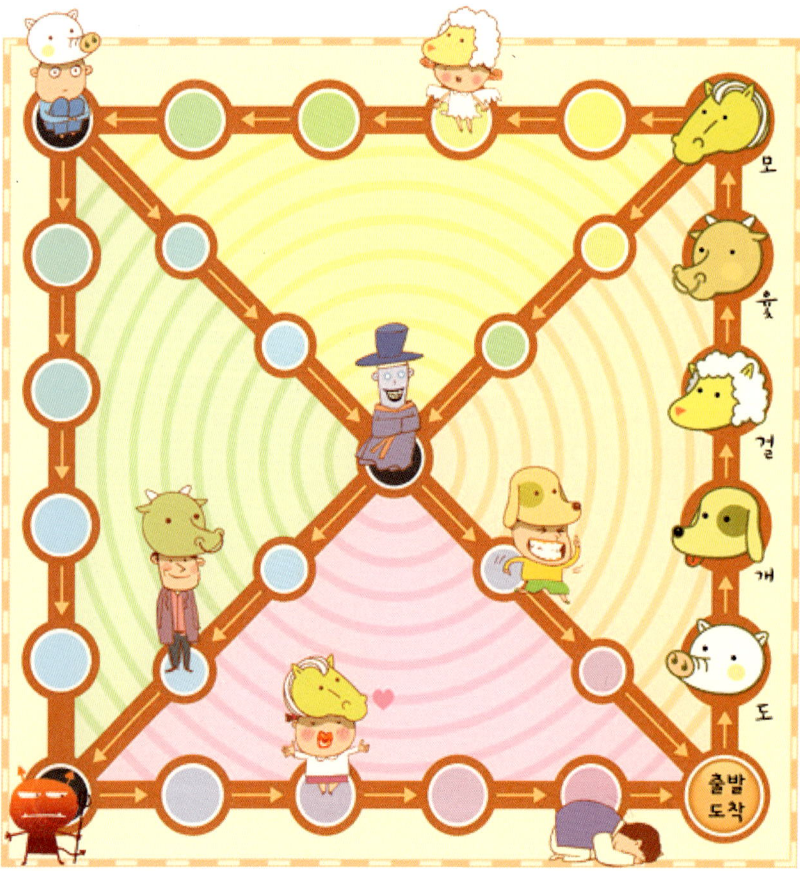

p.310의 1번 정답

레	이	싱		사						게	임	사
벨				운						임		
업	그	레	이	드		프	로	게	이	머		
	래				메					니		
	픽	사		이	모	티	콘					
					리					피	씨	방
		스					운			케		
	베	타	서	비	스		영	구	아	이	템	
		크			트		자		이			
		래			레				디			
놀		프			스	샷						
이	벤	트					문					
터				휴	대	전	화			포	켓	몬
			전			신	상	정	보			스
		소	액	결	재		품			캐	릭	터
			서				권			시		
			비									
메	이	플	스	토	리							비
		레										밀
		이							계			번
미	디	어					개	인	정	보	보	호

추천합니다

책 parents

인터넷 중독 완전 정복

인터넷이나 온라인 게임에 대한 지식이 부족한 부모님들을 대상으로 다양한 인터넷 중독의 유형, 실제 상담 사례를 제시하여 해결을 위한 다양한 정보를 제공한다. 이형초 · 심경섭 지음 | 시그마프레스

온라인 게임, 교육과 손잡다

온라인 게임의 교육적 가능성, 온라인 게임과 교육 이론, 게임의 교육적 활용 등에 대해 다룬다. 앞으로 미래 사회에 온라인 게임이 어떻게 학습과 연계될 수 있을지 상상할 수 있도록 도와준다. 위정현 지음 | 한경사

방송 프로그램 student

지식채널 ⓔ 놀이

몇 명만 모이면 할 수 있는 놀이를 통해서 재미를 얻기도 하지만 놀이를 통해 우리는 과학적 사실들을 연구할 수도 있다. EBS, 2010. 5. 24.

사이트

놀이미디어교육센터 http://www.gamemedia.or.kr

아동 · 청소년들의 놀이 도구로 사용되는 미디어 전반에 대한 이해와 상담을 돕는 곳이다.

아이건강 국민연대 http://www.ihealthnet.or.kr

온라인 게임 중독에 빠지는 것을 방지하기 위해 여러 가지 장치들을 마련할 것을 게임업체 등 관련 기관에 요구하고 있다.

9장

세상의 중심에서 소통을 외치다!

인터넷 www

컴퓨터 앞에 앉아 있는 나는 혼자이지만 인터넷으로 연결되는 순간, 더 이상 나는 혼자가 아니다. 인터넷을 통해 누군가와 연결되고, 다른 사람을 만나며 소통할 수 있게 되었다. 그러나 가끔씩 우리는 인터넷 건너편 사람들의 얼굴이 보이지 않는다는 이유로 인터넷 공간에서 일어나고 있는 다양한 만남에 대한 기본적인 예절을 잊고 행동한다. 문제점도 생겨나고 인터넷을 부정적으로 생각하는 사람들도 늘어났다. 반면에 인터넷 문화를 긍정적으로 변화시키려는 노력도 생겨났다. 인터넷으로 새로운 문화가 생기고 있다. 인터넷으로 만들어 가는 새로운 문화의 중심에 '내'가 있고 '우리'가 있다. 인터넷 세상의 중심에서 소통의 의미와 방법을 알아보자.

병오야,
우리가 가장 쉽게
접하는 미디어가
무엇일까?
인터넷
이요!
TV와 함께 가장 친근한
미디어로 인터넷을
꼽을 수가 있지요.
어쩌면 TV보다
친근하게 활용하는
미디어일 수도 있지.
쉬익~
많은 사람들이 함께 사용하는 공간으로
점점 변화해, 발전된 미래를 열어갈 거야.
쉐엑
읍!
저… 삼촌
입냄새 나요…
오늘 안 씻었잖아요.
인터넷할 땐 안 씻어도
되는구만~

01 인터넷의 시작은 군사용이었다

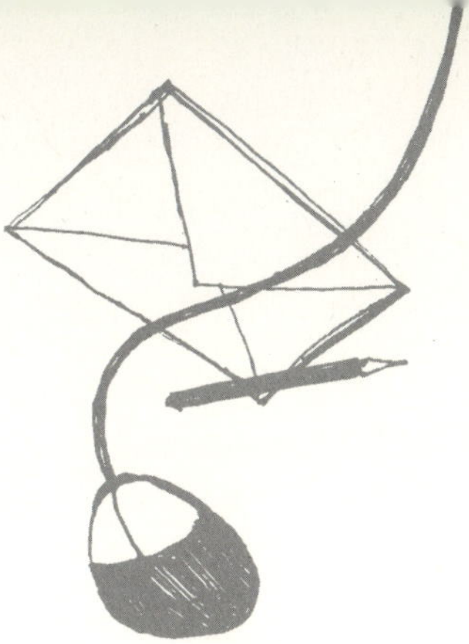

우리가 가장 즐겨 사용하는 미디어 중 하나가 인터넷이지요. 인터넷은 누구나 쉽게 정보를 얻고, 게임도 즐기고, 음악도 듣고, 영화도 볼 수 있답니다. 이렇게 편리하고 쉽게 활용하는 인터넷의 탄생은 지금의 모습과는 조금 달랐습니다. 인터넷은 1970년대, 지금으로부터 무려 40여 년 전, 미국에서 군사용으로 개발되었어요. 인터넷은 비밀리에 연결되어 운영되었고, 비밀 군사 정보를 전달하고, 다른 컴퓨터로 분산하여 다양한 정보를 분석하며 공유하고, 이를 바탕으로 적군을 공격하거나 방어하는 등 종합적인 작전 계획을 세웠답니다. '서버'*라는 중앙 컴퓨터에서 정보를 모으고 이를 다른 컴퓨터에서 접속하여 볼 수 있는 인터넷의 구조는 국가 기관뿐만 아니라 도서관이나 학교 정보 관리 시스템 같은 공공 서비스 프로그램으로 발전했어요. 또한 인터넷은 기업의 이윤 추구를 위해 다양한 방법으로 활용되었으며 우리들의 실생활 영역으로 퍼지기 시작하여 오늘날까지 발전한 것이랍니다.

*서버server란 인터넷상에서 정보나 프로그램을 저장하고 있으며 이를 운영하고 제공하는 컴퓨터를 뜻한다.

02 인터넷의 힘은 열려 있는 사람들

우리가 인터넷 회사를 하나 만들었다고 상상해 봅시다. 세계적으로 유명한 인터넷 기업의 사장님이 되는 것이지요. 회사가 성공하기 위한 조건은 여러 가지가 있지만 무엇보다 중요한 것은 주어진 프로젝트를 정확하고 확실하게 마무리 짓는 것이에요. 그렇다면 프로젝트를 잘 마무리하려면 어떤 방법을 써야 할까요? 첫 번째는 억대의 연봉이 들어가더라도 능력 있는 직원을 모아서 프로젝트를 진행하는 방법이에요. 비록 돈은 많이 들지만 영역별 전문가들을 선택하여 프로젝트를 추진하기 때문에 믿을 수 있고 안전할 것입니다. 두 번째로는 회사의 프로젝트를 인터넷에 공개하여 프로젝트에 관심이 있는 전 세계 네티즌* 들과 함께 프로젝트를 공유하는 방법이죠. 전 세계의 지식들을 모아 수정하고 보완하면서 하나의 완성된 지식을 만들어 가는 것입니다. 이런 방법은 네티즌들에게 간단한 정도의 보상만 하고 직원들에게 정해진 월급을 주지 않아도 회사 운영이 가능하기 때문에 프로젝트를 장기적으

*네티즌은 네트워크network와 시민을 뜻하는 시티즌citizen의 합성어로 인터넷을 쓰는 시민을 뜻한다.

로 유지할 수 있을 것입니다. 사실 이 두 가지 중에서 "어느 것이 정답이다"라고 이야기하기는 어렵습니다. 다만 첫 번째 방법은 과거 전통적인 회사들의 운영 방식과 같고, 두 번째는 최근 인터넷 산업 분야의 선진국들이 보여 주는 새로운 성공 모델과 같다는 것입니다.

왜 사람들에게 공유를 했는데 성공을 했을까요? 기업의 비밀은 노출되면 안 되는 것 아닌가요? 인터넷의 힘은 우리의 상식을 뛰어 넘지요. 상식을 뛰어 넘은 대표적인 예가 바로 '열린 문화가 성공한다'는 생각입니다. '위키피디아'*는 전 세계 사람들이 접속해서 작성하며 만들어 가는 인터넷 백과사전으로, 기존 최고의 권위를 가진 《브리태니커》* 사전과 한판 대결을 펼치게 됩니다. 〈네이처〉*라는 세계적인 과학 잡지에서 그 결과를 발표하였는데 아주 재미난 결과가 나왔지요. 전문가들이 만든 《브리태니커》는 영역별로 3개 정도의 실수가 있었고 네티즌이 만든 인터넷 백과사전에서는 실수 4개가 발견되었습니다. 이러한 결과에 세계는 모두 경악했지요. 엄청난 돈과 시간을 들여 제작한 브리태니커 측은 당황하게 되고 이러한 〈네이처〉의 결과에 문제가 있다고 반박을 했습니다. 하지만 〈네이처〉는 이렇게 말했지요. "지금도 위키피디아의 오류는 누군가에 의해 수정되고 있지만, 《브리태니커》의 오류는 오랫

* 위키피디아Wikipedia는 전 세계 네티즌들이 가지고 있는 지식을 모아 직접 용어에 대한 정의를 내리고, 그 정의를 자유롭게 수정 및 편집할 수 있는 인터넷 백과사전 서비스이다.

* 《브리태니커 백과사전Encyclopaedia Britannica》는 영국에서 만든 저명한 백과사전으로 가장 믿을 만하고 정확한 정보를 제공하는 전통 있는 백과사전이다.

* 〈네이처Nature〉는 세계에서 가장 오래되었고 신뢰할 수 있으며, 과학적 현상과 지식에 대해 알 수 있는 과학 잡지이다. 〈네이처〉와 같이 권위 있는 과학 잡지로는 〈사이언스Science〉가 있다.

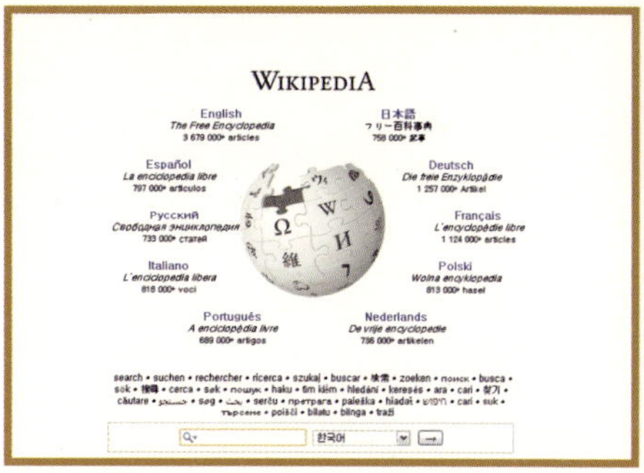

위키피디아 사전 다수의 인터넷 이용자가 제작

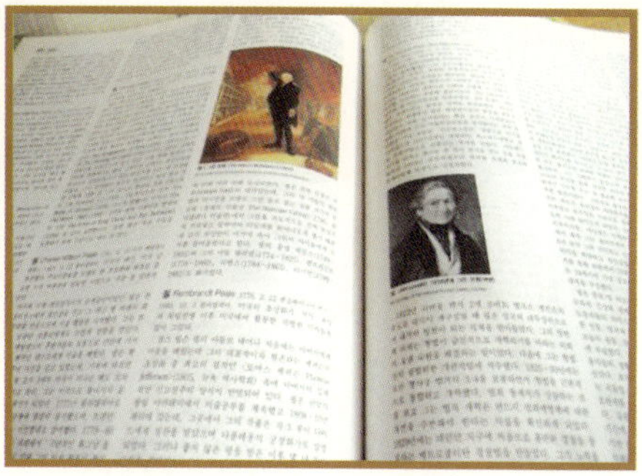

브리태니커 사전 소수의 전문가가 제작

동안 그대로 남아 있을 확률이 높다"라고요. 물론 위키피디아가 생겨날 당시에는 매우 조잡하고 정보의 양도 적어서 사람들의 관심을 받지 못했답니다. 하지만 5년 정도의 시간이 지나자 수많은 네티즌들이 가진 단편적인 지식이 모여 언제든 수정되고 발전할 수 있으며* 인터넷 시대에서만 가능한 세계인의 백과사전이 만들어졌어요. 이것은 열린 마음을 가진 네티즌들의 스스로 참여하는 문화와 또 이를 함께 공유하며 해결해 나가는 인터넷의 힘 덕분이지요.

* 집단 지성이란 나보다는 우리, 우리보다는 사회의 구성원들이 가진 지적 능력이 더 낫다는 것을 뜻한다. 독립된 개인들이 협력과 경쟁을 통해 서로의 생각과 의견을 공유하며 얻는 지적 능력을 뜻한다.

03 뭉칠까? 흩어질까?

오잉?
백수 삼촌 어디 가세요?
산악회 카페에서 지리산에 가기로 했어.
산악회를 사랑하는 모임
카페
카페 가입
친구들이 인터넷에서 모일 수 있는 공간으로 카페 같은 커뮤니티야.
등업 please~
혹시… '태양의 신님'
안녕하십니까?
인터넷상에서도 정보를 주고 받지만 실제 모임에서 직접 정보를 나눠.
커뮤니티와는 다르게 전문성을 바탕으로 정보를 제공하는 블로그가 있어.
정보 블로거들은 웬만한 매스 미디어보다 정확해.
삼촌, 약속 시간 늦은 것 같은데요?
등업은 물건너갔어…

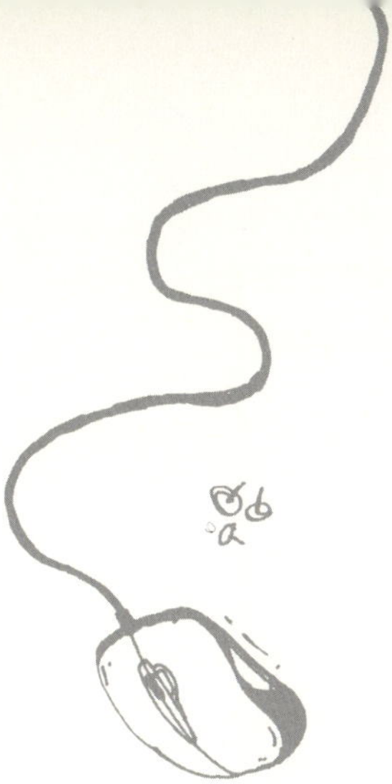

많은 인터넷 서비스 중에서 사람들이 참여하고 다양한 정보를 나눌 수 있는 서비스가 있어요. 인터넷 공간에서 친구들과 소통하고 공유하는 공간으로 홈페이지나 카페를 이용해 본 적이 있지요? 우리는 이를 '커뮤니티'*라고 합니다. 관심사가 같은 사람들이 모인 인터넷 공간을 뜻하지요. 이러한 공간은 주로 커뮤니티를 개설하고 운영하는 사람과 열심히 참여하는 사람들로 이루어진답니다. 작은 규모로 소수의 사람들끼리 끈끈하게 운영되는 경우도 있고, 많은 회원 수를 바탕으로 운영되고 있는 곳도 있지요. 커뮤니티는 다양한 주제와 관심거리를 가지고 전국 어디서든 장소에 구애받지 않고 정보를 주고받을 수 있는 공간으로, 회원들끼리 오프라인상에서 실제 모임을 갖기도 하며 운영되고 있는 곳입니다. 인터넷이 없었다면 우리가 궁금해하거나 묻고 싶은 것을 책과 같은 인쇄 자료를 통해 찾아보거나 해당 지식을 알고 있는 사

* 커뮤니티란 지역 사회나 공동체란 의미를 가지고 있으며 '개인으로는 만족시킬 수 없는 각종의 요구를 공동으로 실현하는 집단'이나 '따뜻한 인간 관계'의 의미로 확장된다. 인터넷상의 모임이 활발해지면서 다양한 커뮤니티가 온라인상에서 형성되고 있어 그 의미가 더욱 넓어지고 있다.

커뮤니티

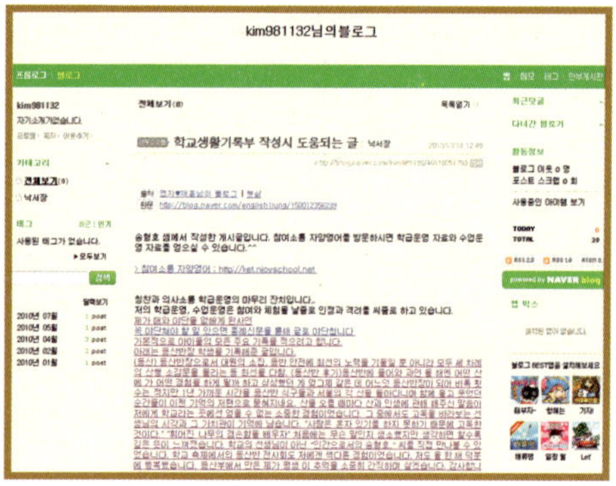

블로그

람들에게 물어 가며 정보를 얻어야 했겠죠. 하지만 커뮤니티가 있다면 우리가 알고자 하는 분야나 지식과 관련된 커뮤니티에 가입만 하면 그곳의 다양한 사람들과 이야기나 정보들을 나눌 수 있지요. 내가 모르는 것을 물으면 그것을 먼저 경험해 본 사람들이 믿을 수 있는 정보를 주는 것이지요. 잘 운영되는 커뮤니티의 운영진들의 경우 충분히 믿을 수 있는 지식이나 전문성을 바탕으로 다양한 분야의 정보를 제공하는 경우가 많지요.

그리고 커뮤니티와는 다르게 개인적인 전문성을 바탕으로 자신의 홈페이지에 정보를 제공하고 운영하는 공간으로 블로그*가 있습니다. 개인의 일상적인 이야기에서부터 전문적인 분야의 글까지 작성하고 운영하는 것을 볼 수 있어요. 블로그를 잘 운영하는 사람을 파워 블로거라고 하는데 이러한 블로거들

*블로그blog는 웹web과 로그log의 합성어로, 자신의 관심사에 따라 자유롭게 글을 올릴 수 있는 웹사이트를 뜻한다. 네이버 블로그나 다음 블로그가 대표적이다.

의 사이트는 웬만한 매스 미디어들이 제공하는 정보보다 훨씬 더 정확한 정보를 주기도 합니다. 실제로 한 고등학생은 자신이 좋아하는 과학 분야에서 파워 블로거로 열심히 활동하였고, 대학 입시 때 자신이 운영하던 블로그를 소개해 특차로 합격을 했다고 합니다. 이처럼 커뮤니티는 함께 만들어 가는 '우리'의 보물 창고이고, 블로그는 개인의 전문성을 바탕으로 한 '나만'의 보물 창고이지요. 우리가 만들 수 있는 보물 창고는 어떻게 구상하면 좋을까요? 나만의 보물 창고를 계획하고 실천해 봅시다.

04 우리들의 사진첩

인터넷의 발달과 함께
Daver
디지털 기술도 엄청나게 발전했죠.
사람들은 추억을 공유하고 싶어했죠.
그래서 인터넷상에 미니홈피를 만들었어요.
http://www.nafe.com
Photo
Profile
diary
게시판
방명록
나의 모습
그 후 사람들은 시간과 장소의 영향을
받지 않고 추억을 공유하였지요.

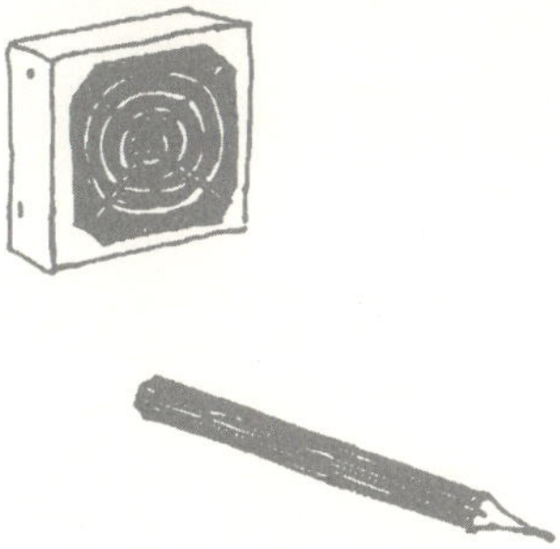

인터넷 공간에 기록하고 남겨 두는 문화가 생긴 것은 얼마 되지 않았습니다. 디지털 카메라를 많은 사람들이 활용하게 되고 인터넷의 속도가 빨라지면서 인터넷 공간을 활용하여 자신의 기록을 남기고 공유하는 문화가 생기게 되었지요. 이러한 문화는 사람들에게 새로운 변화를 가져왔습니다. 예를 들어 가족 여행을 다녀왔다고 해봅시다. 경치가 멋진 곳에서 기념 사진을 찍고, 때로는 동영상도 찍고, 맛있는 식당에 들어가서 음식을 먹으면 음식 사진도 찍고, 집에 돌아와서 그곳에 대한 추억이 담긴 사진을 인터넷에 올리고 그 밑에 이야기를 기록하지요. 이러한 기록과 정보들은 다른 사람들이 유용하게 활용할 수 있습니다. 이렇게 함으로써 나눔과 소통의 공간이 되어 가는 것이랍니다. 이처럼 다양한 정보들을 편하게 주고받고, 나누고 교환할 수 있기 때문에 우리는 인터넷을 가장 편하게 사용하는 미디어로 발전시킬 수 있었답니다.

05 표현하고 싶은데 어려운 게 많아!

05

이제는 전문적으로 교육을 받은 어른들뿐만 아니라 초등학생들도 사진이나 영상을 촬영하고 영상을 편집을 하여 UCC로 만드는 것을 어려워하지 않아요. 윈도우 무비메이커나 알씨꾸미기를 이용해서 좀더 예쁘게 꾸며도 되고, 그냥 찍어서 포털 사이트에 올려서 생각한 대로 편집해도 되지요. 이처럼 UCC를 쉽게 만들 수 있는 이유는 대부분의 UCC 자료들이 기존에 제작된 저작물을 이용하는 경우가 많기 때문이지요. 저작물이란 쉽게 이야기해서 영화, 만화, 음악, 사진 등과 같이 만들어진 창작물을 뜻한답니다. 대다수의 사람들이 새롭게 만들어 내는 것보다 남들이 만든 저작물을 활용하는 경우가 많은 이유는 기존 저작물을 활용하는 것이 제작하기도 더 편하고 많은 사람들이 잘 알고 있어서 공감할 수 있는 것들이 많기 때문이지요.

때로는 이렇게 새롭게 변형시켜 완성한 UCC에 대해서 원래의 저작자들이 자신들의 저작권*을 인정해

*저작권이란 창작물을 만든 이가 자신의 저작물을 통제하고 그로부터 이익을 얻을 수 있는 권리를 말한다. ⓒ로 표기한다.

달라고 해서 문제가 되는 경우도 있어요. 저작자들은 자신들이 만든 저작물에 대한 권리를 가지고 있기 때문에 우리가 저작물을 사용하려면 저작물에 대한 허락을 받거나 저작권에 대한 대가를 지불해야 하지요. 저작물에 대한 권리가 확실해야 더욱 많은 것을 창조할 수 있는 기반이 됩니다. 예를 들어 음악이 너무 좋다고 이것을 마음대로 다른 사람들과 함께 듣기 위해 인터넷에 올린다면 음악을 만든 사람은 어떨까요? 자신의 시간과 노력을 들여 만들어 낸 결실이 MP3 파일로 인터넷을 돌아다니며 자신이 노력한 대가를 돌려받지 못한다면 다시 음악을 만들 의욕을 느끼지 못할 거예요. 그러면 점점 좋은 음악을 만드는 사람들이 줄어들 것이고, 우리는 점점 질이 낮은 음악을 들을 수밖에 없게 될 것입니다. 그렇기에 우리가 좋은 음악을 듣고 좋은 영화를 보려면 창작물에 대한 적정한 대가를 지불해야 해요. 정당한 대가가 돌아올 때 창작자들은 더 좋은 창작물을 만들기 위해 공부도 하고 연구도 해서 우수한 창작물을 만들어 낼 것이고 우리는 더욱 수준 높은 문화를 즐길 수 있게 될 것입니다.

물론 창작물에 대한 저작권법이 너무 과하다는 생각이 들 때도 있어요. 학생들에게는 저작물을 활용하고 가공해 보는 경험과 기회가 많아야 한답니다. 다른 사람들의 표현 방법을 이해하고 무엇이 효과적인 표현인지를 실제로 느끼면서 더욱 성장할 수 있기 때문이죠. 하지만 법으로 너무 엄격하게 제한해서 사용하기 어렵게 만들었기 때문에 점차 UCC라는 것을 경험해 보기도 쉽지 않을뿐더러 만든다고 해도 다른 사람들과 공유하기가 어렵지요. 창작자들의 노력과 의욕을 꺾지 않으면서 우리만의 UCC로 다른 사람과 공유하고 나눌 수 있는 좋은 방법이 없을까요?

요즘은 온라인 사이트나 커뮤니티 등에서 쉽고 간단하게 음악을 만들고 편집할 수 있는 공유 프로그램이 있어요. 또한 음악을 만든 후 일정 금액을 지불하면 그 음악의 소유권이 자신의 것이 되지요. 저작권 때문에 발생하는 수많은 문제점들을 해결할 수 있을뿐더러 쉽게 수준 높은 음악을 만들 수 있답니다. 이를 통해 우리는 다른 저작자들의 창작물에 대한 배려와 저작권의 소중함을 알게 되지요.

또한 사진 편집이나 동영상 편집 프로그램들도 무료로 사용할 수 있는 것들이 있답니다. 동영상 편집은 컴퓨터에 기본으로 깔려 있는 무비메이커나 인터넷상의 공유 프로그램들을 활용하면 누구나 쉽게 동영상을 만들 수 있습니다. 이처럼 인터넷상에 공유되는 다양한 프로그램들을 충분히 활용한다면 다른 사람들의 저작권을 보호하면서 우리만의 창의적인 저작물들을 만들어 낼 수 있을 거예요. 물론 우리가 만든 창작물의 내용은 우리가 생각해 낸 아이디어로 이루어진 것이어야겠죠?

06 내가 미디어인 시대

예전에는 내 생각을 마음껏 이야기하면
잘난 척한다고 했지만,
떠벌
떠벌
야야 샤럽
뭐냐
아, 겁나게 잘난 척하네.
니 잘났네요!
요즘은 자신의 생각을 발표하지 못하면
오히려 단점이 되는 시대가 되었어요.
콜롬비아… 슈나이저…
비
츄츄팝
비
크크크
크크
내가 생각하는 것을 다양한 미디어로
사람들과 공유하는 것은 쉽지만,
선생님
크크크
그것을 직접 이야기하는 것은 부끄러워하는
사람들이 많죠.
저 그러니까…
이거 누가 썼어 응?!
크크크
그래서 사람들은 미디어를 활용하여 생각을
공유하고 메시지를 전했어요.
떠벌
떠벌
끄덕끄덕
개인이 방송국과 같은 위력을 갖는
일인 미디어 시대가 되었죠.
미디어

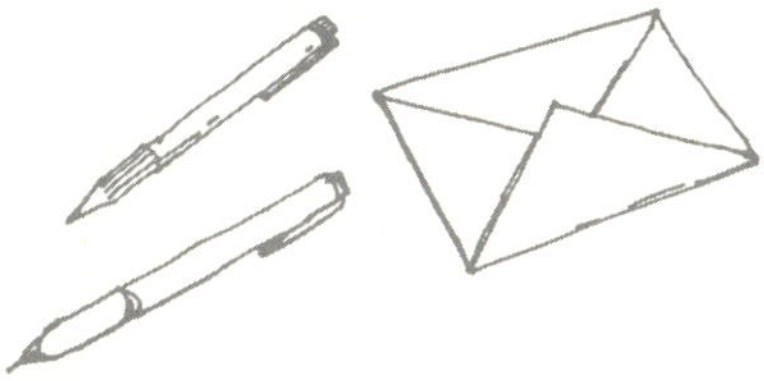

우리는 종종 누군가의 앞에 서서 발표를 한다거나 이야기를 할 때 꿀먹은 벙어리처럼 아무 말도 못하고 어쩔 줄 몰라 하는 경우가 있습니다. 내가 가진 생각을 다른 사람에게 전달하는 것은 부끄럽기도 하고 어렵기도 하지요. 생각을 마음껏 이야기하는 것이 버릇없거나 잘난 척하는 것으로 잘못 받아들여질 때도 있어서 우리는 더더욱 우리의 생각을 표현하는 데 인색해졌어요. 하지만 요즘은 자신의 생각을 창의적인 방법으로 표현하고 다양한 미디어를 활용하여 전하는 것이 장점이 되는 시대가 되었답니다. 우리가 생각하는 것을 글이나 그림 혹은 영상으로 만든 것을 인터넷에 업로드하여 다른 사람과 공유하면 어떨까요? 그 순간 우리들은 저마다의 개성을 가진 방송국이 되어 커다란 위력을 발휘할 수 있는 미디어가 될 거예요. 공적인 TV 프로그램과 같은 방송을 넘어 유튜브나 인터넷 방송 등에 다른 사람들에게 제약받지 않고 자신의 생각과 메시지를 전달하는 사람이 점차 늘고 있답니다. 우리 스스로가 미디어인 시대, 그 속으로 여행을 떠나 볼까요?

07 사람으로 연결된 인터넷

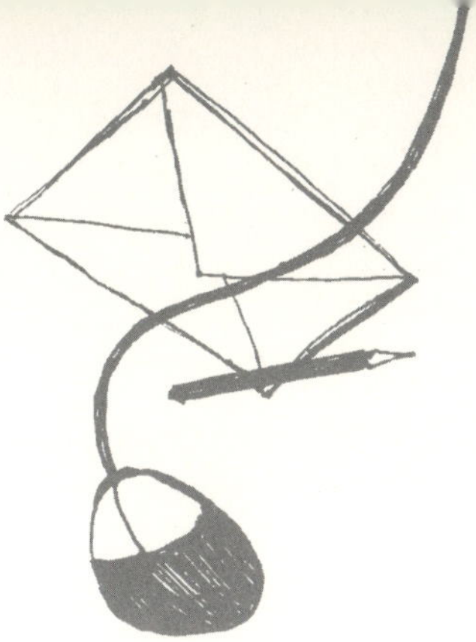

세상에는 수도 없이 많은 사건들이 일어나고 있습니다. 매일 매일 뉴스에서는 우리나라뿐만 아니라 세계 곳곳의 다양한 일들을 알려주고 있지요. 이렇게 빠른 정보 전달이 가능한 것은 인터넷이 중요한 역할을 하기 때문이라는 것을 누구나 다 공감할 거예요. 인터넷으로 인해 많은 사람들은 가장 빠르게 새로운 뉴스를 접하고 있지요. 팝의 황제 마이클 잭슨이 죽었다는 소식도 트위터라는 인터넷 기반 서비스를 통해 세상에 먼저 알려졌다고 해요. 사건을 본 사람이 그 시간 바로 인터넷에 올리고 그러한 사실이 순식간에 퍼져 나갔기 때문이지요. 때로는 잘못된 정보인지 아닌지 구분할 시간도 없이 퍼지는 경우도 있어요. 한번은 우리나라 단체 관광객 20명이 외국에서 납치가 되었다고 순식간에 인터넷 뉴스를 통해 퍼져 나갔어요. 하지만 그 후 납치가 된 것은 한국 관광객이 아니었다고 밝혀졌지요. 이처럼 한 사람이 올린 잘못된 정보가 순식간에 퍼져 나가고 그것이 거짓으로 밝혀지는 것은 양치기 소년 이야기와 비슷해 보입니다. 하지만 인터넷 세상에서는 양치기 소년이 속인 것보다 더 많은 사람들이 피해를 볼 수 있으니 주의해야겠지요.

인터넷에 누군가 잘못된 소문을 올렸는데 그것이 갑자기 크게 이슈가 되어 사람들 입에 오르내리면 어떻게 될까요? 그 소문이 진실인지 거짓인지도 파악되지 않았는데 많은 사람들은 인터넷에서 이야기하기 시작합니다. 그로 인해 소문의 당사자는 진실과 상관없이 씻을 수 없는 상처를 입게 되죠. 연예인들에게는 이런 일이 많이 있답니다. 보이지 않는 수많은 네티즌들은 아무렇지도 않게 인신공격을 하는 악성 댓글을 달아서 상처를 입힙니다. 그로 인해 소문과 관련 있는 연예인들이 극단적인 결정을 하게 되는 안타까운 경우도 미디어를 통해 접하게 되지요. 댓글, 그 몇 자 안 되는 글로도 충분히 당사자에게 큰 상처를 줄 수 있습니다. 결국 내가 미디어인 시대를 살고 있는 우리는 개인으로도 큰 영향력을 발휘할 수 있고, 이러한 영향력은 인터넷을 어떻게 활용하느냐에 따라 매우 달라질 수 있습니다. 보이지는 않지만 인터넷 세상에서도 사람 대 사람으로 서로 소통하고 있다는 사실을 잊어서는 안 됩니다.

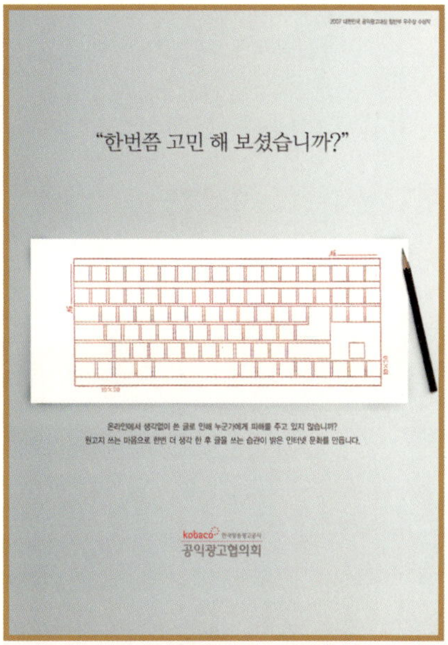

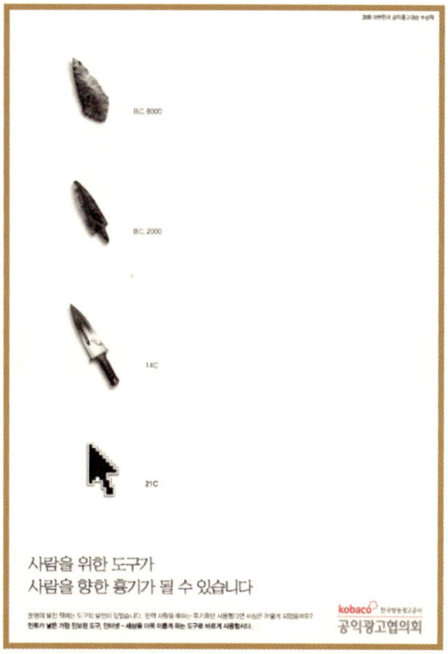

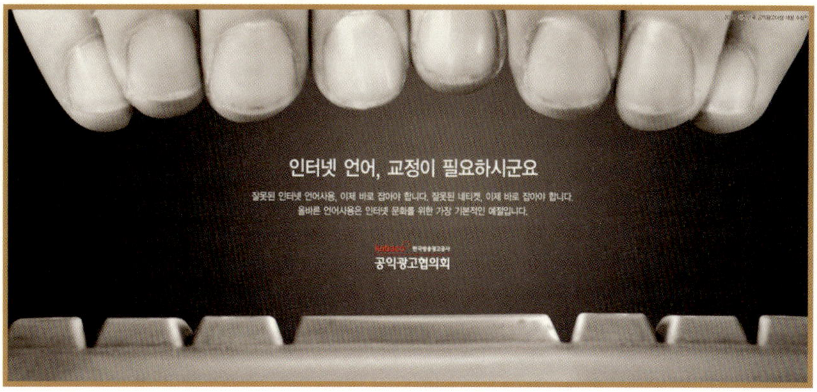

인터넷 예절에 관한 공익 광고

08 작지만 큰 차이

스스로 적절하게 게임할 시간을 조절할 수 있으면 그것은 분명 약이 될 수 있어요.
한 시간만 하고 끝내자!
하지만 게임에 빠져 몰두하게 된다면 그것은 독약이 되는 거죠.
퀭~
그 렙에 잠이 오냐?
인터넷상에 다양한 활동이 존재하고 골고루 활용하면 게임만을 고집하지 않겠죠.
뭐부터 먹을까?
골고루 먹어야 튼튼해져~
Movie Maker 프로그램
Power Point
game
결국 내가 콘텐츠를 어떻게 활용하느냐에 달려 있어요.
이거 어떻게 하냐?
Movie Maker
게임만 한 학생
엄청나게 많은 인터넷 콘텐츠를 어떻게 건강하게 골라먹을까요?
햐~
해킹
Photo
V3
game
백신
골라먹는 선택은 여러분에게! 그 재미를 맘껏 즐겨 봅시다.
우적우적
냠냠
Photo
V3
movie maker
game

인터넷에는 다양한 이야기들이 어우러져 있습니다. 인터넷의 여러 가지 이야기들은 다양한 모습으로 발전하여 우리가 쉽게 접할 수 있는 재미있는 콘텐츠로 다시 태어나고 있지요. 인터넷 공간에는 좋은 콘텐츠도 있을 수 있고 때로는 해로운 콘텐츠도 있을 수 있답니다. 똑같은 정보라도 나에게 약이 될 수 있고 해가 되는 경우도 있지요. 우리가 즐겨하는 온라인 게임은 스스로 적절하게 조절하면서 게임을 할 수 있다면 분명 스트레스를 해소하는 약이 될 수 있습니다. 하지만 게임에 과하게 빠져서 다른 활동에 지장을 주거나 게임에만 빠진다면 그것은 분명 독약이 되는 것이지요. 결국 어떤 콘텐츠를 어떻게 활용하느냐에 따라 인터넷이 보약이 되느냐, 독약이 되느냐가 달려 있습니다. 엄청나게 많은 인터넷 콘텐츠 중 무엇을 어떻게 골라먹어야 건강할까요? 수없이 많은 맛과 다양한 모양들 중에서 골라먹는 재미도 우리의 몫일 거예요.

09 진정한 인터넷 선진국이란?

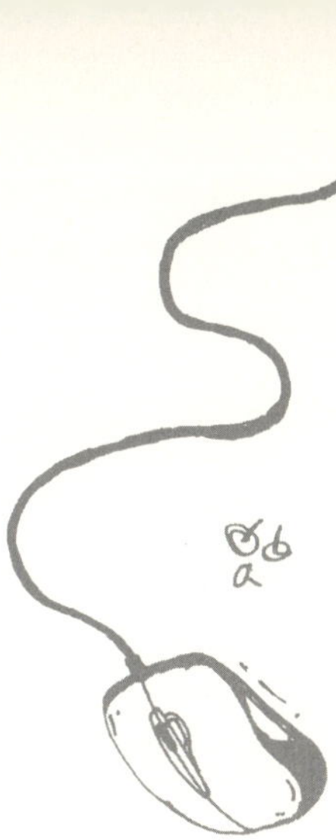

우리가 흔히 선진국이라고 부르는 나라를 생각해 봅시다. 어떠한 특징들이 있을까요? 경제적으로 부유하고 사람들의 의식 수준이 높고 사회적 약자를 배려하고 보호하는 등등…… 그렇다면 어떠한 조건을 갖추었을 때 인터넷 선진국이라고 부를 수 있을까요? 우리나라의 경우를 한번 살펴봅시다. 우리나라의 인터넷 보급률은 세계 최고 수준이지요. 세계 어디를 다녀 봐도 우리나라처럼 빠른 속도로 인터넷을 할 수 있는 나라는 없을 정도예요. 심지어는 돌아다니면서도 초고속 인터넷을 쓸 수 있습니다. 이처럼 우리나라는 언제 어디서든 인터넷을 할 수 있는 기술적 환경이 마련되어 있는 것이지요. 그렇다면 과연 우리나라를 인터넷 선진국이라고 부를 수 있을까요? 우리는 인터넷을 할 때 상대방을 배려하고 있나요? 혹시 얼굴이 보이지 않는 인터넷 특성 때문에 다른 사람들의 기분을 상하게 하고 함부로 하지 않나요? 때론 우리의 기분에 따라 상대방을 대하고 인터넷의 기본적인 매너를 지키지 않을 때도 많은 것 같아요.

인터넷은 변화하고 발전해서 우리에게 나눔의 공간을 열어 주었는데 우리는 그 나눔의 공간을 과연 잘 즐기고 있을까요? 디지털 기기들의 발달로 사진이나 영상을 쉽게 찍어 인터넷에 올릴 수도 있고 자신의 생각을 글이나 그림으로 표현하기도 쉬워졌어요. 그래서 인터넷이란 나눔의 공간은 다양한 콘텐츠로 더욱 풍성해질 수 있답니다. 하지만 이러한 창작물들이 재미를 추구하느라 다른 사람의 기분을 상하게 한다면 우리는 인터넷을 건강하게 즐긴다고 볼 수 없겠지요. 이처럼 건강한 인터넷 문화를 누릴 수 없는 것은 아직 인터넷 선진국의 시민이 되지 못했다는 것을 뜻합니다. 인터넷 선진국에선 단지 인터넷 속도가 빠르다거나 미디어 기술의 발전만이 중요한 것이 아니라 이러한 공간을 바르게 즐기는 것이 더욱 중요해요. 결국은 인터넷과 같은 기술적인 미디어 환경이 아니라 미디어를 다루는 우리들의 마음가짐이 갖추어졌을 때 비로소 인터넷 선진국이라고 이야기할 수 있는 것입니다. 우리가 이러한 역할을 성실하게 실천할 때 우리는 비로소 대한민국을 인터넷 선진국이라 말할 수 있지 않을까요?

생각의 날개 달기

1. 다음 기사에서 이야기하는 인터넷의 중요한 특징이 아닌 것은 무엇인가요?

백혈병으로 투병 중인 한 영어 강사의 사연이 트위터와 페이스북 같은 SNS 서비스를 통해 알려지자 전국에서 온정의 손길이 이어지고 있다. 전국에서 수많은 사람들이 헌혈증을 보내 주겠다고 약속했고, 실제로 3명이 직접 전남대병원으로 찾아와 헌혈을 한 것으로 알려졌다.

— 2010년 8월 30일 〈연합뉴스〉 발췌

❶ 인터넷은 신속하고 빠르게 전달됩니다.

❷ 인터넷으로 많은 사람들과 연결됩니다.

❸ 인터넷을 통해 다양한 정보를 습득할 수 있습니다.

❹ 인터넷은 우리 삶의 많은 부분을 변화시키고 있습니다.

❺ 인터넷을 통해 필요한 정보를 찾기가 편리해졌답니다.

답은 ❺ 인터넷이 정보를 찾는 것은 편리하지만, 위의 내용은 인터넷이 다양한 정보를 빠르게 전달하고 또한 그 전달의 중심에 많은 사람들이 연결되고 관계를 맺고 있음을 이야기하는 것이다.

2. 영화 〈월-E〉 나 〈아이, 로봇〉을 보면 인간은 지능을 갖춘 로봇과 같은 미디어들을 사용하며 생활의 모든 편의를 제공받으며 편리하게 살아가는 모습이 나옵니다. 미래 사회에 미디어가 발달하면 좋은 점과 이와 반대로 안 좋은 점은 무엇이 있을지 생각해 볼까요?

좋은점	문제점

3. 인터넷은 전문가들의 일방적 정보 전달 시대에서 1인 미디어 전문가 시대로 발전할 수 있게 했답니다. 그중 우리가 운영해 볼 수 있는 것이 블로그가 있지요. 블로그를 인터넷상에 만들기 전 블로그 메뉴 계획서를 작성하여 볼까요?

블로그 제목	
나의 블로그 이렇게 만들고 싶다 (블로그의 목적)	
블로그에 넣고 싶은 나만의 메뉴 (나의 관심거리) 예) 축구 이야기	
내가 좋아하는 색 (블로그 디자인하기)	

4. 인터넷 공간은 우리가 만들어 가는 것입니다. 인터넷 선진국이 되기 위한 가장 기본적인 자세 중 하나로 인터넷 언어를 꼽을 수 있어요. 긍정적인 표현과 선플 달기는 인터넷 공간을 더욱 밝게 합니다. 아래 빈 칸에 내가 할 수 있는 선플 그리고 긍정적인 표현들을 다양하게 표현하여 봅시다.

제목: 힘들었던 하루

아침에 일어나 일찍부터 바쁘게 학교 갈 준비를 하고 있다. 학교에서 집까지 먼 거리를 걸어 다녀야 하기 때문에 항상 아침부터 바쁘게 준비를 한다. 오늘은 아침에 늦게 일어나 밥도 못 먹고 학교에 뛰어 갔다. 힘들게 학교에 도착하니 공부할 맛이 도저히 나지 않았다. 간신히 1교시를 마치고 쉬는 시간에 배가 너무 고파서 우유를 허겁지겁 마셨더니 2교시에 배가 너무 아팠다. 그래서 수업 시간은 잠시 빠질 수 있었다. 하지만 배가 너무 아파서 보건실로 가서 약을 먹고 다시 교실로 들어와 수업을 계속하였다. 2교시, 3교시, 4교시, 5교시, 6교시가 드디어! 드디어 끝났다. 알림장을 쓰고 청소도 끝내고 즐거운 마음으로 집에 가야 하지만 앞이 깜깜하다. 왜냐하면 학원에서 기말고사 보충을 9시까지 하기 때문이다. 학원 숙제도 점점 늘어나고 학원에 있는 시간도 점점 길어진다. 하지만 학원에서 가장 재밌는 간식 시간이 있어 그나마 다행이다! 1교시 2교시를 마치는데 점점 학원도 학교로 변해 가는 것 같다. 빡빡한 학원을 마치고 집에 오면 9시 45분이다. 집에서 기말고사 시험 공부를 해야 하고 내일 학교 숙제도 해야 한다. 자고 싶은 마음이 정말 굴뚝 같다. 하지만 오늘 그냥 자버리면 내일 엄청난 일들이 벌어지게 되어 잘 수가 없다. 차라리 얼른 숙제와 공부를 마치고 잠 잘 준비를 하는 편이 낫다. 하지만 너무 늦게 자서 아침에 늦게 일어날까 또 걱정이다. 이런 일상이 내겐 너무 힘들고 앞으로 얼마나 더 오랜 시간을 이렇게 보내야 할지 걱정이 앞선다. 나에게는 지금 힘내라는 격려가 필요하다.

— 수영이의 일기 끝

친구에게 힘이 될 수 있는 댓글을 달아 줍시다.

네티즌 댓글

아이디(닉네임)	친구를 격려하고 응원하는 선물
↳	
↳	

추천합니다

책

친구야, 인터넷이 뭐니?

인터넷에 대해서 마치 동화처럼 편하게 읽을 수 있다. 실비 지라르데 글 | 푸이그 로사도 그림 | 이효숙 옮김 | 초록개구리

손정의: 인터넷의 마법사

현재 세계를 움직이는 인터넷 분야의 선구자로 한국계 일본인 손정의 선생님의 도전을 배울 수 있다. 홍당무 지음 | 파란자전거

방송 프로그램

지식채널 ⓔ 대한민국 네티즌 1%

99%의 네티즌은 습관처럼 인터넷 익스플로러를 켜고 아무런 의식 없이 사용하고 있다. 한국의 웹 브라우저 환경의 문제점을 이야기한다. EBS, 2009. 10. 5.

지식채널 ⓔ 두 명의 해커

세상 사람들의 컴퓨터에 내가 만든 프로그램이 깔려 있다면 얼마나 좋을까? 한때는 같은 꿈을 꾸었던 두 사람, '리처드 스톨만'과 '빌 게이츠' 이야기이다. EBS, 2007. 4. 24.

사이트

인터넷 미디어 교실 홈페이지 http://www.imucc.or.kr

정부 기관인 한국인터넷진흥원에서 초등학교 재량 수업 운영을 위해 제작된 홈페이지로 내용이 알차고 볼거리로 가득 차 있다. 회원 가입을 하면 다양한 내용들을 무료로 이용할 수 있다.

어린이 · 청소년저작권교실 http://youth.copyright.or.kr

저작권이라는 어려운 내용을 쉽고 자세하게 설명해 주고 있다.

10장

최고의 미디어, 여러분!

미디어

세상 모든 것을 미디어로 해석하고 이야기했던 언론학자 맥루언. 그는 이러한 미디어 세상에서 미디어는 우리에게 엄청난 영향을 주기도 하고, 또한 우리의 생각이 미디어로 표현되어 다른 사람과 이야기하는 도구가 될 수도 있다고 이야기한다. 스티브 잡스나 빌 게이츠와 같은 사람들의 아이디어를 시작으로 개인 컴퓨터와 무선 인터넷 시대를 열게 된 것처럼 수많은 미디어들은 기술이 발전하고 표현 방식이 다양해지면서 변화를 거듭하고 있다. 그렇다면 이렇게 발전하는 미디어 세상에서 변화하지 않는 가장 중요한 가치는 무엇일까?

인터넷의
발전으로 직접
장을 보지 않고
인터넷 쇼핑을 해요.
경매 사이트
또한
여러 종류의 물건들을
경매 사이트를 통해
저렴하게 살 수 있어요.
삑
그리고
영화 예매
비행기와 기차를
예매하고
맛집을
예약하고
세계 곳곳의
여행지를
알아보는 등
미디어는 우리 삶의
많은 부분을
차지하고 있어요.

01 미디어 속 숨겨진 원리 읽기

01 우리가 살고 있는 세계를 지구촌이라 하고, 미디어의 발전으로 인해 모두가 한 마을에 살고 있는 것처럼 다른 나라에서 일어난 일들을 바로 알 수 있지요. 그런데 우리가 알고 있다고 자신하는 세계의 이모저모는 사실 텔레비전, 신문, 잡지, 인터넷, 라디오 등의 미디어를 통해서 보고 들은 것에 불과하답니다. 그래서 미디어가 제공하는 정보를 무조건 받아들이는 것이 아니라 다양한 시선으로 미디어를 바라보고 다른 사람들과 의견을 교환해 볼 필요도 있답니다. 또한 미디어를 자신의 경험에 비추어 생각하고 판단하는 태도는 미디어 시대를 살아가는 데 반드시 필요합니다.

인터넷이든 텔레비전이든 신문이든 우리가 일상생활을 하는 어디서든 광고가 존재하지 않는 곳은 없지요? 이러한 광고들은 다양한 형태로 우리를 유혹하고 있어요. 그렇다면 이렇게 광고로 우리를 유혹하는 이유는 무엇일까요? 광고를 통해 돈을 벌기 위해서랍니다. 얼마나 사람들이 많이 찾고 관심을 갖는가에 따라 광고료가 결정됩니다. 그래서 미디어들은 폭력적이고 선정적, 자극적인 내용을 통해서라도 사람들의 시선을 끌기 위해 노력합니다. 이처럼 우리가 흔히 공짜라고 여기는 인터넷, 텔레비전, 라디오, 휴대전화 등과 같은 미디어는 사실 공짜가 아니라는 사실을 우리는 꼭 알고 있어야 해요. 눈에 보이지 않는 숨겨진 의미를 찾으며 미디어를 바라보기 위해, 또 많은 정보들 중에서 바람직한 정보를 선택적으로 걸러내기 위해 비판적으로 생각하고 행동해야 합니다.

02 삶과 접속하기

으악~ 곱등이!
이것도 미디어라 할 수 있겠네.
생각이나 감정을 표현하는 것을 미디어라 할 수 있어요.
음악가는 음악으로,
무용가는 무용으로 자신의 메시지를
청각 장애인은 수화로 자신의 의사를 전달하죠.
길을 비켜라~ 양반 나가신다~
얼쑤~
주위의 다양한 미디어를 활용하여 메시지를 전달하고 있어요.
다른 사람의 마음을 움직이려면
메시지
미 디 어
상황에 맞는 표현 방법으로 효과적으로 전달해야 해요.

우리가 가진 생각이나 감정을 다른 사람에게 표현하기 위해 동원되는 모든 수단을 미디어라고 생각하면 됩니다. 우리의 메시지를 상대방에게 제대로 전하기 위해서 가장 흔히 이용하는 것이 진심 어린 말과 몸짓, 눈빛이지요. 그리고 여기에 음악을 더한다면 우리의 메시지를 보다 더 감동적으로 표현할 수 있답니다. 만약 멀리 떨어져 있다면 전화나 편지를 이용하여 메시지를 전하면 될 것이고 오랫동안 못 본 사이라면 사진이나 영상 편지, 화상 채팅을 이용한다면 메시지의 전달력은 훨씬 높아질 것이에요. 우리가 우리의 마음을 표현하는 모든 수단이 모두 미디어인 셈이죠. 결국, 음악가는 음악으로, 무용가는 몸짓으로 자신의 메시지를 전하고, 미술 작품은 점, 선, 면을 통해 미술가의 생각를 전하죠. 또한 귀가 들리지 않는 청각 장애인들은 수화를 통해 자신의 의사를 전달합니다. 이렇듯 우리는 우리가 가진 다양한 미디어를 활용하여 자신만의 형태와 언어로 메시지를 전달하고 있답니다.

03 삶 속에서 바라보는 미디어

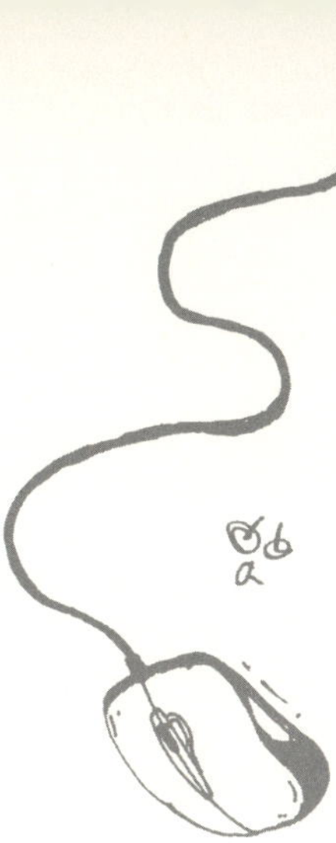

배움은 언제나 삶과 연관되어 있어야 해요. 텔레비전을 볼 때 분석하거나 해설을 해서 가족들에게 불평도 들어보고, 신문을 기사의 시각과 관점에 따라, 사진 사용 방법에 따라, 타이틀이나 사진 설명까지 의식해서 보기도 하고 말이죠. 브랜드 제품이 비싼 이유는 광고에 막대한 자금을 쓰기 때문이라는 것을 알고 싸고 질 좋은 중소업체의 상품을 사는 것도 좋겠지요. 예전처럼 텔레비전이나 영화, 광고 등을 아무런 생각 없이 순수하게 즐길 수 없게 되었다면 미디어를 삶 속에서 주체적으로 사용한다고 할 수 있겠죠. 결국, 미디어를 대하는 생활 습관은 선생님이나 부모님에 의한 강요로 인해서가 아닌 스스로 생각하고 깨닫는 과정에서 일어나는 자기 성장의 과정임을 알아야겠죠?

04 최고의 미디어는 여러분입니다!

04

미디어는 그림과 말에서부터 문자, 음성과 영상, 그리고 입체적인 형태, 스마트폰으로 언제 어디서든 상대방의 정보에 연결이 가능한 현재에 이르기까지 다양하게 변화하며 발전해 왔어요. 하지만 그러한 미디어의 발전보다 중요한 것은 내가 가진 생각과 느낌을 다른 사람에게 표현하고 나누기 위해 미디어는 언제나 존재했다는 사실입니다. 미디어는 다양한 형태로 발전해 왔지만 그 내용과 생각은 우리 안에 있는 이야기라는 것이 핵심이랍니다. 우리가 누군가와 소통하고 마음을 나눌 때 상대방의 얼굴을 바라보며 이야기하는 것이 가장 좋을 때가 있어요. 때로는 가까이에 있지 않아서 전화로 안부를 묻는 것이 가장 좋을 때도 있지요. 또 말로 하는 것이 부끄러워 종이에 편지를 쓰는 것이 좋을 때도 있답니다. 이처럼 얼마나 발전된 최신 미디어를 활용하느냐가 중요한 것이 아니라, 얼마나 진심 어린 메시지를 전하느냐가 중요한 것이죠. 미디어는 더욱 발전해서 또 다른 형태로 변화하겠지만 결국 수단이고 도구이며 중요한 것은 그 안에 들어 있는 여러분의 마음이라는 것을 꼭 알아두었으면 합니다. 우리가 이야기하고 나누고 소통하려는 '건강하고 바른 생각들'이 무엇보다 중요한 것이지요. 결국, 최고의 미디어는 여러분이랍니다. 우리들이 담고 싶고, 담고자 하는 진심이 건강하고 바르다면 그것은 그 존재만으로도 최고의 가치가 있답니다. 지금까지 들려준 미디어 이야기를 통해 변화하는 미디어 환경에서도 흔들리지 않을 멋진 사람으로 성장하기 바랍니다.

김형태

시흥 냉정초등학교 교사. 경인교육대학교 국어과 대학원에 재학중이며 현재 깨미동의 공동 대표이자 미디어와 커뮤니케이션을 결합한 실천가로 깨미동의 발전과 아이들의 행복을 꿈꾸며 살아가는 깨미동의 드림메이커

김수진

한얼초등학교 교사. 《미디어로 여는 세상》를 저술하고 〈한겨레신문〉, 〈국민일보〉에 미디어 칼럼을 연재하는 등 미디어와 관련한 교재와 칼럼을 저술하고 현장을 소개하는 깨미동의 파워 아줌마

윤소영

서울 계남초등학교 교사. 서강대학교 언론대학원에서 미디어 교육을 전공하고 예리한 통찰력으로 많은 사람들에게 미디어의 관점을 새롭게 제시하고 삶의 지혜를 나누어 주는 깨미동 지킴이

김해동

한빛맹학교 교사. 세종대학교 교육대학원에서 특수 교육을 전공하고 《장애인 미디어의 힘》을 저술하였으며 특수 교육 현장에서 미디어 교육을 통해 장애 학생들의 행복한 미디어 생활을 위해 노력하는 장애인 미디어 교육 활동가

이소희

서울 한강초등학교 교사. 한양대학교 교육심리학 박사 과정을 수료하고 미디어와 사람을 연결 짓는 새로운 차원의 미디어 교육 운동가로 사람들에게 언제나 마음의 위안이 되어 주는 마음 따뜻한 깨미동의 나무 그늘

심성호

수원 동신초등학교 교사. 서강대학교 언론대학원에서 미디어 교육을 전공하고 현재 경기남부 NIE 포럼 초등위원장으로 미디어 교육의 활성화를 위해 발로 뛰는 깨미동의 비전 페인터

김보근

시흥 함현중학교 재학중. 2011년 시흥 냉정초등학교를 졸업하였으며 이야기를 그림으로 그리는 데 천부적인 재능이 있다. 장차 경찰관이 되기 위해 열심히 노력하는 다재다능한 학생으로 대한민국 교육의 미래